普通高等教育"十一五"国家级规划教材
普通高等教育精品教材

高职生就业指导

（第五版）

主　编　梁丽华
副主编　邵庆祥　顾蓓熙
参　编　胡丹鸯　程宏全　李弟财
　　　　王皓珺　陆海深　郎越时
　　　　夏建尧　王根生　李金磊
　　　　章阮芸

ZHEJIANG UNIVERSITY PRESS
浙江大学出版社

图书在版编目（CIP）数据

高职生就业指导 / 梁丽华主编. —5 版. —杭州：浙江大学出版社，2019.11

ISBN 978-7-308-19743-4

Ⅰ. ①高… Ⅱ. ①梁… Ⅲ. ①职业选择—高等职业教育—教材 Ⅳ. ①G717.38

中国版本图书馆 CIP 数据核字(2019)第 256693 号

高职生就业指导(第五版)

梁丽华　主编

责任编辑　刘序雯

责任校对　杨利军　张振华

封面设计　春天书装

出版发行　浙江大学出版社

（杭州市天目山路 148 号　邮政编码 310007）

（网址：http://www.zjupress.com）

排　　版　杭州朝曦图文设计有限公司

印　　刷　浙江省邮电印刷股份有限公司

开　　本　787mm×1092mm　1/16

印　　张　12

字　　数　307 千

版 印 次　2019 年 11 月第 5 版　2019 年 11 月第 1 次印刷

书　　号　ISBN 978-7-308-19743-4

定　　价　38.00 元

序

随着中国加入世界贸易组织和改革开放的深入，社会对从业者的素质提出了越来越高的要求，从而给包括高职生在内的大学生的求职就业带来了挑战和压力。如果说这是推进高校职业指导工作开展的外在因素的话，那么更深层次的内在因素则是人们对职业意识的自觉，对人性化教育的呼吁，对人生质量的关怀。

青少年的学习从某种意义上说是为就业做准备的，尽管就业不是人生的全部，却是人生非常重要的内容。找到适合自己的岗位，满足自己的就业期望是安心工作、实现自身价值、走向人生成功的基础。然而，要实现“人”与“职业”之间的合理匹配，顺利完成从学生到职业人的转变却非易事。择业不是自然而然就能完成的过程，其间可能会充满曲折和痛苦，需要自身的学习，也需要外界的指导。就业也不是一蹴而就的，它可以说是伴随人的一生的活动。择业和就业的过程是一个人的专业水平、能力、素质和机遇等多种因素共同作用的过程。

计划经济时代，毕业生的工作是由国家分配的，个人几乎没有选择余地。自主择业政策的实施为每个人选择适合自己的岗位提供了可能性，但也给许多人带来了困惑。就业不再只是毕业生的事情，而成了入学后学生们始终在关注和考虑的大问题，未来的就业形势甚至成了相当大一部分高考学生在选报学校和专业时首要考虑的因素。择业也不再是一次性的活动，不再一次择业定终身，而是一生都要面临的课题。因此人们越来越关注择业、就业、事业这一系列的话题，也迫切希望得到指导。如何以就业为杠杆加强科学、有效、系统的就业指导，引导青少年全面提高自己的就业素质，是当前乃至将来值得学校教育深入思考的一个大问题。

早在20世纪80年代末，我和同事就结合心理咨询工作，探索性地开展过择业心理咨询专题活动。之后，我多次参与校内外的就业指导工作，包括开办职业心理辅导讲座、开展职业心理测验、主持模拟招聘活动等，同学们参与活动的踊跃和热情让我感动：他们渴望指导！

我在心理咨询中，时常遇到各类学生因为就业前途、职业选择和生涯发展而前来求助，他们的迷茫、不安、痛苦一次次地揪动我的内心：他们需要帮助！

近年来，我数次与来自我国港台地区以及美国、法国、加拿大、日本的同行交流相关话题，他们不仅十分重视这一工作，而且目标明确、工作系统、操作规范。我也多次赴我国香港、台湾地区考察、观摩高校心理辅导和就业指导工作，那里的学校职业指导工作给我留下了深刻的印象：职业指导是一项专业性的活动。

我深感这是一块有待深入开发的领域，一个大有作为的天地。我曾指导研究生以此为选题完成了硕士学位论文，也有学生正在写作这一选题的论文。

我曾经不止一次地思考过我国高校就业指导的改革思路。我以为，高校就业指导的内容应从以就业政策介绍、岗位推荐和就业应聘技巧传授等外在的引导为主转向内外引导相结合,并以内在引导为主,即更多地以就业为龙头,引导学生全面提高就业素质,促进学生的全面发展;高校就业指导在时空上应从面向毕业生为主转向贯穿大学全过程,面向各年级学生;高校就业指导的终点定位应把毕业找到工作扩展到一生职业发展的指导,即要由传统的就业指导转变为生涯辅导。以上几点应该是就业指导的发展方向和努力目标。如果是这样的话,那么就业指导就不只是一个活动,而成了一种系统的教育。

今天,我很高兴地看到由梁丽华教授主编的《高职生就业指导》一书的出版。可以说这是一本特色鲜明且指导性、针对性、实用性、可读性都比较强的书,代表了当前就业指导书籍的发展方向。

我以为,本书有以下特色:

特色一,视角新颖,立意较高。本书站在就业指导发展的前沿,遵循人才成长的内在规律,结合中国市场经济的特点和就业改革的形势,从一个全新的角度来展开就业指导。而以往多数就业指导书籍或侧重于就业形势和政策的解读,或多是求职技巧的介绍,或仅仅以毕业生为对象。本书则弥补了以上不足,引入生涯辅导的理念,把就业指导视为一个贯穿大学全过程的外在教育与自我教育相结合的活动。书中用了较大的篇幅来阐述如何做好就业准备、充分认识自己、提高综合素质、明确职业发展目标、制定职业生涯规划、怎样走创业之路等问题,内容全面丰富。这样的就业指导不仅有利于大学生根据社会的需要和自身特点来恰当定位,也有利于更好地激发大学生的学习动机和成长愿望,充分开发自身的潜能。

特色二,作者队伍多样化,知识结构合理。本书编写组中不仅有高职院校一线的教育工作者,还有劳动和社会保障部门的研究人员、人才市场和人力资源管理部门的实务工作者共同参与写作,因此内容针对性较强,生动而实用,符合学生实际需求。

特色三,写作手法生动活泼,理论和实际结合得较好。每章还精选相关的经典案例并做分析,内容既轻松愉快又富含启示意义。

特色四,针对性强,适用面广。本书突出高职生的特点,围绕高职生择业常见问题来展开内容。目前,高职生的就业形势比较严峻,但机遇也很多,如何全面提高自己的就业素质,及时调整自己的心态,对高职生顺利就业和发展自己是极为重要的。另一方面,由于本书涉及的内容具有一定的广泛性,因此不仅适合做高职生就业指导的教材和课外读物,也适合普通高校的大学生和其他青年人群阅读;不仅适合学生,也适合广大教育工作者和家长参考。

我期望学校就业指导工作越来越走向普及化、规范化和科学化,这是造福个人、家庭和社会的大事、好事。

是为序。

马建青①

于浙江大学求是园

---

① 马建青,浙江大学马克思主义学院二级教授,博士,博士生导师。浙江大学求是特聘学者,享受国务院政府特殊津贴专家,省“151人才”,省宣传文化系统“五个一批”人才。现任教育部高校心理健康教育专家指导委员会委员,中国心理卫生协会大学生心理咨询专业委员会副主任委员、心理咨询师专业委员会副主任委员等。

目　录

第一章 就业准备——规划你的职业蓝图

凡事预则立，不预则废。

——《礼记·中庸》

不同的职业意味着不同的发展机会与发展空间，决定你未来的生活方式、社会地位以及经济收益。所有的人都希望能够把握自己的命运。然而，人的一生是有限的，我们只能在特定的行业中求得发展。因此，在你年轻的时候，当你选择职业时，一定要理解职业对人生的意义。职业无所谓好坏，关键看是否适合自己！现在很多大学生对职业的概念比较模糊，没有明确的职业发展方向，更谈不上职业的规划。他们一旦面对竞争激烈的就业市场，就显得无所适从、一片茫然，这正是缺乏职业意识和职业规划的表现。高职生要想在众多的应聘者中脱颖而出，就应该有充分的就业准备，学习职业理论，充实职业知识，增强职业意识，做好职业生涯规划，为成功就业创造有利条件，为人生成功奠定坚实的基础。

一、职业知识——成功就业的基础

（一）职业

从词义学的角度看，"职业"一词由"职"与"业"构成。"职"，是指职位、职责；"业"，是指行业、事业、业务。所谓职业，就是为了满足社会生产和生活的需要，人们所从事的具有一定社会职责的专门的业务。在人的一生中，职业生活占有重要位置，职业活动对于人的个性发展有至关重要的影响。人们接受教育所获得的知识和能力，通过职业劳动发挥出来，产生社会作用。人们在职业劳动的实现中，使自己的体力、智力、知识和技能的水平不断得到发展和完善。因此，可以说职业是关系着每一个社会成员一生的重大问题，是人的一种重要的生活方式。

职业是一种社会组织形式 职业是社会分工和劳动分工的产物，是以社会分工为纽带的社会关系。在漫长的原始社会中，由于生产力水平低下，只有在氏族内部根据性别和年龄的差别而产生的纯属生理原因的自然分工，没有社会分工即行业分工，也就没有各种职业的出现。原始社会后期，由于生产力的发展，社会出现了最初的分工，即农业和畜牧业的分工，以后又出现农业和手工业的分工。社会分工和劳动分工的出现，导致了农业、畜牧业和手工业等职业的出现。随着社会和生产发展的需要，社会分工越来越细，各种职业越来越繁多，人类的职业生活也越来越丰富。历史表明，自从有了一定的社会分工和劳动分工之后，人们便各自长期从事一种具体的专门业务和特定职责的社会活动，并以此作为自己获得生活资料的主要来源。

随着社会分工出现的职业,把社会中的人们以“集团”或者说“团体”的形式联系起来,而这个职业“团体”都有一定的目的并承担一定的社会职能。从这个意义上说,职业是人类社会生活得以发展的社会组织形式。

职业是社会对人的角色安排 角色是指在社会生活中处于一定社会位置,具有一定社会规范的活动个体。每个人从他走入社会开始,就成为社会角色,因为他在社会中安居就必然有一定的位置,从而必然有一种与其地位相适应的行为模式。角色和地位、身份有着密切的联系。地位是角色的基础,处于一定的地位,就有相应的角色。“身份”是人们在识别某种社会角色时所用的称呼。身份规定了角色,角色体现了身份。

人的社会交往是动态的。人们在现实生活中,面对不同的社会关系,以不同的社会身份出现,扮演着不同的角色。每个人在社会中的位置随其交往的变化而变化。在家庭交往中你可能是儿子、丈夫、父亲,在职业交往中你可能是工程师、服务员……变化着的交往安排着变化着的位置,变化着的位置使你担任着各种不同的社会角色,所以每个社会成员自身就是一个角色丛。

任何一个社会成员,总是在特定的社会位置上工作,以这个位置作为自己的社会地位并与处在别的社会地位上的社会成员发生交往。因此说,职业是社会对人的角色安排。

职业是人自我实现的途径 人首要的任务是生存。劳动是整个人类生活的第一个基本条件,它既是使人类社会从自然界独立出来的基础,又是人类社会区别于自然界的特殊本质的标志,也是人类社会得以生存的根本。

人的生存需要通过劳动而得到满足。在文明进一步发展的阶段中,劳动以某种行业或职业的形式表现出来。职业活动是社会的人的基本活动,人们通过职业活动,给他人和自己提供生活的必需品。所以,职业是满足自我生存的途径,是人们作为主要生活来源的社会活动。

生存是人的第一需要。在生存的基础上求得发展,是整个社会的本质,也是每一个人的本质要求。不断的劳动和不断的职业实践活动,促进了生产的发展,促使人们对生活有更高的要求。较高的生活要求即较多方面的满足,其中包括物质的、精神的满足。这些满足只能在劳动中、在个体的职业活动中实现。从这个角度讲,职业又是自我发展的途径。

追求人类社会的完美是人类的共同愿望,而追求个人的完美则是个体对自身发展的一种渴望。人对自身完美的渴求是没有终结的。自我实现、自我完美是和人的活动相联系的,人的真正乐趣不在于活动的结果,而在于活动本身。职业是一种社会性的自我确定,包含着个人对社会的一种责任或使命。作为人们活动的重要组织形式的职业,作为社会对人的一种角色安排的职业,必然成为自我实现的途径。

(二)职业分类

社会分工是职业分类的依据。在分工体系的每一个环节上,劳动对象、劳动工具以及劳动的支出形式都各有特殊性,这种特殊性决定了各种职业之间的区别。世界各国国情不同,其划分职业的标准也有所区别。

西方国家职业分类 西方国家对职业有三种分类方法。

按脑力劳动和体力劳动的性质、层次进行分类。这种分类方法把工作人员划分为白领工作人员和蓝领工作人员两大类。白领工作人员包括:专业性和技术性的工作人员,农场以外的经理和行政管理人员、销售人员、办公室人员。蓝领工作人员包括：手工艺及类似的工人、非运输性的技工、农场以外的工人、服务性行业工人。这种分类方法明显地表现出职业的等级性。

按心理的个别差异进行分类。这种分类方法是根据美国著名的职业指导专家霍兰德创立的“人格一职业”类型匹配理论，把人格类型划分为 6 种，即现实型、调研型、艺术型、社会型、企业型和常规型。与其相对应的是 6 种职业类型。

按各个职业的主要职责或“从事的工作”进行分类。这种分类方法较为普遍，较典型的是加拿大《职业岗位分类词典》的分类。它把分属于国民经济中主要行业的职业划分为 23 个主类，主类下分 81 个子类、489 个细类、7200 多个职业。此种分类对每种职业都有定义，逐一说明了各种职业的内容及对从业人员在普通教育程度、职业培训、能力倾向、兴趣、性格以及体质等方面的要求，有较大的参考价值。

中国职业分类 我国第三次、第四次、第五次全国人口普查中的职业，采用大类、中类、小类三个层次的体系。与此相关，国家统计局和国家标准局在 1986 年发布了《中华人民共和国标准职业分类和代码》。1995 年，我国开始编制详细的职业分类大典。我国职业分类大典的编制工作，由原国家劳动部主持，共组织了 50 多个部委、机关从事职业分类的劳动人事干部和有关研究机构、大学的专家学者近千人参加。该大典的体系与国际标准基本对应，于 1999 年 5 月颁布。

随着社会转型，社会分工趋向庞杂和交融，职业属性更为丰富，职业边界越来越模糊。尤其是第三产业的繁荣提高了服务业中的岗位细分程度，增加了职业种类。我国于 2010 年逐步启动了职业分类大典中关于各个行业相关的内容的修订工作。2015 年 7 月 29 日，国家职业分类大典修订工作委员会召开全体会议，会上审议、表决通过并颁布了新修订的 2015 年版《中华人民共和国职业分类大典》。其中取消了“收购员”“平炉炼钢工”“凸版和凹版制版工”等职业，新增了“网络与信息安全管理员”“快递员”“文化经纪人”“动车组制修师”“风电机组制造工”等职业。

2015 年版职业分类大典将职业结构分为 8 个大类、75 个中类、434 个小类、1481 个职业，与 1999 年版相比，维持 8 个大类，增加 9 个中类和 21 个小类，减少 547 个职业。

第一大类：党的机关、国家机关、群众团体和社会组织、企事业单位负责人，包括 6 个中类、15 个小类、23 个职业。

第二大类：专业技术人员，包括 11 个中类、120 个小类、451 个职业。

第三大类：办事人员和有关人员，包括 3 个中类、9 个小类、25 个职业。

第四大类：社会生产服务和生活服务人员，包括 15 个中类、93 个小类、278 个职业。

第五大类：农、林、牧、渔业生产及辅助人员，包括 6 个中类、24 个小类、52 个职业。

第六大类：生产制造及有关人员，包括 32 个中类、171 个小类、650 个职业。

第七大类：军人，包括 1 个中类、1 个小类、1 个职业。

第八大类：不便分类的其他从业人员，包括 1 个中类、1 个小类、1 个职业。

（三）用人单位及特征

企业单位 企业，是从事社会经济活动的单位，其用人可以分为经营、管理、技术、操作等类别。按企业性质不同可分成以下几种类型。

国有企业。国有企业是指产权属于国家，从事生产、流通、服务等各种经营性活动，以营利为目的的独立核算单位。国有企业的基本特征是企业的产权由各地国有资产管理局管辖,在具体业务的生产经营方面企业拥有自主决策权。在国有企业就业的员工,一般都实行劳动合同制和聘任制。

集体企业。集体企业是产权归劳动者集体所有,从事生产、流通、服务等各种经营性活动的独立核算单位。集体所有制企业是一种劳动者直接与自己的生产资料结合的经济单位。集体所有制的财产,一般由劳动者集资或一些基层经济单位自行筹资兴办,生产经营规模通常比国有企业小。集体企业广泛分布于国民经济各个产业部门,可提供大批就业岗位。

私营企业。私营企业是由私人出资创办、在工商行政管理部门登记、雇用人员在 8 人以上的经济单位。私营企业可以分为私人独资企业与私人合伙企业。私营企业经营灵活,能够瞄准市场需求和消费者意向进行生产经营。目前,我国的私营企业广泛存在于城乡各种生产、流通、服务领域,用人很灵活,为社会提供了大量就业岗位。

乡镇企业。乡镇企业是指在农村兴办的企业,包括乡镇政府办、村委会办、个人办、私人合伙投资办等几种类型。乡镇企业大部分从事轻工业、手工业、农业产品深加工等,生产技术比较简单,资金较少,受市场的影响大,管理比较简单。但也有一些乡镇企业投资较多,起点较高,经过多年的发展,已具有较强的经济实力,在市场中占有一定份额,形成著名品牌,并已打入国际市场。

外资企业。外资企业是指外国公司、团体、私人在我国投资举办的企业。20 世纪 70 年代末,我国制定了引进外资、发展经济的方针政策,制定了外资企业法,实施了外资企业税收优惠待遇等措施,大大促进了外国资本在我国的投资。外资企业一般比国内企业对从业人员素质要求更高,人员流动性更大,在外资企业就业的中国公民,要具备相当强的竞争能力。

合资企业。合资企业是由两个以上的所有人共同投资组建的企业。“所有人”可以是个人,也可以是公司、企业、事业单位等法人或者政府。在我国,合资企业有政府或法人组织与外国公司或私人共同投资(即“中外合作”)、国内两个以上法人共同投资、私人与法人共同投资、私人合伙共同投资等不同形式。合资企业一般都实行劳动合同制,人员流动较大,到合资企业就业者应当具备较强的竞争能力。

股份制企业。股份制企业是企业的全部注册资本由全体股东共同出资并以股份形式投资兴办的经济单位。我国深化企业改革以来,已经组建或转制形成了大量的股份制企业,股份的所有人包括国家、企业职工、社会公众、法人和外国资本(个人与公司)。股份制企业是按照现代企业制度设立的新型经济单位,用人制度比较灵活,在其中就业的人要有较高的素质、较强的竞争实力和敬业精神。

事业单位 事业单位是指为了社会公益目的,由国家机关举办或者其他组织利用国有资产举办的,从事教育、科技、文化、卫生等活动的社会服务组织。

事业单位的特点:一是服务性。其职业活动的领域是对全社会的某些专门需要提供服务。二是公益性。事业单位以社会效益为主要目的,有些事业单位一定程度上兼顾经济效益。三是知识密集性。其职业特点是脑力劳动为主,其岗位对于就业者的素质要求较高,许多事业单位是具有高智力特征的单位,如学校、医院等。

政府机关 政府机关是国家和地方各级政府行政管理机构的总称。一个国家或地区的政府,是制定经济社会发展目标和规划,对社会进行立法、监督、检查、服务,对社会活动进行组织和实行日常性工作管理的组织,它对社会的正常运转具有重要的作用。

在政府部门中工作的人员，除去少部分专业技术人员（如计算机操作人员）和工勤人员（如清洁工人、司机、炊事员）外，主要是国家公务员。我国目前已经开始全面实施公务员制度。公务员应当是社会的精英，获得这一职业岗位一般需要通过公开考试，国家对公务员实行经常性的考核等管理手段。

党的机关 党的工作机关是党实施政治、思想和组织领导的政治机关，是落实党中央和地方各级党委决策部署，实施党的领导、加强党的建设、推进党的事业的执行机关，主要包括办公厅（室）、职能部门、办事机构和派出机关。

社会团体 社会团体是社会上各种群众性组织的总称，包括工会、团委、妇联、青联、学联、科协、各类学会、各行业协会等。社会团体作为一种群众性组织，由各特定领域的代表所组成。社会团体种类繁多，拥有一定数量的就业岗位，要求从业者有一定的文化水平、政策水平、专业知识和较强的工作能力。

个体劳动者 按照我国城乡个体工商户管理条例，个体劳动者包括在地方工商行政管理机构登记注册的个体工商户以及个人合伙工商户。其性质是生产资料归劳动者个人所有，以个体劳动为基础，劳动成果归个人所有的经济类型。个体工商户的经营活动完全面向市场，以市场需求决定自己的生产经营方向，主要从事零售贸易、个体修理、餐馆、个体旅店、理发店、小手工业等。

（四）新时代里那些新职业①

小职业折射大时代。经济快速发展，生活日新月异，一批新兴职业也相伴而生。旅游体验师、宠物美容师、农场经理人、网络主播……越来越多的新兴工种服务着不断升级的市场需求，也成就了人们多元的职业选择。互联网蓬勃发展、新旧动能转换，中国人正拥抱精彩纷呈的新职业。

互联网带来新职业 小潘是一名旅游“发烧友”，从银装素裹的东北到碧海蓝天的海南，他的足迹遍布全国，各类酒店住过不少。然而一次不愉快的住宿经历，让他走上了酒店试睡员的道路。某旅游网站 2009 年曾公开招募 6 名专职试睡员，“只需要住酒店就能拿万元月薪”的推介语一度引发网友追捧。到 2014 年年底，兼职试睡员发展到 4700 余名，小潘就是其中一员。酒店服务、硬件设施、餐饮、周边环境、交通条件……图文并茂的酒店点评成了他出行的必备任务。

这份看起来新奇有趣的职业，正是目前中国新兴职业的代表。职场社交平台领英（linked in）2017 年统计数据显示，10 年前，大数据架构师、数据科学家、段子手、云服务专家、微电影策划师、私人旅行策划师等这些职业还不存在，现在却变成了很多企业争相招聘的当红“工种”。据不完全统计，中国目前有职业 2000 余种。

新兴职业多数具有明显的互联网属性。快递员、网约车司机、在线客服、数据分析师、传媒策划师、游戏动漫设计师、酒店试睡员等正是在互联网的带动下出现的。

这些新兴职业都有一些新特征，例如：劳动时间不固定；劳动关系更加多样化，包括劳动关系、劳务关系、合作关系等；其劳动产出更适应消费者的特定需求，其提供的产品或服务更便捷、更具个性化特征；等等。

新动能孕育新机会 职业变迁素来存在。而在当下新旧动能转换的中国社会，职业变

---

① 资料来源：http://edu.people.com.cn/n1/2017/0511/c1053-29267295.html.

迁速度更快、规模更大了。据国家信息中心分享经济研究中心、中国互联网协会分享经济工作委员会联合发布的《中国分享经济发展报告2017》,2016年中国分享经济市场交易额约达3.5万亿元,比上年增加一倍多;参与提供服务者约6000万人,比上年增加1000万人;参与分享经济活动总人数已超过6亿人。报告指出,到2020年,分享经济提供服务者人数有望超过1亿人,其中全职参与人员约2000万人。分享经济将增加大量灵活就业岗位。

在分享经济模式下,大量人力、厂房、设备、资金等闲置生产力被激活。人们可以根据自己的兴趣、技能、时间等资源,以自雇型劳动者身份灵活就业。例如,超过26%的优步司机此前是下岗失业者。

二、职业意识——成功就业的助推器

(一)早做就业准备

做好就业准备有利于成功就业与创业 做好就业准备有利于大学生实现成功就业。毕业生能否顺利就业,固然与经济发展状况、社会对人才的需求和学生自身的素质有关,但通过充分全面的就业准备,毕业生能够了解就业形势与就业政策,掌握求职择业的基本知识,确立合理的就业观,进一步规范就业行为,增强适应社会、适应新型就业制度的能力,提高就业成功率。

做好就业准备有利于大学生的发展与创业。一个人对社会贡献的大小、生活方式的选择以及发展与成长,在相当大的程度上取决于他所从事的职业。可见,择业是人生关键性问题之一,它直接影响到个人的前途和发展。因此,职业的选择,也是对未来发展道路的选择。而对初次就业的大学生来说,他们涉世不深,经验不足,要选择明确的、合理的职业确实相当困难。早做就业准备能帮助毕业生分析自己的兴趣爱好,客观评价自身的思想道德素质、专业技能素质、文化素质和心理素质,有助于学生形成正确的职业定位,寻找到一个适合自身特点,能够发挥特长又称心如意的工作岗位。这不仅能让毕业生热爱工作,全身心投入到工作中去,而且在实际工作中,也能鼓励毕业生不断创造新的业绩,实现人生价值,为社会发展和经济建设出力。

就业准备应贯穿于大学生活的全过程 对于许多刚跨入大学校门的大学生来说,就业似乎是一件遥远的事情。应该在进校时还是在离校时考虑自己的就业问题,这是一个有争议的话题。许多学生认为,自己在校期间的主要任务就是学习,只要好好学习,自然就能找到好工作。过早地考虑就业问题,可能会被认为是杞人忧天,因此不少人倾向于在毕业阶段再考虑就业问题。就目前就业的实际情况看,学生应该将就业准备贯穿于整个大学生活的全过程。作为学校应该及早开展学生的就业指导工作,而作为学生应尽早考虑自己适合干什么、如何去实现自己的职业梦想等问题。这些问题既涉及学生对职业的认识及定位,也涉及学生就业素质的培养和形成。

要区分求职和就业准备这两个既有联系又有区别的概念。求职是一个寻找工作的过程,是毕业生所要考虑的事,它仅限于某一个时间段,大多是在毕业前的那个学期,但就业准备涉及所有的大学生,也没有任何时间上的限制和约束。事实上,当学生在填写高考专业志愿时,就已经或多或少地考虑过职业去向问题,在为自己将来的求职做准备了。只不过,进入大学校园后,这种目的性就更明确了。当你选定了某个专业作为自己将来的发展方向时,也就意味着已经奏响了职业生涯的前奏曲。可以这么说,在校期间所学的一切均是为了将来的求职做准备。

学生自身基本素养的提高是一个潜移默化的过程,需要长期的积累,学生要根据社会的需求努力把自己塑造成有用的人。为此,应尽早着手准备自己的就业工作。你在逐渐适应了大学的生活后,就应该接受有关职业规划的理念,并在老师的指导下,逐渐形成自己的职业发展规划,从专业知识、兴趣爱好、性格培养等多个途径,为将来的求职打下扎实的基础。到了二年级,就应开始关注大学生就业的动向,并有意识地收集相关的就业政策和就业信息,学习就业技巧。经过各个阶段有条不紊的精心准备,成功也就离你不远了。

(二)强化创新意识

创新意识 创新意识是指具有为人类的文明与进步做出贡献的远大理想,有为科学与技术事业的发展而献身的高尚精神和进行创造发明的强烈愿望。创新过程就是创造性劳动的过程,没有创造就谈不到创新。人类要生存、要发展,就必须创新。因为创造了生产工具人类才能脱离动物界,因为创造了语言文字人类才能脱离原始人的蒙昧状态逐渐发展成为有高度智慧的现代人。

时代呼唤创新人才 所谓"创新人才"是指具有创新精神的创造型人才,也就是具有创新意识、创造性思维和创新能力的人才。创新既是追求利益最大化、竞争最优化的坦途,又是引领社会向知识经济时代迈进的动力源。有人说,20 世纪 80 年代最吃香的是一张金光灿灿的大学毕业文凭,有了它,"皇帝的女儿不愁嫁";20 世纪 90 年代最吃香的是经验,"是骡子是马,拉出来遛遛"成为用人单位响亮的口号;21 世纪,新经济赋予创新以至高无上的价值,那么最受用人单位欢迎的将是有较强的学习能力、有广泛的专业技能并有创新潜质的人。

一项对企业技术创新状况的调查表明:制约我国企业技术创新能力的几个主要因素中,缺乏创新人才占第二位,仅次于缺乏资金。企业的首要目标是追求利益的最大化,企业的一切经营活动都是为这一目标服务。所以,企业衡量人才的标准首先是能否为企业的生存和发展做出贡献。创新是发展的动力,企业录用毕业生的衡量标准,已不是我们所理解的一般意义上的能力,除了必要的技能外,更注重创新的能力。市场经济是竞争的经济,尤其是在高新技术企业,产品不断更新换代,生命周期日渐缩短,市场竞争显得尤为激烈。而市场的竞争最终是人才的竞争,这就需要企业有技术创新人才,能根据市场变化,迅速推出适销对路的产品。因此,学生要十分重视创新意识的培养。

(三) 树立竞争意识

竞争意识 竞争意识就是与人争胜的意识。在经济全球化的背景下,可以说竞争无处不在、无时不有。求学是知识与智力的竞争,求职是素质与智力的竞争。在自主择业制度下,平等竞争为每个大学生提供了一个更为自由和广阔的择业环境,市场竞争机制也必然反映到人才市场中来:毕业生选择理想的工作岗位,而用人单位选择合适的人才。竞争使人才脱颖而出,有无竞争意识,某种意义上说决定着毕业生能否找到合适或理想的职业。

参与竞争本身并不是件轻松的事,既要面对竞争的挑战和压力,又要承受在人才市场和竞争机制尚不完善情况下所遇到的种种困难和阻力。因此,即使是学识和能力诸方面都较好的毕业生,也应当做好在竞争中遭遇挫折的心理准备。但是从本质上来说,只要你能增强竞争意识,并坚持到底,就会不断克服困难,走向成功。因此,每个毕业生都必须从改革开放和社会进步的角度出发,深化对竞争机制的认识,强化自身的竞争意识。

竞争是实力的较量 竞争意识的培养、竞争能力的提高,必须通过知识的积累来获得。

有了实力就必然受到社会的欢迎,不然就会被社会淘汰。

中央电视台《对话》栏目曾以“影响未来若干年发展的最有价值的理念”为主题,对24位参与过《对话》节目的嘉宾进行了一次问卷调查。问卷的最后一个问题是:“请给您所认为的在未来10年中最有竞争力、最有希望成功的人士画像。”各位人士的画像各不相同。著名导演郭宝昌给未来成功人士的画像是:具有狮子般的野心,虎一般的活力,狼一样的凶残,牛一样的勤奋,10年中至少经历3~5次重大挫折而仍然站立。联想集团创始人柳传志给未来成功人士的画像是:胸怀大志,有上进心和不屈不挠的精神,有责任感和诚信;具备工商管理、法律、经济等方面的专业背景和交流能力;有很强的学习和总结能力,善于从书本和实践中、从自己和别人身上学习。对嘉宾的问卷统计结果是:学习能力、创新能力、实践能力被公认为是未来成功人士最应该具备的三种能力。具备这三种能力是时代发展对人才的要求,只有具备这三种能力的人才有竞争力,才可能成为未来最吃香的人。

(四)重视定位意识

定位意识 所谓定位意识,就是指大学生在充分了解社会就业形势与环境,并在客观评价自我的基础上,对适合自己发展的生活空间做出的及时、准确的判断。这不仅包括对生活环境如地区、城市等的判断,同时也包括对行业及职业种类等的判断。在这一点上,大学生因为缺乏对社会的充分了解,社会阅历不深,再加上受家庭、同学的影响,往往存在定位意识趋同、攀比,甚至是虚荣等现象,这将直接影响到大学生毕业时选择就业去向的合理性和准确性。

是金子在哪儿都能发光 大学毕业生在择业过程中的高期望、高定位与社会对人才需求之间存在着较大差别。该差别突出地表现在以下方面:大多数毕业生选择在省会城市和沿海开放城市就业,只有部分学生选择到地区级城市,而选择县级及以下地方就业的几乎是出于无奈;从全国的范围来看,毕业生首选地区为北京、上海、广州等大城市,而那些急需人才的偏远落后地区对毕业生毫无吸引力;从单位性质来看,希望到国有大中型企业、事业单位以及国家机关的毕业生比例较高,而志愿到民营企业的学生较少,造成偏远地区和中小私营企业急需人才,而许多大学生又找不到工作的现象。毋庸置疑,大城市经济发展速度快,人才需求量大,毕业生择业机会也多,但人才间的竞争也最为激烈。这种人才济济的环境,从某种意义上来讲不利于应届毕业生的发展与成才。反之,毕业生在条件艰苦、急需人才的环境中更能得到锻炼,更能发挥自身的聪明才智。因此,大学生应该树立正确的择业观念,科学地评价自我、定位自我,树立一种“是金子在哪儿都能发光”的择业意识,到社会最需要和最能施展自己才华的地方去建功立业。

三、职业生涯设计——不容忽视的人生战略

职业生涯设计指个人和组织相结合,在对一个人职业生涯的主客观条件进行测定、分析、总结研究的基础上,确定其最佳的职业奋斗目标,并为实现这一目标做出行之有效的安排。职业生涯设计的意义在于使你树立明确的目标与理想,运用科学的方法、切实可行的措施,发挥个人的专长,开发自己的潜能,克服职业生涯发展障碍,获得事业的成功。

(一)职业生涯设计的重要性

凡事预则立,不预则废 每个人都是自己人生事业的规划者、设计师,也是耕耘者。作为一个现代人,不仅要有短期的打算、中期的计划、长期的规划,还须有终生的目标。从国家

领袖到平民百姓，都离不开人生设计。众多成功者的经验证明，人生是需要设计的，人生是可以设计的。一个人，一生中的很长一段时间是在职业生涯中度过的，做好自己的职业生涯设计对于人生道路来说具有战略意义，至关重要。

有人会说，不做职业生涯设计也能成功。“你看，我现在不也是处长、局长了嘛？不是也当厂长、经理了嘛？”是的，不做职业生涯设计，也可能获得事业成功。但是，如果你做了职业生涯设计，你的事业会取得更快的成功，取得更大的成就。我们可以从以下的例子，悟出其道理。假如，你现在住着平房，想在院内盖个小厨房。当你确定了盖厨房这个目标后，就会注意收集砖块、瓦片等材料。你走在街上就会注意哪里有砖块、哪里有瓦片，碰见砖头拉块砖头，碰见瓦片捡块瓦片。用不了多长时间，你就会把原材料备全，把厨房盖起来了。如果你没有盖厨房这个目标，走在街上就不会注意砖块，也不会注意瓦片，甚至它们摆在你的面前，你也不会认为它们有用。这就是说，两个人在同一条街上走过，一个有目标意识的人和一个无目标意识的人，其收获完全不同。人生在世，要干成一番事业，就如同盖厨房一样：只有树立了明确的目标，才能向着目标的方向努力，才能有意识地收集有关素材，创造有利条件，使你的事业尽快获得成功。

有策划有目标的人每一天都是充实的，因为目标总在召唤，未来总是向他张开笑脸。人生需要规划，人生在于规划。不懂规划者，不能明白“磨刀不误砍柴工”的道理，对人生危机，要么惊慌失措，要么垂头丧气。人生的成功首先在于规划的成功，即通过全面周到的规则准确把握人生优势，科学运用人生中的有利条件，为人生成功奠定坚实的基础。有了科学的规划，人就有强大的动力，就会产生坚韧不拔的意志。

职业生涯设计大学生应该人人都做 美国哈佛大学曾对当时在校学生做过一项调查，发现没有目标的人占27%，目标模糊的人占60%，短期目标清晰的人占10%，长期目标清晰的人只有3%。30年后追踪结果表明，第一类人几乎都生活在社会的最底层，长期在失败的阴影里挣扎；第二类人基本上都生活在社会的中下层，他们没有多大的理想和抱负，整日只知为生存而疲于奔命；第三类人大多进入了白领阶层，他们生活在社会的中上层；只有第四类人，他们为了实现既定的目标，几十年如一日，努力拼搏，积极进取，百折不挠，最终成了百万富翁、行业领袖或精英人物。

有关学者在一次对北京人文经济类综合性重点大学的205位大学生的调查中发现，大部分学生没有职业生涯设计。对“自己将来如何一步步晋升、发展？”这一问题，没有设计的占62.2%，有设计的占32.8%，而其中有明确设计的仅占4.9%。在大学期间，大学生对自己的发展规划并不明确，不能运用职业设计理论规划未来的工作与人生发展方向，这种情况严重影响了学生对就业的提前准备和准确定位，甚至会影响对工作的适应性。一些用人单位认为学生只学到书本知识，社会实践少，解决实际问题的能力弱，缺乏团队精神、人际沟通能力和自我认识，而且对未来的发展盲目，没有规划。大学毕业生择业盲从，缺乏职业规划的情况相当普遍，这对择业和长远发展带来了不利的影响。我们也可从以下的例子得到启示：

在沈阳市的一次大型招聘会上，毕业于某名牌高校的小何向浙江一家汽车公司申请一个机械工程师的岗位。他学的是机械专业，在大学期间各门功课都优秀，毕业后的五六年时间里，做过医药、空调、摩托车等产品的销售、品质主管，换了六七个工作，但是没有机械方面的工作经历。招聘者看了他的情况后认为，如果他毕业后稳定从事过机械方面的工作，则正是公司需要的人选,但是因为没有这方面的工作经验,公司无法录用他。一句话说得这名高材生后悔不已。

和小何相似,很多大学生在大学期间由于忽视职业生涯设计,没有长远打算,只能随波逐流地换工作,到了30多岁还没有职业定位。这种情况之下,继续下去出路不大,重新定位又要费很大力气,不得不陷入一种尴尬的境地。

中国第一位白领职业咨询师——白玲工作室首席专家白玲认为,学生找到满意的工作的决胜点在于长期的点滴积累。有很多同学找工作之前会突击拿一些证书,有的同学因没有骄人的成绩感到自卑,其实,这些证书、成绩、丰富的经历只是求职的表面文章,并非关键,令人担忧的是大学生没有注重有计划地在生活中培养自己真正有发展潜力的素质。除去表面文章,真正的"内功"才是最后面试成功的关键所在,而这种"内功"是需要认真规划的。

因此,每一位大学生都要做好职业生涯设计。

(二)职业生涯的发展阶段与设计步骤

职业生涯的发展阶段 关于职业生涯阶段如何划分,各国专家学者有不同的划分理论和方法,主要可分为按年龄层次划分、按专业层次划分和按管理层次划分三种类型。我国从事职业生涯规划研究的人事人才科学研究所副研究员罗双平认为:以年龄为依据,每10年作为一个阶段比较合适,即20岁至30岁为一个阶段,30岁至40岁为一个阶段,依此类推。

20岁至30岁:走好第一步。

这一阶段,人们从学校走上工作岗位,是人生事业发展的起点。如何起步,直接关系到今后的成败。这一阶段的主要任务之一,就是选择职业。在充分做好自我分析和内外环境分析的基础上,选择适合自己的职业,设定人生目标,制定生涯计划。再一个任务,就是要树立自己良好的形象。年轻人步入职场,表现如何,对未来的发展影响极大。有些年轻人,特别是刚毕业的大学生,总认为自己有知识、有文化,到单位工作后不屑于做零星小事,不能给同事们留下良好的印象,这对一个年轻人的发展非常不利。还有一个重要任务,就是要坚持学习。根据日本科学家研究发现,人一生工作所需的知识,90%是工作后学习的。这个数据足以说明参加工作后学习的重要性。

30岁至40岁:不可忽视修订目标。

这个时期是一个人风华正茂之时,是充分展现自己才能、获得晋升、事业得到迅速发展之时。此时,除发奋努力、展示才能、拓展事业以外,对很多人来说,还有一个调整职业、修订目标的任务。人到30多岁,应当对自己、对环境有了更清楚的了解。看一看自己选择的职业、选择的生涯路线、确定的人生目标是否符合现实,如不符合,应尽快做出调整。

40岁至50岁:继续充电。

这一阶段,是人生的收获季节,也是事业上获得成功的人大显身手的时期。对于到了这个年龄仍事业无成的人应深刻反省一下原因何在,重点在自身上找原因,对环境因素也要做客观分析,切勿将一切原因都归咎于外界因素、他人之过。只有正确认识自己,找出客观原因,才能摆脱人生发展的困境,把握今后的努力方向。此阶段的另一个任务是继续充电。很多人在此阶段都会遇到知识更新问题,特别是近年来科学技术高速发展,知识更新的周期日趋缩短,如不及时充电,将难以满足工作需要,甚至影响事业的发展。

50岁至60岁:做好晚年生涯规划。

此阶段是人生的转折期,无论是在事业上继续发展,还是准备退休,都面临转折问题。

由于医学的进步、生活水平的提高，很多人此时乃至以后的十几年，都能身体健康，照样工作，所以做好晚年生涯规划仍十分重要。

职业生涯的设计步骤 职业生涯设计基本上可以分为确立目标、自我评估与环境评估、职业的选择、职业生涯策略、评估与反馈等五个步骤。

第一步：确立目标。确定目标可以成为追求成功的驱动力，王阳明曾说："志不立，天下无可成之事。"立志是人生的起点，反映着一个人的理想、胸怀和价值观，影响着一个人的奋斗目标及成就的大小。所以在进行职业生涯设计时，首先要确立志向、确定目标，这是制定职业生涯规划的关键，也是职业生涯设计中最重要的一点。

在制定就业目标时，应根据社会经济发展的趋势，在考虑事业单位、外资企业、国有企业、发达地区的同时，也应该考虑非国有企业、欠发达地区和艰苦行业，用发展的眼光、长远的观点来指导自己的择业。服从社会需要是职业选择的前提条件，劳动者要从事生产劳动，先决条件是社会对劳动力的需求。只有社会上客观存在着劳动就业的可能性，才谈得上劳动者对职业的选择。

第二步：自我评估与环境评估。自我评估的目的是认识自己、了解自己。只有充分了解自己，才能对自己的职业做出正确的选择，才能选定适合自己发展的职业生涯路线，才能对自己的职业生涯目标做出最佳选择。自我评估包括对自己的性格、兴趣、特长、学识、技能、思维、道德水准以及社会中的自我等方面的评估。

自我评估的重点是明确自身优势。首先是明确自己的能力大小，给自己打打分，看看自己的优势和劣势。这就需要进行自我分析，深入了解自身，根据过去的经验来选择、推断未来可能的工作方向与机会，从而彻底解决"我能干什么"的问题。对自己的认识分析一定要全面、客观、深刻。可对自己提出以下问题：

"我学习过什么？"在学校期间，我从学习的专业中获取了哪些收益，提高和升华了哪方面知识？专业在一定程度上决定自身的职业方向，因而尽自己最大努力学好专业课程是职业生涯设计的前提条件之一。

"我曾经做过什么？"即自己已有的人生经历和体验，如参加过哪些社会实践活动，获得过何种奖励，等等。经历是个人最宝贵的财富，往往可以从侧面反映出一个人的素质、潜力状况，因而备受招聘组织的关注，同时这也是个人简历的亮点所在和重要组成部分。

"我最成功的是什么？"我做过很多事情，但最成功的是什么？为何成功的，是偶然还是必然？通过对最成功事例的分析，人们可以发现自我优越的一面。寻找职业方向往往是要从自己的优势出发，以己之长立足社会。

环境评估主要是评估各种环境因素对自己职业生涯发展的影响。每一个人都处在一定的环境之中，离开这一环境便无法生存与成长。所以，在制定个人的职业生涯规划时，要分析环境条件的特点、环境的发展变化情况、自己在这个环境中的地位、环境对自己提出的要求以及环境对自己有利的条件和不利因素，等等。只有对这些环境因素充分了解，才能做到在复杂的环境中趋利避害，使你的职业生涯设计具有实际意义。

环境分析应把重点放在社会环境和组织环境上。

(1)社会环境分析。大学生应该善于把握社会发展脉搏。这就需要做社会大环境的分析：当前社会、政治、经济发展趋势；社会热点职业门类分布及发展趋势；所学专业在社会上的需求形势；自己所选择职业在目前与未来社会中的地位情况；社会发展对自身发展的影响;自己所选择的单位在未来行业发展中的变化情况、在本行业中的地位、市场占有情况及发展趋势等。对这些社会发展大趋势问题的认识,有助于自我把握职业社会需求,使自己的职业选择紧跟时代脚步。

(2)组织环境分析。这是个人着重分析的部分,组织将是你实现个人抱负的舞台。西方关于职业发展有句名言:"你选择了一个组织,就是选择了一种生活。"特别是现代组织越来越强调组织文化的建设,对员工的适应生存能力要求越来越高,因而应对你将寄身其中的组织的各个方面做详细了解。

第三步:职业的选择。职业选择的正确与否,直接关系到人生事业的成功与失败。在职业选择中要考虑性格与职业的匹配,兴趣与职业的匹配,特长与职业的匹配,内外环境与职业的相适应。合理的职业选择是以自己的最佳才能、最优性格、最大兴趣、最有利的环境等信息为依据进行的。职业的选择一般有短期目标、中期目标、长期目标之分。适合自身特点是毕业生就业的着眼点。社会上的职业多种多样,不同的职业,对从业人员的知识、技能、素质等要求不同,而毕业生的自身条件也不一样,不同的个体所具有的素质也是有差异的。所以,大学生对职业的选择,一方面要从社会需要出发,同时也要考虑自身的实际情况,扬长避短,做到"人尽其才,才尽其用"。

在选择职业时,应把握好以下四项基本原则:一是选己所爱的原则。就是你必须对自己选择的职业是热爱的,从内心自发地认识到要"干一行,爱一行"。只有热爱它,才可能全身心地投入,做出一番成绩。二是择己所长的原则。选择自己所擅长的领域,才能发挥自我优势,选择的职业应尽量专业对口。三是择世所需的原则。所选职业只有为社会所需要,才有自我发展的保障。四是择己所利的原则。应该本着"利己、利他、利社会"的原则,选择对自己合适、有发展前景的职业。

职业的选择并无定式可言,关键是要依据主客观条件来设计,要保证目标适中,不可过高或过低,还要把长期目标和短期目标结合起来。

关于职业目标,有专家认为可以分为以下六类:

(1)操作型的人。喜欢有规则的具体劳动和需要基本技能的工作,不太擅长社会活动。较适合从事技能性的职业,如化验员、摄影师、操作员、修理技师等。

(2)研究型的人。喜欢独立的、智力的、抽象的分析和推理。研究型职业包括科学、技术方面的职业,如科学家、工程师、经济研究人员、计算机程序设计员等。

(3)艺术型的人。喜欢通过艺术作品来表现事物,感情丰富,爱想象,有创造性。艺术型职业主要指艺术、音乐、文学方面的职业,如作家、画家、编辑、评论家、演员、工艺美术师、时装设计师等。

(4)管理型的人。喜欢具有胆略的活动,敢冒风险,对管理和领导工作感兴趣,具有劝说、调配人的才能。管理型职业是指管理、销售方面的工作,如经理、校长、政府机关的管理干部、公司的经营管理人员等。

(5)社会型的人。喜欢社会交往,关心教育、社会问题,乐意帮助别人,容易和他人相处,但往往机械操作能力较弱。社会型职业有教师、律师、社会活动家等。

(6)常规型的人。喜欢稳定而有条理的具体工作,自我控制能力强,但比较保守,往往艺术能力较弱。常规型职业有办公室和财务方面的工作,如会计、打字员、秘书、图书管理员、统计员、报务员等。

职业目标的确定可参照以下两个步骤：

一是列表分类。根据自己的能力和个性列出适合从事的多种职业，再把每一种职业的具体工作列出来，按“喜欢”与“不喜欢”将表分为两类，仔细审视“喜欢”表，评定自己感兴趣且在能力范围内的职业。

二是设计方案。根据“列表分类”得出的结果，针对每一种职业设计一套科学的工作方案，方案中要定出工作目标和希望的职位，描述本行业的发展前景、所需要的人际环境、工作的具体程序等。方案设计好后，拿给相应行业的朋友阅读，得到较高评价的方案就是你进一步选择的依据。

第四步：职业生涯策略。职业生涯策略是指为实现职业生涯目标而制订的行动计划，一般都是具体的、可行性较强的。在确定具体的职业选择目标后，行动成了关键环节。这里所说的行动是指落实目标的具体措施，主要包括教育、培训、实践等方面的措施。例如，在提升职业素质方面，你计划学习哪些知识，掌握哪些技能，开发哪些潜能，等等。美国有一个叫威廉·乔治的人，他的职业生涯策略是这样设计的：进大学学习技术与管理——进政府锻炼人际交往能力——进小公司寻找实践机会——成为大企业最高主管。他进政府后被提拔到美国海军总司令特别助理的位置，但熟识自己的乔治毅然辞去官位，去了一家小公司。30 岁那年，他便实现了自己的目标，成为了一家著名公司的总裁。

第五步：评估与反馈。影响职业生涯设计的因素很多。有的因素是可以预测的，而有些则是难以预料的。人是善变的，环境也是多变的。成功的职业生涯设计还需要时时审视内外环境的变化，不断对自己的设计进行评估和修改并调整自己的前进步伐，这样才能适应社会和环境的发展变化，真正做到与时俱进。

(三)职业生涯设计应注意的事项

目标的热门程度　在确定职业生涯发展目标时，要考虑社会上的人对于这一目标的热衷、趋附程度，也就是说，要看看这个目标是否是“热门”。一般来说，当一个目标成为“热门”，吸引了众多的追求者时，往往社会对它的需要较大，社会环境也对它有利，但竞争者也数量庞大。在众多的竞争者中要真正取得成功，成为佼佼者，是较为困难的。例如，青年人大都爱好文学、艺术，许多人希望自己成为作家、歌星、艺术家，也为此付出较大努力，但真正取得成功的人寥寥无几，绝大多数当然是被淘汰的。某种目标成为“热门”时，取得成功的不利因素、需要付出的艰苦劳动方面，往往被人们忽视。这就使一些人在选择这种目标时，过高地估计了自己的才能，也过高地估计了成功的可能性。

因此，在选择职业生涯目标时，着眼于有较大社会需求的“冷门”，即目前暂时不为人们所重视，但不远的将来可能是社会非常需要的职业，不失为一种明智的策略。选择冷门目标，可以避免与众多的人竞争，只要这一目标确有社会价值，自己又做出相当的努力，就较容易取得成功。冷门目标的优势，是有利于人才崭露头角，生涯成功的可能性大大高于热门目标。因此，人们在选择生涯目标时，可以根据自己的爱好与条件，多侧重于考虑和选择目前尚属于冷门的方向。

影响目标设计的个人因素　影响目标设计的个人因素，包括能力因素和非能力因素。

(1)能力因素。在能力因素与职业生涯目标设计的关系方面，应当把握以下两点：

第一，从客观实际出发。能力是一个人能否从事某种职业、能否在生涯旅程中顺利成长和获得成功的条件。能力具有客观性，在设计职业目标和选择生涯道路时，要以“人职匹配”

为基本原则。

第二,寻找优势能力,发挥自身优势。有的人具有超常的能力,但这并不是说这个人在智力和能力的每个方面都超乎常人、都有杰出的表现,而是指在某一个或几个方面与众不同、水平突出。如果一个人在某一个方面的特殊才能得到发挥又符合社会需要,就会取得巨大的成就、达到生涯的辉煌目标。因此,一个人不必为自己在能力的某些方面不如别人而感到自卑,丧失进取的信心。某个人在能力上不如别人的背后,往往会有超过别人的潜在能力未被充分挖掘。一旦认识和发挥了自己在能力方面的强项,完全能够把自己塑造成社会所需要的优秀人才。

非能力因素。在个人生涯的道路上,能力因素和非能力因素相辅相成,缺一不可。一个人除了具备和培养一定的能力条件外,还应具备和培养良好的非能力因素即良好的个性心理品质,才能顺利发展,取得职业生涯的成功。

心理学、教育学、管理学等方面的研究都表明,良好的个性心理品质,不仅对人的成长和成功具有不可忽视的重要作用,而且比能力因素,特别是单纯智力因素的影响要大得多。成就大的人往往具有良好的个性心理素质,比如自信、乐观、谨慎、不屈不挠、执着顽强等,成就小的人的个性心理素质则明显劣于前者。这向人们揭示出一个道理:一个人要想成才,除了应该具备较高的能力水平外,还必须具备良好的个性心理素质,否则很难取得成功。因此,在职业生涯目标的设计上,也要深入认识自身的非能力因素,运用好非能力因素。

影响目标成功的时间因素 成才,尽快成功,尽早地达到人生的目标,是人们共同的意愿。在选择目标时,必须考虑时间因素。具体来说,在设定职业生涯目标时,要把近期目标与长期目标结合起来。长期目标一般是以后职业规划的顶点或较高点,也就是"梦想",但首先要细化至具体工作,如毕业后进入国际某知名公司从事销售工作。短期目标的设立一般是在素质能力的提高方面,如有用证书的获取或考试的通过。通过不断实现短期目标最终实现长远目标。

(1)长期发展目标。首先,要基于自身的能力、发展潜力和社会经济发展的趋势,树雄心、立大志,勾画出未来的个人职业前景。职业生涯的长期目标具有"未来预期""宏观综合""人生理想""发展方向""引导短期"和"自身可变"的性质。长期目标一般为10年、20年、30年后的目标,是短期和近期目标所追求的"最终目标"。

(2)短期操作目标。职业生涯的短期目标是一种现实性的目标,是具有实际价值的目标,是以长期目标为发展方向的行动性、操作性目标。达到短期目标的活动,就是人们的职业活动实践。这种活动实践,不仅意味着人要付出一定的努力、付出各种成本,而且意味着对人的职业道路的"试错法"式的检验以及随后的矫正。

在选择短期职业目标的时候,要注意以下几点:

其一,要把短期目标作为达到长期目标的初始步骤,通过一个一个地攻克近期目标,逐步逼近和最终达到长期目标。

其二,要讲求目标的有效性,注意应使目标易于达到。

其三,目标应符合社会需要。个人经过努力取得的成果,若能满足社会需要,社会也就能承认个人的成果,认可职业生涯的局部成功。

思考题：

1. 早做就业准备的好处有哪些？
2. 职业生涯设计的步骤有哪些？
3. 试分析职业生涯目标设计与能力因素的关系。

【案例一】

人生规划 助你圆梦[①]

提起杨澜，很多人都说她太幸运了。从著名节目主持人到制片人，从传媒界到商界，她一次次成功地实现了人生的转型。杨澜是幸运的，但这种幸运，并非是人人都有，也不是人人都能驾驭的。它需要睿智的眼光、独到的操控能力，是职业经历累积到一定程度厚积薄发而来的。就像杨澜自己说的那样："一次幸运并不可能带给一个人一辈子好运，人生还需要你自己来规划。"

14岁的时候，杨澜在北京市海淀区的一个学院附属中学读初中。那时，她立志成为一名外交官，为此，她在课余常常把时间用在英语练习上。

22岁的时候，杨澜被分配到中央电视台主持《正大综艺》节目。这是一份薪资相对来说还不错的工作，杨澜也有着不输明星的曝光率，可是她不满足于仅仅做一名主持人，她还想当策划、编导，想了解世界传媒业的发展趋势。为此，她选择辞职，留学。

27岁的时候，杨澜在美国完成了学业，同时收获了爱情，并且拿到了绿卡。美国对她而言更有发展前景，她的老公在北美也已经拥有一定的事业基础了，可她矢志不改，记得曾经对传媒行业的向往。于是她回国，选择在香港创业。

30岁的时候，杨澜被选为哥伦比亚大学国际关系学院校董事，同年加盟凤凰卫视中文台，并于1998年1月推出访谈节目《杨澜工作室》。

31岁的时候，杨澜离开凤凰卫视中文台，担任香港上市公司——阳光文化影视公司董事局主席，同时创办了大中华区第一个以历史文化为主题的卫星频道——阳光卫视。

32岁的时候，杨澜制作并主持国内首个高端访谈电视栏目《杨澜访谈录》，采访各领域的世界名流，个人影响力达到巅峰。她所创办的"阳光文化"两次入选世界权威财经杂志《福布斯》全球300家小型企业之一。

40岁这一年，杨澜被《福布斯》第二次选入中国大陆创业女性首富前50名的座次榜，杨澜所持有的港交所上市公司股份市值为6400万美元，她排在了第38位。

50岁这一年，杨澜入选"中国改革开放海归40年40人"榜单。

点评：从一名北京外国语学院有些缺乏自信的大学生到阳光卫视的当家人，杨澜最终成为一名成功女性。勤勉努力的她，不仅大胆直率，看问题也通常有自己独特的视角。面对不断上升的人生高度，目不暇接的社会荣誉，杨澜对于个人成功只有一句话：我善于规划人生，现在这一切，只是14岁时人生规划的执行结果。

---

① 案例来源：智慧网，http://www.hc360.com

【案例二】

什么样的选择决定什么样的生活①

有3个人要被关进监狱3年,监狱长答应满足他们每人一个要求。美国人爱抽雪茄,要了3箱雪茄。法国人最浪漫,要一个美丽的女子相伴。而犹太人说,他要一部与外界沟通的电话。

3年过后,第一个冲出来的是美国人,嘴里鼻孔里塞满了雪茄,大喊道:"给我火,给我火!"原来他忘了要火了。接着出来的是法国人,只见他手里抱着一个小孩,美丽女子手里牵着一个小孩,肚子里还怀着第三个。最后出来的是犹太人,他紧紧握住监狱长的手说:"这3年来我每天与外界联系,我的生意不但没有停顿,反而增长了200%。为了表示感谢,我送你一辆劳斯莱斯!"

点评:这个故事告诉我们,什么样的选择决定什么样的生活。人生目标对于一个人一生事业的发展和生活质量的提高极为重要。我们今天的选择将决定我们3年后的生活。

【案例三】

比尔·拉福的成功生涯设计②

1.从最基础的学科起步

中学毕业时,比尔·拉福就立志经商。他的父亲是洛克菲勒集团的一名高级职员,在商界打拼了多年,对商海中的事务了如指掌,深谙其中奥妙。他发现儿子有商业天赋,机敏果断,敢于创新,但未曾经历过磨难,没有经验,更缺乏知识。于是,父子俩进行了一次长谈,共同描绘儿子职业生涯的蓝图。比尔·拉福听从了父亲的劝告,升学时并没有直接去读贸易专业,而是选择了工科中最基础最普通的专业——机械制造。这着棋很妙,因为做商贸必须具有一定的专业知识。在贸易中,工业商品占绝对多数,如果不了解产品的制造情况,很难保证贸易的收益。因此,具备一些工科的基本知识是经商的先决条件。况且,工科学习不仅是知识技能的培养,它还能帮助你建立一套严谨求实的思维体系,训练你的推理分析能力,使你有一种脚踏实地的工作态度,这些素质对经商帮助极大。在麻省理工学院4年的学习中,比尔·拉福没有拘泥于本专业,他广泛接触其他课程,学习了许多化工、建筑、电子等方面的基本知识,这些知识在他后来的商业活动中发挥了很大作用。

2.羽毛尚未丰满不"下海"

大学毕业后,比尔·拉福没有立即扎进商海。按照原先的设计,他开始攻读经济学硕士学位。在市场经济条件下,任何经济活动都要通过商业活动进行,不了解经济规律,不学习经济学的知识,很难在商业领域内立足。于是,比尔·拉福又考进芝加哥大学,学习经济学硕士课程。读书期间,他还特意钻研有关的经济法律。在现代商业活动中,法律充当着至关重要的角色,没有法律保障,现代商业将陷入一片混乱。他更注重微观经济活动的管理知

---

① 案例来源:http://llblog.phoenifv.com.

② 案例来源:中国高职高专毕业生就业信息网,http://www.chinagrad.net.

识，而不把主要精力用来研究理论经济学，因为那是职业经济学家的工作，他志不在此。这样，几年下来，他在知识上完全具备了经商的素质。

3.培养另一种能力

你也许会感到意外——比尔·拉福拿到硕士学位以后居然又报考公务员，去政府部门工作。原来，他的父亲深知经商必须有很强的交往能力，而观察人际关系的最佳去处就是政府部门。比尔·拉福在政府部门一干就是5年。他从稚嫩的热血青年成为一名老成持重、不动声色的公务员，胸中筑起了很深的城府，从未上当受骗，没有人能算计他，这都归功于他在政府部门的锻炼。此外，他通过那5年的机关工作，结识了各界人士，建立起一套关系网络，能为他提供丰富的信息和各种便利条件，这对他后来的商业成功帮助极大。

4.成功来自积累

5年的政府工作结束之后，比尔·拉福辞职“下海”，去了父亲为他联系的通用公司熟悉商业业务。又经过两年，他已能熟练掌握商情与商务技巧，业绩斐然。这时候，他不再耽搁时间，婉言谢绝了通用公司的高薪挽留，自己创立了拉福商贸公司，开始了梦寐以求的商人生涯，正式实施多年前的计划。由于比尔·拉福的准备工作十分充分，他几乎考虑到了每个细节，学会了商人应掌握的一切，因此他的生意进展异常顺利，拉福公司的成长速度出奇地快。20年之后，拉福公司的资产从最初的20万美元发展为2亿美元，而比尔·拉福的事业成为一个奇迹。

点评：通过比尔·拉福的发展史可以看出，他的创业生涯发展目标明确，脉络清晰，步骤合理，充分考虑个人兴趣及能力，确立了目标的可行性，并着重职业技能的培养。在这个计划的指导下，他通过自己不懈的努力，一步步前进，终于变理想为现实。

【案例四】

三年爆发的职业危机①

在学校，King是个品学兼优的学生。出生于医学世家，学习药学这个专业是自然而然的事。毕业了，凭着优异的成绩和家庭背景，King联系到一家有名的药业机构，看着别人慌慌张张找工作，他想：“先有份工作锻炼一下，等有了工作经验，路宽了再另做打算。”就这样，King是班上最早签下offer(用工合同)的。

然而，不到一年，King就发觉这里的环境跟之前所想的完全不一样。因为自己刚进去，只能做辅助性工作，他很不开心。很多时候King觉得自己被埋没了，心里很是愤愤不平，对工作开始敷衍了事。

没多久，King跳槽去了同行业另一家小一点的公司。岗位环境比之前有所改善，但是小公司人不多，工作量很大，King每天在实验室里做着几乎同样的工作，又开始厌烦不堪。每天一进大楼，看到实验室就开始叹气，抵触情绪爆发似乎就在下一秒。

但因为已经换了一次工作，家里人已经很不满意，King不得不在此安分地待着，即使心里翻江倒海，表面上还是老老实实进实验室去工作。这一待就是两年多，但心里的厌烦并没

① 案例来源：宜春就业网，http://www.yc9y.com/Article-5397.html(略有删节)。

有因为时间的流逝而减少。直到有一天,他因为第三次没有按时完成工作任务被领导一顿猛批,他才终于发觉,自己其实一点都不喜欢关在实验室里做实验。

King开始寻觅其他方向。他想做市场营销方面的工作,但碍于没有经验,所以自始至终都没有找到合适的机会。但是实验室的工作他无法忍受了,心中积压的负面情绪太多,易怒、失眠也成了家常便饭。King不顾家里反对递了辞呈。一场风波后,他对父母说出了压在心里很久的话:"我一点都不喜欢什么药学,做实验真的无聊透顶,就像坐牢一样。当初就是你们不停地唠叨让我去!早知道这样就不该进去浪费时间!"

点评:大学毕业后的第一次选择,并不能决定一生的职业生涯。但是初次选择应该是理性和审慎的,这样才能让你在职场上少走弯路。每个人情况千差万别,要做到职场定位准确,你必须考虑自己的特点和兴趣,择己所爱,选择自己喜欢的职业和岗位。这样才能在职业生涯中,获得成就感、充实感和自我认同感。

第二章

积蓄能量——打造你的就业实力

大厦之成，非一木之材也；大海之阔，非一流之归也。

——(明)冯梦龙

科学在进步，时代在发展，竞争在加剧。面对严峻的就业形势，我们唯有与时俱进、勤奋学习、积蓄能量、锻造实力，才能拥有辉煌灿烂的未来。海的宏阔来自它不辞细流，山的雄伟得于它不拒微尘，人的成功则来自他长期的勤奋努力，这些都是积累。积累是花开前的蓓蕾，它的下一步就是成就自己的美丽和辉煌。实力的造就是个漫长的积累过程，是通过不断地学习积累、实践积累，甚至是用失败和挫折兑换而得到的。我们应尽早为就业做“能量”的积累，将打造实力贯穿大学生活的全过程，为未来的职业生涯做充分的知识准备、素养准备、能力准备、经验准备、心理准备。

想要在竞争中取胜，唯一的秘诀就是：行动起来，打造自己的实力。

一、养成良好的职业品质

较高的思想素质和高尚的品质是人才的基础。从多年来大学生就业情况看，用人单位普遍喜欢职业品质好的毕业生，优秀毕业生、优秀学生干部、三好学生、学生党员备受用人单位的青睐便是最好的证明。因此，毕业生必须具有良好的职业品质，即具有对社会、对祖国、对人民的高度责任感，高尚的思想道德素质和精神境界以及正确的世界观、人生观和价值观等。

(一)强烈的责任意识

责任意识有着双重内涵：一是指对自己负责，有自己应尽的职责、义务，对自己的成长、进步以及人际关系等负责，即对构成自我形象的综合要素负责；二是指对工作、对他人、对社会负责，为人类的进步做出自己应有的贡献。具有责任意识的人，踏上工作岗位后才能做到敬业务实，没有责任感的人是不会对工作忘我投入、甘于奉献、任劳任怨的。

美国福特汽车公司创始人福特先生年轻时曾有过这样一段经历：他在一所普通大学毕业后到处奔波求职。有家公司招聘员工，他前去应聘。在过面试这一关时，他走进考场时无意中发现地上有一张废纸，就很自然地弯腰捡起来扔进了纸篓，然后才就座应试。而正是这样一件举手之劳的小事，却展示了他的良好素质，赢得了招聘人员的好感，使之舍弃前面几位应聘的名牌大学毕业生而录用了他。招聘者正是被他以主人翁身份处理环境中不协调因素时体现出的责任感所感动。

这种责任意识需要从小事做起，从现在做起，进行有意识地培养。一个人的责任心换来的是良好的工作业绩、周围人的信赖和自身的成长。

(二)基本的诚信原则

“诚”就是真心诚意，实事求是，不虚假，不欺诈；“信”就是遵守承诺，讲究信用。现代职场非常重视一个人是否具有诚信原则。

社会是这样一个整体：人一旦离开了它，便很难生存。既然要在其中生存，那么维系人与人之间的链条就是诚信。如果你周围的舆论一致认定你是一个言行不一、口是心非的人，那么你还能从这些人那里得到什么帮助呢？因此中国人自古就把诚信看得比生命还重。中国古代民间流行着“涂龙酒店”的故事。故事说的是商人涂龙为人厚道，诚实经营，注重信誉，酒店生意兴隆。一次涂龙外出，其妻为了多赚些银两，往酒里掺水。涂龙回家后得知此事大哭，其妻不解，涂龙回答：“你毁了我的信誉，也毁了我的家业。”

香港中华总商会主席曾宪梓认为，诚信是华商成功的根本。他说：“信誉是事业的生命，纵观华商的创业历程，没有哪一个成功的人是不讲诚信的。”经历过白手起家、艰苦创业的曾宪梓，创业初期曾为信守与销售商之间的口头承诺而宁愿自己亏本，这种诚信的品格传为商界佳话。这位经商几十载的企业家总结自己的成功之路时说：“‘勤俭诚信’是我人生的座右铭。”

“诚”能使人广交朋友，获得更多机会；“信”能使人把握机会，获得成功。只要心存诚信，不管千险万难，我们的路上都会充满阳光，我们就能在成功的旅途上越走越远。

(三)科学的理性精神

科学的理性精神要求我们在办事情、解决问题时能用理智判断、调节自己的行为。我们要有理智而不乏个性，培养自己独立思考的能力，而不是一味“从众”，人云亦云。这儿就有一个值得我们深思的例子。在美国通用汽车公司的一次董事会议上，有位董事提出了一项决策议案，立即得到大多数董事的附和。有人说，这项决策能够大幅度提高利润；有人说，它还有助于我们打败竞争对手；还有人说，应该组织力量，尽快付诸实施。但是，会议主持人则保持冷静的头脑，他说：“我不赞同刚才那种团体思考方式，它把我们的头脑封闭在一个狭小的天地内，这会导致十分危险的结果。我建议把这项议案搁置一个月后再表决，请每位董事各自独立地想一想。”一个月后，重新讨论那项议案，结果议案被否决了。

科学的理性精神，还要求我们做到有理智而不乏自信，不畏权威，坚持自己的判断和观点。世界著名指挥家小泽征尔有一次在欧洲参加世界音乐指挥家大赛。决赛中，他按照评委会给的乐谱指挥乐队演奏的时候，发觉有不和谐的地方。起初他以为可能是乐队演奏错了，就让乐队停下来重新演奏，但仍然有个地方不和谐。小泽征尔向评委们提出乐谱有问题，但在场的作曲家和评委会权威人士都说乐谱没有问题，是小泽的错觉，请他找出原因。小泽征尔当时还不大有名，只是一个普通参赛者，但他坚信自己的判断，肯定地说：“不，一定是乐谱错了！”话音刚落，评判台上立刻报以热烈的掌声。原来这是评委们精心设计的圈套，以此来检验参赛者在发现乐谱的错误并遭到权威人士“否定”的情况下，能否坚持自己的正确判断。前两位参赛者虽然也发现了问题，但终因不自信而被淘汰。小泽征尔最终摘取了这次世界音乐指挥家大赛的桂冠。

(四)和谐的人格特征

和谐的人格特征体现出强烈的团队精神，即善于与人沟通、合作，通过互相配合，达到自己原本达不到的目的。没有人不需要任何帮助就能成功，毕竟个人的力量是有限的。

清末“红顶商人”胡雪岩，自己不甚读书识字，但他从生活经验中总结出了一套生活哲学，归纳起来就是：“花花轿子人抬人。”他善于观察人的心理，把士、农、工、商等阶层的人都拢集起来，以自己的优势，与这些人协作。别人也为他的行事所打动，对他产生了信任。通过种种的互惠合作，胡雪岩从一个小学徒工变成一个执江南半壁钱业之牛耳的巨商。

自己的力量有限，这不单是胡雪岩的问题，也是我们每一个人的问题。但是只要有心与人合作，善假于物，那就能取人之长，补己之短，而且能互惠互利，让合作的双方都能从中受益。

甲看到乙在门口搬一台洗衣机，便过去帮忙。两人通力“协作”，与那台笨重的洗衣机搞得难解难分。过了好一阵子，他们的努力毫无结果。于是，他们停下来，面面相觑，气喘吁吁，不知如何是好。等缓了口气后，甲说：“这台洗衣机怕是弄不进去了。”乙听了，瞪大眼睛说：“什么进去？我是要把它弄出来！”这个故事告诉我们，沟通对于合作是多么地重要。

人是社会的人，人总是要充当一个社会角色。在社会大舞台上，不论你从事什么事业，要想取得成功，都必须搞好人际关系，借助“人和”的东风。当今社会是一个互相依赖的社会，不论在哪一个专业领域，想独立达到事业的顶峰，是不可能的事情，而要得到别人帮助的最好办法，就是先帮助别人。当你试着随时鼓励并协助他人求取事业的成就，大部分人在你需要他们时都会助你一臂之力。不吝于伸出援手，你才会得到相应的回报，反之，你将一无所获。

与人和谐相处与分工合作的精神，是一种高尚的人格特征。是否具有这种高尚的人格特征，将关系到一个人的成长以及是否会取得最终的成功。

二、构建合理的知识结构

一个人的文化知识素质如何，将决定他求职择业时的自由度和取得职业岗位的层次。大学生应自觉地把自身素质的提高同求职择业乃至将来的职业生活紧密联系在一起，努力做好知识技能方面的准备。当今世界，各种知识浩如烟海，各门学科交叉渗透，科学技术的发展突飞猛进。一个人要想百事皆通，掌握各方面的知识，是不可能的，也不是现代职业岗位所需求的。现代职业所欢迎的是这样的求职者：他们拥有一定的知识，并根据社会的发展和所选职业的具体要求，将自己的知识科学地组合以形成合理的结构。大学生应该认识到知识结构在选择职业和就业中的重要作用，根据社会的需要塑造自己，既要注意用丰富的知识来充实自己，又要注意建立合理的知识结构。

(一)知识结构的三种模式[①]

求职者应具有的合理的知识结构，不存在一个固定的、普遍适用的模式。目前，学术界提出的比较有代表性的知识结构模式有三种。

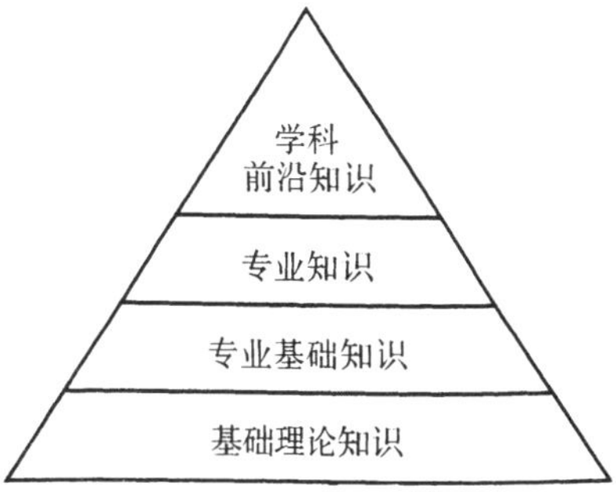

图 2-1　宝塔形知识结构

宝塔形知识结构　宝塔形知识结构（见图 2-1）是把基础理论知识形象比喻为宝塔的底部，然后从下到上依次由专业基础知识、专业知识、学科前沿知识构成。宝塔顶部是主攻的职业目标。这种知识结构模式强调基

① 国家教育委员会全国高等学校毕业生就业指导中心. 大学生就业指导. 北京：高等教育出版社，1995：109～112.

础理论的宽厚扎实和专业知识的精深,容易把所具备的知识集中于主攻目标上,有利于迅速接近学科前沿和从事纯理论和应用科学的研究工作。现今我国高校大多是培养这种知识结构的人才。

网络形知识结构 网络形知识结构(见图 2-2)是以所学的专业方向目标为中心点,把其他与该专业接近的、有着较大相互作用的知识作为网络的各个接点,相互联结而形成适应性强、能够在较大空间发挥作用的知识结构。这种知识结构能使专业方向目标处于网络的中心,并侧重与专业相关联的系统知识的辅助作用,在运用知识时还能充分发挥整体知识的协调作用。该种知识结构是知识广度与深度的统一。随着社会大生产的高速发展,无论中国或世界,目前最迫切需要的就是具有这种知识结构的求职者。具有这种知识结构的求职者,在就业中就能以自身知识结构的弹性与应变能力,受到就业市场的青睐。

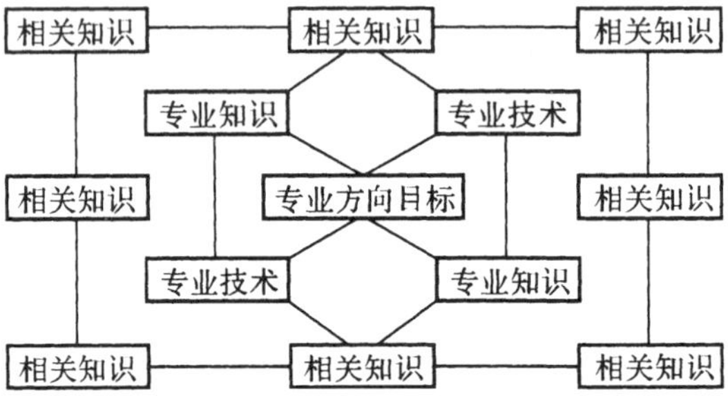

图 2-2 网络形知识结构

帷幕形知识结构 帷幕形知识结构(见图 2-3)是指一个具体的社会组织对其组织成员在知识结构上有一个总体的要求,而作为该组织的个体成员,将依其在组织中所处的层次,在知识结构上又存在着一些差异。以一个企业为例:企业对其成员的整体知识结构要求具备财政、会计、安全、商业、技术、管理等知识,而对企业中处于不同层次的个体来说,要求掌握的上述知识的比例是截然不同的,从而组成各自不同的知识结构。这种知识结构强调个体知识结构与组织整体知识结构的有机结合。它对于求职者的启迪是告诉他们在寻找职业的过程中,不但要注意所选职业类型在整体上对求职者知识结构的要求,同时还要了解所选职业岗位在其所在社会组织中的位置及具体层次,以此来调整自己的知识结构,增强就业后的适应性。

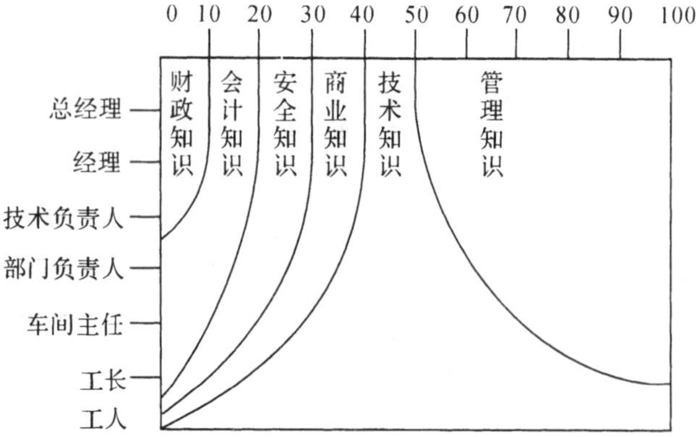

图 2-3 帷幕形知识结构

从上述介绍看出，合理的知识结构虽然没有绝对统一的模式，但都有普遍的、共同的特征：一是有序性。作为合理的知识结构，一般说来必然有从低到高、从核心到外围几个不同的层次，同时，一切相关的知识应在整个结构中占有相应的位置，由此构成合理的知识结构。否则，知识结构杂乱无章、主次不分，很容易造成胡子眉毛一把抓，样样通、样样松的情况。学生没有自己的专长，发挥不了知识的整体作用，很难在择业和从业生涯中形成自己的优势，更谈不上成功。二是整体性。现代科学发展趋势显示出知识结构整体性和综合性的特征。它要求无论知识结构中各个组成部分多么复杂，知识结构都不应是各个部分的简单堆积，而应是多个部分相互联系、相互作用的有机统一体，从而能够在整体上发挥出最优化的功能。现代科学高度分化又高度综合的发展趋势，使得合理知识结构的整体性特征越来越明显。三是可调性。人们的知识结构应是动态的、可变的，能够根据需要经常进行定向调整，以保持最佳状态。实践证明，合理的知识结构本身应该具有一种转换能力，它能够根据变化了的客观世界和实际需要，从一个目标转向另一个目标而不断地对自身进行充实和调整。

(二)现代职业对知识结构的共性要求

现代职业对就业者文化素质、知识结构的要求受着多种因素的影响，尤其受到当今科学技术与社会生产发展状况的影响与作用。与此同时，各类现代职业对就业者文化素质和合理知识结构的要求也愈来愈高，不同类型的职业对求职者的知识结构有着共性要求。

扎实的基础知识　基础知识是知识大树之躯干，是知识结构之根基。高职生无论选择何种职业，也不管要向哪个专业方向发展，都少不了扎实的基础知识，就像万丈高楼平地起，全靠基础来支撑。特别是随着科技和经济高速发展、产业转型升级，社会的产业、行业、职业结构调整的速度必然加快，毕业生在择业、就业上已太不可能“从一而终”。职业岗位随时变动的状况不可避免，要适应这种变化，必须靠扎实的基础知识。著名数学家苏步青先生讲过一段极为深刻的话，他说：“现在的学生一进大学即分系、分专业。由于急于求成、急于专业化，学生仅学到限于本专业的一些基础知识，只能‘单打一’，将来毕业后适应性很差，只会守住自己的一个‘小摊子’，换一个方向(更不要说换专业)就晕头转向，不知所措。这怎么能适应社会发展的需要呢？大学教育的根本一点，是要扩大学生的知识面，把基础知识的面拓得尽可能宽一点，这样，学生就有了‘后劲’。”苏老先生的这段话应当说是很有见地的。作为高职生应掌握扎实的基础知识，为今后的事业发展奠定良好的基础。

“必要”的专业知识　高职毕业生将来主要是成为资本、技术与知识密集型企业中直接参与组织、实施、保障生产(流通或服务等)，为社会直接提供物资产品或各种服务的人员。他们所承担的任务，既与科学原理和概念的应用有关，又与职业岗位的实际操作有关，主要是那些较为复杂的技术性工作，其性质是将设计、规划、决策等转化为产品、工程、服务等。因此，高职毕业生掌握的专业知识应以“必须和够用”为原则，根据职业岗位的需求而定，不求系统、完整，但可能是跨学科的。如对建筑行业施工技术员的培养，不仅要让学生懂得土木结构、水暖通风、电气安装的专业知识，还要其学习经济核算、组织管理方面的理论知识。所以，高职生对自己专业的知识和技术有一定量和质的要求，对概念体系、理论体系、学科历史和现状、国内外最新信息等都要有一定的了解和把握。同时，对与其专业相邻领域的知识也要有所了解和熟悉，善于将其所专的领域与其他相关知识领域紧密集合起来，这已成为现代职业对人才素质的重要要求。

熟练的知识技能 高新技术产业化和社会生产、服务手段的高新技术化,导致社会劳动分工进一步细化,因此也使生产、服务领域的工作内涵发生了质的变化,使统一的以体能为主的操作逐渐被现代化的智能操作所取代。这种因技术进步而引起的职业世界的变化反映到职业技术教育领域,必然带来职业技术教育的多层次、高移动化发展趋势。现代各类职业都要求求职者的知识"程度高、内容新、实用强"。"程度高"指知识量大、面宽;"内容新"指求职者的知识结构中应以反映当今科学技术发展状况的新知识、新信息为主;"实用强"指求职者的知识在生产、工作中有很强的实用价值。反映上述要求的一个明显例子是,目前用人单位普遍要求毕业生能熟练地运用一门外语和操作计算机,拥有职业技能等级证书。

高职生在大学三年中,还要为未来职业生涯做经验准备,这也是打造自己实力不可缺少的一个环节。经验不是天生的,而是在实践中一点一滴积累起来的。许多招聘广告上几乎都有一条共同的要求,那就是有经验者优先,从事过类似行业者优先,甚至某些职位还有特殊的年数经验限制,这些都说明有经验将是择业成功的一道门槛。当然,高职生在校期间不可能有非常丰富的社会经验,这就需要你抓住机会,多加积累,为以后顺利就业奠定良好基础。通常,高职生可以在不影响学习的情况下通过以下几种方法获得社会经验:一是参加社会实践活动。可以利用寒暑假时间参加一些科技活动或社会活动,从而提高工作能力。二是适当兼职打工。课余时间兼职可以看作是社会实践活动经常化的一种尝试,它对学生认识社会、锻炼和发挥才能大有好处,通过打工可以积累丰富的经验和阅历。三是重视毕业实习环节。学生通过实习阶段可积累大量经验,一方面锻炼和培养工作能力,另一方面还可接触社会,发挥自己的专长,为未来的职业生涯做重要的经验准备。

三、培养基本的能力素质

在未来的职业生涯中,为了能应对复杂多变的社会,大学生应早做能力方面的准备,不同的职业岗位对能力素质的要求也有所不同,但大学生大致应具备以下几种能力素质。

(一)适应社会能力

毕业生走出校门之前大都有"天高任鸟飞,海阔凭鱼跃"之志,有在五彩纷呈的社会生活中创造一番业绩的远大抱负。但当他们在真正的生活激流中奋勇前行时,会发现老师描绘给他们的社会与眼前真正接触的社会有相当距离。他们想干的事业的成败并不简单地取决于他们是否肯干,还要受到许多其他因素的牵制和干扰。他们不曾设想过或虽曾设想但没有想到社会有如此复杂,不利因素有这么多,因而会产生不安或不满情绪,这种情绪有时可能会使部分人轻易改写理想坐标。但深究一下就会发现,导致这一现象的真正原因是毕业生缺乏适应社会的能力。因为他们对真实的社会生活的估计过于简单或片面,一旦出现反差,他们便产生不适。其实人类文明始终是在继承和创新的矛盾运动中不断发展的,要改造世界,首先要接纳世界。只有接纳了这个世界,才能站稳脚跟,找到真正改造世界、创造业绩的切入点。当然,接纳世界并不是让你消极等待和向困难屈服,更不是让你没有任何原则地去苟同消极落后的东西,甚至同流合污,而是要你用积极主动的态度去接纳现实,并有勇气和决心去消除生活中的消极现象,弘扬主旋律,尽一份当代大学生应尽的责任。

一个人适应社会的能力是其素质、能力的综合反映,适应社会能力的强弱是与他的思想品德、知识技能、活动能力、创造能力、处理人际关系能力以及健康状况等密切相连的。一般来说,一个素质比较高、各方面能力比较强、身心健康的大学生走上社会后,能够很快适应环境、适应工作。即使是在比较困难的条件下和较差的环境中,也能变不利因素为有利因素,通过自己的努力取得好的成绩。

(二)人际交往能力

人际交往能力实际上就是与他人相处的能力。有人做过这样的统计,人们除了 8 小时睡觉时间外,在其余 16 小时中,约有 70%的时间都在进行交往、沟通信息。这一统计的准确程度如何我们暂且不去管它,但在市场经济发展过程中,人们的社会交往在工作、生活中所占比重之大却是任何人都不能否定的。有时甚至一些重要的发现或科研成果也是在人际交往中产生的。著名物理学家李政道在一次讲话中说,他和杨振宁合作研究出的打破宇宙守恒定律的成果,许多就是在吃饭时交流得到的。在国外,以交流信息为目的而出现的“工作午餐”“沙龙酒会”就是重视人际交往对工作影响力的例证。要求大学生重视人际交往能力培养,不仅是因为未来的工作环境需要,而且还因为社会上的人际关系远比学校的同学、师生关系复杂得多。社会生活要求步出校门的大学生必须与各种各样的人发生这样或那样的关系,能否正确、有效地处理好这些关系,不仅影响到他们对环境的适应状况,而且影响着他们的工作效能、心理健康、生活品质和事业的成败。所以,大学生自觉地培养良好的人际交往能力非常重要,要在学会竞争的同时,学会与人相处,学会合作共处;要富有同情心和责任心,能容忍别人与自己在价值观和信念上的一些差别,善于听取别人的意见,欣赏他人;讲究团体协作精神。

(三)组织管理能力

大学生毕业后不可能人人都走上领导岗位从事管理工作,但每个人在将来的工作中都会不同程度地用到组织管理能力,这是现代社会对人才提出的新的要求。随着市场经济的逐步建立与完善,人的社会属性得到进一步的强化。作为受过高等教育的毕业生,不管他供职于怎样一个部门,从事怎样一项工作,不论是推销一个产品,还是负责一项设计,他都需要与别人进行合作协调。这实际上就是组织管理能力的具体应用。近几年来,在毕业生就业过程中,我们也注意到这样的现象:用人单位选用毕业生的首选对象是学生党员和学生干部,事实上是他们很看重毕业生的组织管理能力。随着时代的发展,纯“书生型”的人才已不能适应社会的需要。大学生在完成学习任务的前提下,要多实践、多参加集体活动,只有将知识运用起来,具有一定的决策、组织管理能力,才能在未来的职场竞争中立于不败之地。

(四)表达能力

表达能力是走向社会、融入社会最基本的要求,具有良好的表达能力、流畅的文字功夫显然更容易被社会接纳。表达能力是指运用语言阐明自己观点、意见或抒发思想、感情的能力,它包括口头表达能力、文字表达能力、数字表达能力、图示表达能力等几种形式。对于大学毕业生来说,表达能力的重要性是不言而喻的。不必说在参加工作走向社会后,大学生会立即强烈地意识到这一点,如工作汇报、年终总结、文件起草、研究报告等都需要良好的表达能力,早在求职择业的时候就会有深切的感受,比如求职自荐信的撰写、个人材料的准备、回答招聘人员的问题、接受用人单位的面试,等等,无论哪一个环节都需要较强的表达能力。

培养表达能力,关键在于提高表达的准确性、鲜明性和生动性。准确是对人们表达能力最基本的和最首要的要求。没有准确的表达,信息就不能如实地传递出来,也就失去了表达应有的作用。但同时,表达又需要有人来接受,只有鲜明的、生动的表达,才能更好地排除人们接受信息时的各种障碍,有利于表达目的的实现。因此大学生尤其是高职生在培养表达能力时,要尽可能地向准确、鲜明、生动的方向努力。

(五)动手能力

动手能力是知识转化为物质力量的重要保证,是技术应用型人才必备的一种实践技能。对高职毕业生而言,今后从事的是生产、建设、管理、服务第一线的工作,动手能力的强弱将直接影响你能力的发挥程度。美国普渡大学勒博德(W. K. Lebold)教授指出:"技术师与工程师不同,工程师是产品、生产过程、工程系统的开发者或设计师,而技术师是一个典型的工程实践者,他们关心工程原理如何应用于实践,如何组织生产人员从事生产准备工作和现场操作。"因此大学生特别是高职生必须克服重理论轻实践的倾向,要特别重视实习、实训,培养实际动手能力。

一个人实际操作能力的水平主要体现在操作的速度、准确和灵活三个方面。大学生要提高自己的动手能力关键在于多看、多练。看得多、接触得多就可以掌握一些基本的操作程序和方法,练得多才可能真正提高自己的动手操作的技巧和能力。一个毕业生在实际操作上如果有一手过硬的本领,一定会受到用人单位的青睐。

(六)开拓创新能力

开拓创新能力其实质是一种综合能力,它是各种智力因素和能力品质在新的层面上融为一体、相互制约、有机配合而形成的一种合力。大学生如果只能熟悉、背诵前人的定理、定义,安于现状而不思开拓、创新、进取,那么他学得的知识就会变得毫无意义。著名物理学家、诺贝尔奖获得者温伯格说过:"不要安于书本上给你的答案,要去尝试发现与书本上不同的东西,这种素质可比智力更重要,往往是最好的学生和次好的学生的分水岭。"因此,大学生在学习过程中,应着重不断培养和强化自己的开拓创新能力。从社会来讲,经济的发展、科技的进步离不开发明创造;对个人来说,成功成才依赖于发明创造,用人单位更需要具有创新能力的大学生。创新能力包含多方面的内容,如强烈的好奇心,细致的观察力,深刻的洞察力,高度的注意力和联想力,大胆设想、勇于探索的精神以及提出问题、研究问题、解决问题的能力,等等。大学生要自觉地培养这些能力,为走上工作岗位后创造性地工作打下扎实的基础。

(七)决策能力

决策能力是指在面临多项选择时能及时、果断做出最佳选择的一种能力。它可以使你少走弯路,少犯错误,以较少的付出收获较大的成功。人的一生往往会遇到许多重大的选择,优柔寡断和草率决断都会给整个人生带来莫大的影响。面临求职择业,何去何从,别人的意见和忠告各种各样,最终要靠自己拿主意,这显然就是对自己决策能力的一次检验。因此大学生在校学习期间,就要有意识地去培养自己的决策能力,从日常小事做起,不要事事都请别人拿主意。这样日积月累,就会形成一种能力。如果具备这一能力,毕业求职时你就会从各种信息和建议中,对适合自己的职业岗位做出积极准确的反应。当然这一能力带给你的实惠并不只是这一点。

(八)思维能力

在学习过程中,要善于提出问题也要敢于提出问题,并且独立思考寻求解决问题的方法,在思考的过程中完善知识的积累,培养思维的能力。科学的思维能力具有集中性与分散性、灵活性与敏捷性、独立性与批判性和理性等。一是思维的集中性与分散性,也就是思维的深刻性与广阔性。人们要正确地思考问题必须采用集中性与分散性相互作用的原则,只有对问题进行全面而深刻的思考,才能得出完整而准确的结论。二是思维的灵活性与敏捷性。人的正确思维从存在方式上讲，有其灵活性与敏捷性。思维的灵活性与思维的敏捷性往往是联系在一起的，被人合称为思维的“灵敏性”。灵敏思维，无疑是思维过程的最大化。三是思维的独立性与批判性。独立性可以使人对各种问题有独立见解，表现为善于提出问题和解决问题，不依赖、不盲从。思维的批判性，就是善于考虑事物的正反两个方面的因素，不迷信、不轻信、不偏信，从实际出发，从科学出发。人的思维的独立性与批判性也是相互关联的，一个具备独立思维能力的人必然是一个坚持真理、批判错误、有创新意识的人。四是思维的理性。能够理性思考的人，在现实中表现为：考虑问题周密，能调动所有的思维因素，充分利用已有的知识储备，深思熟虑，精心推敲，取得完美的结果。

四、拥有健康的择业心态[①]

拥有健康心理的人表现出情绪稳定乐观、意志坚毅、人际关系协调和谐、自我悦纳等特征，这些特征有利于形成正确、健康的择业心态，保证求职择业的顺利进行。在大学阶段，我们应从正视现实、敢于竞争、不怕挫折、放眼未来等方面来培养自己健康的择业心态。

(一)正视现实

正视现实是大学生择业必备的健康心态之一。正视现实包括两方面的内容，即正视社会、正视自身。

正视社会 人是社会之人，是现实之人，无论正视与否，社会都是客观存在的。积极的心态是正视社会，适应社会；消极的心态是脱离社会，逃避社会。

现实是客观的，既有利于自己的一面，也有不利于自己的一面。知识经济时代，社会越来越尊重知识、尊重人才。政府将尽可能地为求职择业者提供较好的环境，这也为大学生施展自己的才能提供了广阔的天地，有利于自身的发展与成才。但我国目前发展还存在不平衡、不充分问题，社会给大学生提供的工作岗位不可能使人人满意，边远地区、艰苦行业、基层和第一线急需人才。另外，我国的毕业生就业市场还需要进一步完善，不正之风还有可乘之机。这些都是客观现实，大学生应该学会面对这些现实，一切从实际出发，处理好理想与现实的关系。那些脱离社会、脱离现实、好高骛远、凭空臆想的做法都是不正确的，逃避社会、回避现实的想法更是不可取的。

正视自身 常言道：知人为聪，知己为明。一个不能正确认识自己的人，又怎么能把主观愿望和客观条件有机地结合起来，从而选择实际的目标呢？正视自身，首先要对自己有充分的认识，如思想表现、专业学习状况、各种能力、身心素质等。对自己有充分的认识，有助于将主观愿望与客观实际结合起来。这里需要指出，对自身个性心理特征的充分的客观认识，在择业时有着重要的参考作用。

(二)敢于竞争

毕业生和用人单位“双向选择”，充分体现了竞争机制，使大学生能够根据国家赋予自己的权利，结合自己的专业、爱好、性格、特长、意愿等挑选工作岗位，可以通过适当的途径和方式展示自己、推荐自己，取得用人单位的青睐。大学生应该珍惜这个机遇，敢于竞争，努力实现自己的抱负。

---

① 国家教育委员会全国高等学校毕业生就业指导中心．大学生就业指导．北京：高等教育出版社，1995：143～144，147～149．

敢于竞争,首先要有竞争意识。有竞争的社会,才会有活力;有竞争意识的人,才会奋发图强,实现自己的理想。作为大学生,更应该有青年人的朝气和锐气,要敢想、敢说、敢干,有敢为天下先的精神,不能唯唯诺诺、胆小怕事、羞怯自抑。

敢于竞争,必须从实际出发,充分考虑到自己的专业、性格、气质、爱好等,扬长避短,发挥特长。古人云:"骏马能历险,犁田不如牛;坚车能载重,渡河不如舟;舍长以求短,智高难为谋;生才贵适用,慎勿多苛求。"只有这样,才可能在竞争中立于不败之地。

敢于竞争,要靠真才实学,而不能靠纸上谈兵、夸夸其谈,更不能互相嫉妒或互相拆台。竞争应是在互相学习、互相勉励、共同进步中进行的。

敢于竞争,还要准备好经受挫折。求职择业的竞争中,失败在所难免。有了充分的思想准备,尤其是做好遭受挫折的思想准备,才能成为竞争中的强者。

从某种意义上说,人生本来就是一场竞争。对竞争渴盼已久的大学生,应摒弃侥幸和幻想,面对机遇,正视现实,扬起理想的风帆,在竞争的激流中奋力拼搏,驶向成功的彼岸。

(三)不怕挫折

挫折是指个人在从事有目的的活动过程中,遇到干扰和障碍,致使动机不能实现时的情绪状态。遇到挫折,要认真分析失败的原因,是主观努力不够,还是客观要求太高?是客观条件苛刻,还是主观条件不具备?认真分析,才能心中有数,更好地调节心理。遇到挫折,更要保持健康的心理。有人说,挫折是试金石。心理健康的人,勇于向挫折挑战,百折不挠;心理不健康的人,知难而退,甚至精神崩溃、行为失常。

大学生在择业时,应该保持健康稳定的心理,采取积极的态度。遇到挫折,不要消极退缩。当然,从根本上说,一个人要战胜挫折绝不是一时的努力所能奏效的。它有赖于我们平日不断增强自身修养,学会科学地认识分析事物,特别是主动挑战困难,增加一些挫折经历。

(四)放眼未来

尽管社会为大学生择业提供了"双向选择"的机会,多数大学生可以通过"双向选择"获得较满意的职业。但是,由于种种原因,一部分大学生的志愿仍难以实现:也许专业较为对口,但地域偏僻;也许地域优越,但专业不对口;等等。对于这些问题,大学生应该有充分的估计,要从长计议,正视现实,适应现实,放眼未来。

要看到不管怎样,职业是自己生活的新起点,全身心地投入其中,才能使自己成长、发展、充实、满足,从而实现人生目标,实现服务于社会的目的。

要认识到基层是锻炼人的最好地方,立足基层,照样能大有作为。随着我国市场经济的不断发展,民营企业、个私企业蓬勃兴起。这些企业由家庭作坊走向规模化、集约化经营,急需大量有知识、有技术的人员,这为大学生施展才华提供了极为广阔的发展空间。

要看到边远地区与发达地区的差距正在缩小。中部崛起、西部大开发、东北全面振兴,国家推出了很多吸引人才和有利于人才成长的举措。有理想、有抱负的青年大学生,应该怀着一腔热血,到祖国最需要的地方去建功立业、奉献青春。

随着我国市场经济的不断发展,人事制度改革正在向纵深推进。人才流动日益频繁,首次择业未成功或未能如愿,还可以有第二次、第三次甚至更多的择业机会。那些如雨后春笋般的新职业,将为毕业生提供更为广阔的择业前景。

思考题：

1. 分析一下自己现有职业素质中的优势与不足。

职业素质		优　势	不　足
职业品质	责任意识		
	诚信原则		
	理性精神		
	人格特征		
知识结构	基础知识		
	专业知识		
	知识技能		
能力素质	适应社会能力		
	人际交往能力		
	组织管理能力		
	表达能力		
	动手能力		
	开拓创新能力		
	决策能力		
	思维能力		
择业心态	择业心态		

2. 你认为在大学期间应如何打造自身的实力？
3. 通过大学三年的学习，你认为你的就业优势突出表现在哪些方面？

【案例一】

实力定输赢[①]

准确地说，毕业前的那一学期刚开学，全班同学就“八仙过海”各求出路了。他是长江边一个小渔村里考出来的农家子弟，一没后门，二没任何可以依靠的社会关系，甚至连怎样找工作的路径都不清楚。按照辅导员的指点，他填好了毕业生推荐表，但跑了十几家对口单位，都被拒之门外。

说实话，当初他报考这个专业，是班主任的一句话起了决定性作用。班主任对他说：“国际贸易是热门专业，就业机会多，出国机会也多。”那是多么大的诱惑啊！他毫不犹豫地把前面志愿全填上“国际贸易”。入校以后，他把所有的精力都用在学习上了，在校期间不仅拿到了大学英语六级证书，而且还获得了自学考试英语专业本科文凭。

如今像他这样的高职生想进大公司确实太难了，眼见着苦学3年才得来的毕业生推荐

① 改编自：桦君.成功求职22条黄金法则.北京：中国纺织出版社，2003：76－80.

表转瞬间似乎变成了一张废纸,他心里有一种说不出的滋味。

眼看就要毕业,他着急万分。

5月的一天,辅导员气喘吁吁地跑来告诉他,省技术进出口公司在省里两所重点大学招聘人才,今天是最后一天,让他无论如何都要去闯一下。他带上材料准备背水一战。到了公司才知道,今天已经是面试了,而他根本没有面试的通知,但还是硬着头皮坐下了。他一直等到面试的学生全部走完了,才推开那扇神秘的大门。

"对不起,面试已经结束了。"一位女士拦住他。

"不,还少了我一个。"他也不知哪儿来的一股勇气。

"你叫什么?"她查着名单。

"杨标。您不用找了,名单里没有我。我给你们送过材料。"没等他说完,那位女士打断了他:"对不起,除了两所重点大学,其他学校我们没通知。"

"既然我来了,就请您给我一次机会好吗?我不在乎结果,只想测试一下自己的能力。"他的语气虽然带点央求,但还是透出一丝强硬。

这时,从里间走出一个戴眼镜的中年男士。他赶忙走上去,用英语说:"您好,李总,我在省政府门口的宣传栏里见过您的照片,您是省十佳青年企业家,是北京经贸大学毕业的。"听了他这番表述,李总微微地抬起头,用英语说:"口语不错嘛,进来吧,我们聊聊。"之后他们谈了10分钟,李总还问了他一些家庭情况、个人简历,只字不谈面试的事,叫他过两天来看结果。

两天后,他意外地接到了省技术进出口公司的录用通知书。

当他拿着派遣证到人事处报到时,人事处王先生告诉他,他是今年外贸系统唯一通过自荐而被录用的高职生。

后来他被公司安排在单证科工作,3个月试用期后,就被安排在业务部,成为一名正式的外销员。

点评:这是一个成功求职者的一次人生体验。求职中的境遇,每个人各不相同,但有一点是相同的:求职的胜数取决于你的实力。同学们,只要我们安排好大学生活,丰富知识,积蓄"能量",就能在求职中处于有利的地位,在社会大舞台上亮出自己的风采。

【案例二】

机会永远留给有准备的人[①]

阿春和阿秋是高中的同学,高考的成绩也不相上下,同时考入了华北某大学。但就在收到录取通知书的同时,阿春的母亲突患急症而入院急救,经查诊为脑溢血,虽因抢救及时而无生命危险,但却从此成了我们所说的植物人。这无疑给阿春本就不宽裕的家庭造成了重创。望着白发愁眉的老父和躺在特护间里的老母,阿春决定放弃学业,以帮老父维持这个家的生计。为了偿还给母亲治病的债,阿春决定去打工。

在建筑工地上,阿春起初是个力工,由于有些文化底子,经理有意要阿春到后勤去搞搞

① 案例来源:雪松.成功者的81种磨炼.北京:地震出版社,2002:48~49.

预算什么的。但后勤是固定工资，收入稳定却不高，阿春就请经理给安排在一线赚钱多一点的岗位。在工作期间，阿春边干边学，不耻下问，很勤快，对任何不懂的东西都向有关的师傅请教。在实践中虚心学习，阿春在一年多的时间里掌握了几种主要建筑工程必备的技术。但这只是实际操作知识，阿春又利用那点有限的休息时间，购置了些有关建筑设计、制图、建筑结构等的书籍资料，在蚊叮灯暗的工棚里学习。

偶尔与阿秋通信时，阿秋就在信里给阿春描述大学生活是如何的丰富多彩。阿秋说，这里可以和同学处对象，进舞厅，同学们可以到校外去聚餐野游喝酒。阿春写信说这里的条件很苦，劝她要珍惜那里优越的学习机会和条件。阿秋回信说在大学里学习一点都不紧张，学得只要别太差，一样会拿到毕业证书的。

第二年，阿春基本掌握了基建的各种操作技术和原理，逐步由技术员提升为副经理。由于阿春的好学肯干精神以及扎实的功底，公司试着给阿春一些小项目让其去施工。由于措施得当和管理到位，阿春的每个项目都出色地完成了。在这期间，阿春仍没放弃学习，自修了哈佛大学管理学的系列教程，还选学了一些和建筑有关的学科，准备参加自考，完善自我。

第三年，公司成立分公司，在竞选经理时，阿春以优秀的成绩竞选成功。阿春准备在这个行业中一展宏图，建功立业。

同年六月，阿秋大学毕业，由于平时学习不刻苦，有几科考得很不理想，勉强拿到毕业证书，因此在很多用人单位选聘时都落选，只有一家小公司看中阿秋，决定试用半年。在实习期，工资和待遇不高，工作条件不理想，使阿秋很恼火。由于阿秋学习成绩不佳，且在工作中态度不端正，双方均不满意，试用期一满，只好握手言别。

此时的阿春已是拥有近千人的工程公司经理，但仍在远程教育网上进修和业务相关的课程。阿秋找到阿春说自己的想法是要给阿春来做个助手："朋友嘛，总有个照顾。"阿春说："来干可以，我这里同样也只问效益和贡献，没有朋友和照顾。要拿得出真才实学，到哪里都会得到承认，光靠朋友和照顾，那是对你以及我公司的失职，那永远是靠不住的。"

点评：只要有强烈的学习欲望，社会就是一所最好的大学，否则，即使将你放在一流学府中，你也不会学到什么。当今社会人才辈出，竞争激烈，我们应珍惜在校学习机会，使自己在知识能力方面得到最大的充实和发展。机会永远垂青有准备的人。

【案例三】

自己救自己①

某人在屋檐下躲雨，看见观音正撑伞走过。这人说："观音菩萨，普度一下众生吧，带我一段如何？"观音说："我在雨里，你在檐下，而檐下无雨，你不需要我度。"这人立即跳出檐下，站在雨中："现在我也在雨中了，该度我了吧？"观音说："你在雨中，我也在雨中，我不被淋，因为有伞；你被雨淋，因为无伞。所以不是我度自己，而是伞度我。你要想度，不必找我，请自找伞去！"说完便走了。

第二天，这人遇到了难事，便去寺庙里求观音。走进庙里，才发现观音的像前也有一个

① 案例来源：瑞文网. http://www.ruiwen.com/zuowen/zheligushi/1309837.html.

人在拜,那人长得和观音一模一样,丝毫不差。这人问:“你是观音吗?”那人答道:“我正是观音。”这人又问:“那你为何还拜自己?”观音笑道:“我也遇到了难事,但我知道,求人不如求己。”

点评:现实和理想之间难免会有矛盾。遇到现实中的问题,我们不能自暴自弃,颓废惆怅;也不能一味地依赖他人,希望别人来帮助自己解决;而应该正视存在的问题,自己救自己。只有勤奋学习,掌握知识,勇于实践,提高能力,才能真正地自己救自己。

【案例四】

眼高手不低①

一家国有企业招聘电工,这是一份非常好的工作,有很多竞争者。在经过了面试、笔试两轮激烈争夺战后,闯入最后面试考核的有两个人。这两个小伙子,一个是大学本科生,一个是高职生。几乎所有的人当然也包括那个本科生自己,都认为本科生是胜券在握了,而高职生肯定会被淘汰。然而,事实却并非如此。

负责最后一轮招聘工作的,是厂里的车间主任,这是一位有着四十多年工龄的老师傅。他把这两个小伙子带到了车间,开始考核。老师傅给了他们每个人一些简单的材料和一套电工工具,让他们在最短的时间内装一套照明线路。

出人意料的情况在这时候出现了。那名本科生原来只会纸上谈兵,没有一点实际操作经验,在面对工具和材料时,竟然束手无策。而高职生却是驾轻就熟,游刃有余,不但制作非常美观精良,而且速度快,效率很高。接下来的结果不言而喻,老车间主任毫不犹豫地选择了高职生。因为他需要的是能在车间用电钻的人才,而不是只会在书本上拧螺丝帽的书生。不管是谁,只要他有出色的工作能力,就可以得到这份工作。

点评:民间有句俗语:没有金刚钻,别揽瓷器活。要想在求职的竞争中脱颖而出,必须要有扎实的基础知识和较强的动手能力。这不是一件容易的事,它需要平时一点一滴的积累。只有这样,才能在求职中厚积薄发,一举中标。

---

① 案例来源:高溥超,高桐宣.职场实战高招.武汉:湖北人民出版社,2005:51~52.

第三章 准确定位——了解你的职业潜能

知己知彼，百战不殆。

——《孙子兵法·谋攻》

当提到求职这个词时，你脑中闪现的是什么？当你着手择业时，你将如何对自己进行职业定位？成功的道路千万条，属于你的是哪一条？三百六十行，行行出状元，你应该选择哪一行？人人都渴望获得成功，人人都想给自己找个合适的位置，但是，茫茫职海，自己的定位在哪里？很多优秀的人就是因为职业定位的错误，最终事业不顺，碌碌无为。因此，你在选择职业时，必须充分权衡和考虑自己的个人素质特点是否与职业的素质要求相匹配。当你着手谋职择业时，应该知晓自己适合在哪个行业发展；当你规划自己的职业生涯时，首先要摸清自己的"家底"，掂掂自己有"几斤几两"。只有充分了解自己的优势，发现自己的弱点，才能发挥自己的各种潜能，进而将自己定位在一个适合发挥个人优势的职位上。

一、发挥潜能是人生事业成败的关键

(一)潜能的含义

潜能是我们体内或身边还没有开发和利用的各种爆发力，也就是还没有开发和利用的各种智力、体力、能力等。一般认为，潜能包含两层意思：一层意思是指我们通常意义上所讲的潜力，指那些表露在外等待发挥的才力、智力、能力等；另一层意思是指那些尚待开发而蕴藏于大脑之内的智慧、智谋、智略等。后一层意义上的潜能一般不为你所知，也许日后能开发出来，也许跟你同体消灭。

(二) 潜能是可开发的最宝贵的资源

潜能是我们最宝贵的财富，是我们最大但又是开发利用最少的宝贵资源。无数事实和许多科学家的研究成果表明，我们每个人都有巨大的潜能，我们有很多没有开发的能力和智力，有很多没有利用的力量和能量。20 世纪初期，著名的心理学家威廉·詹姆斯研究发现：一个普通人 90%的潜能都是处在沉睡状态，只有 10%的能力在发挥作用。现代科学也揭示，人的智能、智慧、智谋等只用了 10%，还有 90%的潜在能力未被发挥出来；人的记忆力利用率不到 10%，人的想象力只用了 15%，听觉也只用了 10%。而近来有研究指出，现在一般人只有 3%的潜力被开发出来了，如果能开发出 4%，就是天才；而即使如爱因斯坦这样的超级天才，也只不过开发了 5%的潜力。

可见人的潜力是无穷的，每个人的潜能就像是一座等待开发利用的金矿。在人生的道路上无论有多少的艰难险阻,在择业的过程中无论有多少的门槛障碍,只要把内在和外在的潜能开发利用得当,充分释放各种能量,我们就一定能找到适合自己的位置,实现自己的人生理想和人生价值。

大量的事实证明,任何成功的主要原因都是充分开发、利用了内在和外在的巨大潜能。人生的辉煌莫过于最大限度地发挥自己的潜能。当我们选择了能发挥我们潜能的职业,必然乐此不疲,事业有成,人生如顺水行舟,事半功倍;但是如果选择了令本人厌倦、并非本人特长的职业,则可能事业落空,人生便如逆水行舟,事倍功半。

为此,当我们要对自己的职业作选择时,首先就要对自己有足够的了解,对自己适合做什么工作,在哪个方面最有潜能,有一个全面的认识、正确的评估。充分认识自我,正确评价自我,了解自己的职业潜能及其他影响自己择业的相关因素是一项重要的职业准备工作。

二、探索自我是职业选择的重要前提

选择职业是人生一项非常重要的抉择,它不仅决定了你今后将从事什么工作,而且也在很大程度上决定了你将来的生活内容和生活方式。绝大部分人都希望找到适合自己的职业和工作,那么怎样的工作是适合自己的呢?

为了有效地做出职业决定,我们必须作探索自我的各项工作,不断地思考与自我有关的问题。如:我喜欢的是什么工作?我为什么喜欢?为获得这份工作,我得付出多大的努力?我的实力在哪里?可能遇到的阻力是什么?我能否越过这个阻力?我还需要什么教育背景?我如何获得这份工作?等等。必须清楚地认识自己的技能、希望、志向、个性和局限性,认识对自己产生影响的更广泛的个人、社会和经济因素。这些因素主要有以下几个方面。

(一)家庭条件

虽然你的职业选择主要体现的是你的职业志向、情趣、职业技能水平等,但是家庭条件也是我们在谋职择业时不能忽视的一个因素。如果本人出身于贫困家庭,经济比较拮据,父母亲不能给予择业上的帮助,自己首先要学会生存,解决基本的生活问题。建议你对工作不要挑三拣四,要靠自己踏踏实实地干,一步一个脚印地去争取、积累实现自己理想所需要的资本。如果家庭经济条件优越,社会关系多,就不必为了生存而在情急之中随便去谋个工作岗位。有父母一定的财力支持,你可以有一定的缓冲时间去挑选适合个人发展的职业,去寻找自己喜欢的工作。

(二)专业技能

技能是指一个人所具备的各种技术和才能。任何一种工作都需要相应的技能,有的工作比较简单,可能只需要一两种技能就能胜任,而有的工作比较复杂,需要多种技能才能完成任务。如当一名检验员,只要懂得合格产品的规格、标准以及检验的流程就能做好工作,而当好一名检验组长,还需要有沟通、表达、管理、组织等方面的技能。一般来说,具备低技能的人所从事的工作往往是以服从性极高、体力付出多为特征,并且需要与物打交道。你具有的技能越高,你的职业选择的自由度就越大。

专业技能在整个成功的求职过程中非常重要,它是你在求职中胜人一筹的必备资本。当你应聘某个工作的时候,如果能自信地对对方说,我能为你们做什么,表明你对自己能应聘成功胸有成竹,这正是所有用人单位喜欢的类型。要做一名成功的求职者,找到自己准确的职业定位,首先得从认识自己的专业技能开始,比如:了解自己已经具备了哪些职业技能,还需要学习和掌握哪些技能，以及自己能从何处获得这些技能，能达到怎样的水平，你的未来雇主所寻求的是不是你所具有的这些技能，等等。只有这样才能知己知彼，明确自己的优势与劣势，从而进一步提高自己。准确把握自己的专业技能，是你为职业做准备和定位的实际步骤。具体的方法，你可以通过列技能清单的方式来进行。

第一，写下你想从事的职业名称、工作领域。

第二，写下这些岗位所要求的技能。如果你不知道你想从事的职业对你有哪些技能要求，你可以通过到实地采访有关人士、到人才市场或劳务市场了解职业要求，通过媒体了解相关信息，或者通过朋友了解这些信息。如：某某工作岗位，它要求具备的基本技能是什么？要求具备的高要求工作技能是什么？

第三，写下你现在已经具备的技能。也许你没有足够的自信，认为你眼下什么技能都没有，但是你必须仔细地找出自己已有的技能，哪怕是还不够熟练的技能。如：我最擅长的技能是什么？我已具备的其他技能是什么？我最不擅长的技能是什么？我最欠缺的技能是什么？我还需要的技能是什么？

第四，写下对于你想要的技能，你将从何处获得。你为自己设想的途径越多，就越有利于达到你想要的目的。不少人选读的学科与自己今后的工作志向不吻合，早做准备更有必要，如果放弃做计划，你就等于在计划失败。具体的问题设计，如：我想要的技能，可以获得的途径有哪些？在校内，通过专业学习和社团活动可以获得哪些技能？在校外，通过其他途径可以获得哪些技能？

第五，具体的学习计划是怎样的，你也需要具体拟定。这样有助于你实际地执行行动计划，以便当校外的学习计划和校内的学习计划有时间上的冲突时，能分清轻重缓急，做出适当的取舍。具体执行的学习计划包括时间、地点、精力分配和预想的困难、解决的办法等。

最后，为了证实自己的技能水平，以便为进一步的提高努力，也为在应聘中恰如其分地自我推荐，你还必须用事例来证实评价自己。你所列出的事例应该是最能显示你能力的事例，透过这些事例，你会更了解自己，别人也会在短时间里对你有比较具体的了解。

值得注意的是，一个人具有的技能不可能是很全面的。在技能体系中有些技能是可以互相转换的，它的适用范围很广，只要你掌握了这些技能，那么在其他的工作领域里也是可以用的。可以转换的技能主要有三类：有关信息方面的、有关与人打交道的和有关事情处理方面的。所以在为求职做准备的你应该注重发现和挖掘自己的这些软性技能，以便使自己的职业选择和定位有一个更广阔的领域。

（三）兴趣爱好

兴趣是个体力求认识某种事物或从事某种活动的心理倾向，表现为个体对某种事物、某项活动的选择性态度或积极的情绪反应。兴趣是多种多样的，不同的人兴趣不同，同一个人也有多种不同的兴趣。其中职业兴趣是职业的多样性、复杂性与就业人员自身个性的多样性相对应下反映出的一种特殊的心理特点。职业兴趣上的个体差异是相当大的，因为一方面现代社会职业越来越分化，活动的要求和规范越来越复杂，各种职业间的差异也越来越明显，所以对个体的吸引力和要求也就迥然不同。另一方面个体自身的生理、心理、教育、社会经济地位、环境背景不同，所乐于选择的职业类型、所倾向于从事活动的类型和方式也就十分不同。

兴趣爱好对工作的效率及其成果影响极大，是一个人工作事业取得成功的重要条件。

研究表明,对自己从事的工作有兴趣,本人就能发挥全部才能的80%～90%,并能长时间保持高效工作而不感到疲劳。如果从事不感兴趣的工作,就不会产生热情,精神和肉体都易疲倦,因而效率就不高。

当然,在你为自己作职业选择时,也许由于涉世不深,还不知道自己对什么职业感兴趣,也许由于没有机会,你也未曾参加过有助于职业准备的实践活动,因此要对自己做出判断也不那么容易。你同样可以尝试用列清单的方式去了解自己想要的是什么,具体可以按以下步骤去操作。

第一,写下你想从事的职业名称、工作领域。职业名称的范围包括:

你自己想要选择的职业;

你所学专业对口的职业;

现实局限所可以选择的职业;

父母建议你从事的职业;

你的朋友希望你从事的职业。

第二,对所有写下的职业作分类选择。

选出你所喜欢的工作;

选出你还可以考虑的工作;

选出你最不喜欢从事的工作。

第三,和关心你的人一起探讨:为什么这样选择?各种分类的理由是什么?

第四,用排除法缩小选择范围。在所喜欢的工作中,按重要的程度进行排序:

我最希望从事的工作是什么?理由是什么?

其次希望从事的工作是什么?理由是什么?

用同样的方法缩小你最不喜欢从事的工作范围,并对最不喜欢的工作做出分析,问自己为什么不喜欢。

第五,从你分析的结果得出结论。

你很喜欢的工作标准是什么(如有较高的工薪、能得到培训、工作有安全感等)?

你不喜欢的工作标准是什么?

通过以上步骤你可以发现自己对工作的评价标准,这是你为自己职业定位所做的重要一步,只有经过这个过程,你才能逐步实现对工作的选择。如果你在工作选择上与家人有严重的分歧,那么通过这个过程容易达成共识。

但是也应注意到:兴趣爱好的广泛性、无限性与社会所提供的职业类别、数量的有限性之间,始终存在着较大的反差。不可能人们有什么样的兴趣爱好,社会上就有什么样的职业与之相对应;也不可能有多少人喜欢什么职业,社会上就有那么多的职业供人选择。在个人意愿与社会需求两者的关系上,通常不是个人意愿决定社会需求,而是社会需求影响个人意愿。没有社会需求的个人兴趣和爱好不能作为职业兴趣爱好去要求实现,你可以把它作为业余兴趣爱好,在非职业领域中去施展。在现实社会就业机会较少的环境中,只能通过竞争和其他人的帮助获得工作,所以往往只有少数人有幸从事与个人兴趣相吻合的职业,大多数人往往退而求其次或者改变职业方向,在其他的职业领域里发展自己,实现个人的就业意愿。总之,个人兴趣爱好只有根植于社会环境需求的土壤中,才具有职业价值。如果把"我喜欢干什么"置于社会环境需求之上,脱离社会需求谈职业兴趣,那就不可避免地要陷入择业误区之中。另外，兴趣也可以在工作中逐步培养。享有“经营之神”美誉的松下幸之助说：真正的幸福就是能自动培养工作的兴趣而愉快地工作。除了老板，无论是高级主管还是员工，被企业录用，虽然是出于自己的意愿，但不一定能得到自己喜欢的工作。即使是老板，因为阴差阳错或者发展中的时移事变，他所经营的事业也未必就与自己的兴趣吻合。处于此情形怎么办？松下的看法是，首先是“在石头上坐三年”，按中国古语就是“既来之，则安之”，也许过了一年认识到了工作的意义，兴趣和爱好就随之而来了。

（四）智能天赋

智能就是我们通常所说的天赋特长，它是人们认识客观事物并运用知识解决实际问题的能力。智能天赋是影响人的职业选择方向，或开辟一条新的职业道路的重要因素。虽然对于大部分的工作人们都可以通过职业技能培训来胜任，但有些工作则非靠智能天赋不可。如要当一名出色的音乐家或文学家或运动明星，如果没有该领域内的智能天赋，你就不要刻意去追求，否则就将事倍功半或者一事无成。

智能有先天和后天之别。由于这些方面在每个人身上体现的重点不同，不同的人就具有不同的智能类型，即每个人身上所具有的智能指向是不同的，或者说天赋特长是不一样的。人人都有某方面的天赋特长，有的人可能在某一领域是天才，在另一领域则是蠢材。一个人如果不能找到自己的智能特长，等于是捧着金碗讨饭吃。许多雄心勃勃、满怀壮志的人，都因为没有弄清楚什么是自己擅长的，而长期在命运的迷宫中左冲右突，有的人甚至付出一生的代价。因此对任何人来说，最明智的做法都是找到自己的天赋特长，然后在那个领域培养职业发展的本领与资本。

虽然认识自己的智能特长并非易事，但是对自己智商的高低如何，对自己的天赋特长在哪里，自己究竟能完成多大的事业，自己的天赋特长是更适合设计工作还是组织管理工作，这些实实在在的问题如果能够早一点主动地认识，就能更大限度地发挥个人特长，在成功之路上捷足先登。例如英国著名诗人济慈本来是学医的，后来他发现自己有写诗歌的天赋，就当机立断，把自己的整个生命投入到诗歌创作之中，为人类留下了许多不朽的诗文；马克思年轻时曾想当一个诗人，也努力写过一些诗，但他很快发现自己的长处其实不在这里，便毅然放弃做诗人的打算，转到个人擅长的社会科学的研究上面去了。如果他们两人都不能认识自己的天赋特长，那么英国至多不过多了一位医生济慈，德国至多不过多了一位诗人马克思，而在英国文学史和国际共产主义运动史上则肯定要失去两颗光彩夺目的明星。

（五）性格特征

性格是个性中最突出的方面，它是指一个人在生活与工作过程中形成的对人、对事、对自己较为稳定的态度，以及与之相适应的习惯化了的行为方式。譬如，有的人工作勤勤恳恳、任劳任怨，有的则飘飘浮浮、敷衍了事；有的人待人接物慷慨热情，有的则吝啬冷淡。在对自己的态度方面，有的谦虚，有的高傲，有的勤勉，有的懒惰。所有这些都是人们不同的性格特征。

性格与职业选择有很大的关系，性格既是择业的重要因素，又是事业成功的基础。每一种工作都对从业者的性格有特定的要求，不同性格的人适合从事不同类型的职业。如通常说具有好动、坚强性格者适合当运动员，具有不厌重复、冷静、细心性格者干机械操作之类的工作较适宜；公共服务人员需要有亲切、热情、周到、体贴他人的性格，工程技术人员则要求具有严谨认真、一丝不苟、精益求精、善于合作的性格。如果一个人的性格能与所从事的职业吻合,在职业生涯中就有利于获得事业的成功,反之则会使自己苦恼不断,导致失败。人生的诀窍就是经营自己的长处,选择职业时要考虑自己的性格特征,尽量选择符合你个性特征的工作。这样不仅能提高你的工作兴趣,而且也能挖掘自己的潜能,不断提高自身价值,使自己的优势不断发展。

当然,一个人的性格也不是一成不变的。人有主观能动性、职业活动的过程会改变一个人的性格。事实上很多人都是在工作中不断克服自己的性格弱点,从而使自己的性格符合所从事的职业要求的。

青年人的性格特点正处于形成时期,可塑性很大,应该充分认识自己、了解自己,注意扬长避短,加强修炼,这样就能够铸造出适应社会环境的性格,而且有可能成为自己命运的主宰者。印度古谚云:“播种行为,收获习惯;播种习惯,收获性格;播种性格,收获命运。”我国古人也讲过:“积行成习,积习成性,积性成命。”这些都道出了性格的重要性。那些在事业上成功的人之所以成功,往往都是因为具有良好的性格特征:不畏艰苦、百折不挠、善于忍耐、自律性强、独立执着。在他们身上一般很少有那些诸如暴躁、冲动、懦弱等不良性格。所以正确评估自己就要从分析自己的性格开始。

根据现在世界上广泛应用的,由瑞士著名心理学家荣格提出的性格倾向说,性格分为外向型和内向型,介于两者之间性格倾向不明显的,则称为平衡型性格。具有外向型性格的人,经常对外部事物表示关心;开朗、活泼、感情外露,自由奔放,做事当机立断,不拘小节;具有独立性、活动性、协调性、现实性、开放性、灵活性强的特点;在学习和工作上反应较快,但往往从兴趣、情感出发,缺乏计划性和坚持性。具有内向型性格的人,重视主观世界,内心世界丰富,经常沉浸在自我欣赏和幻想之中,沉着、安静、处世谨慎;深思熟虑,计划性、规律性、安定性、逻辑性、周密性强,应变能力较差,不善交际;在工作学习上善于思考,但视野狭窄,容易产生自卑感。综观社会现象,自然科学工作者有很多是内向型性格的人,社会活动家往往是外向型性格的人,企业家则往往是平衡型性格的人。

适合外向型性格的人的职业主要有:管理者、律师、监督者、教师、售货员、新闻记者、警官、政治家、公关人员、社团工作者、广告宣传员、党团干部、人事工作者、医生、导游工作者、咨询人员、保险工作人员、技术转让推广应用人员、经纪人、代理人等。

适合内向型性格的人的职业主要有:自然科学研究人员、技术人员、艺术家、会计师、速记员、打字员、计算机软件人员、税务人员、统计员、商店收款员、银行出纳员、办公室办事员、图书管理员、电话员、美容师、发型设计师、秘书、工艺美术工作者等。

平衡型性格的人对职业适应性更强,以上适合外向型或内向型性格的人的职业均适合平衡型性格的人。

要描述自己的性格是比较难的,但这是我们准备决定从事哪种职业和求职很重要的一部分。

(六)气质类型

在实际生活中,性格和气质常被人们混用。例如急躁可以指人的性格,而这也是一种气质的表现,但是气质和性格又不完全是一回事。一般认为性格是后天形成的,即先天的气质受到后天作用而形成的一种特性。而气质往往指人们先天禀赋的某种特性,通常被作为一个不变因素来考虑。在心理学上,气质是指人们心理活动的速度、强度、稳定性和灵活性等方面的心理特征,它表现在情绪状态产生的快慢、情绪体验的强弱、情绪状态的稳定性和持久性、情绪变化的幅度以及语言动作的速度等方面。

现在世界上广泛应用的"气质"理论认为人有四种体液——血液、黏液、黄胆汁和黑胆汁,这四种体液在每个个体内所占比例不同,从而形成四种气质类型——胆汁质(黄胆汁占优势)、多血质(血液占优势)、黏液质(黏液占优势)、抑郁质(黑胆汁占优势),按我们通常所讲的就是豪放型、乐观型、沉默型和内向型。

胆汁质的人是以情感发生迅速、强烈、持久,动作发生迅速、强烈、有力为特征的。属于这一类型的人大都热情,直爽,精力旺盛,脾气急躁,心境变化剧烈,易动感情,具有外倾性。

多血质的人是以情感发生迅速、微弱、易变,动作发生也迅速、敏捷、易变为特征的。偏于这一类型的人,大都活泼好动,敏感,反应速度快,热情,喜欢与人交往,注意力易转移,志趣易变,具有外倾性。

黏液质的人是以情感发生缓慢、内蕴、平静,动作迟缓、稳重、易于抑制为特征的。偏于这一类型的人大多安静,稳重,反应缓慢,情感不易外露,沉默寡言,善于忍耐,注意力不易转移,具有内倾性。

抑郁质的人是以情感体验深而持久、动作迟缓无力为特征的。属于这一类型的人大都反应迟缓,但善于觉察他人不易觉察的秋毫细末,具有内倾性。

人的气质没有好坏之分,每种气质既有积极的一面,又有消极的一面。每种气质都可能导致事业的成功,但每种气质也有其较为适应的职业范围。在适应的职业种类中,人们往往能抑制自己气质的不足,发挥自身气质的优点。

胆汁质的人:适合做反应迅速、动作有力、应急性强、危险性较大、难度较大的工作。这类人可以成为出色的导游、营销人员、节目主持人、外事接待人员,等等,但不适宜做稳重细致的工作。

多血质的人:较适合做社交性、文艺性、多样化、要求反应敏捷且均衡的工作,而不太适宜做需要细心钻研的工作。他们可以从事范围广泛的职业,如管理者、律师、运动员、新闻记者、服务员、演员等。

黏液质的人:较适合做有条不紊、刻板平静、耐受性较高的工作,而不太适宜从事激烈多变的工作。

抑郁质的人:能够兢兢业业干工作,适合从事持久细致的工作如技术员、化验员、机要秘书、保管员等,而不适合做要求反应灵敏、处事果断的工作。

了解不同气质的特点,对选择职业、修炼性格、提高工作效率、处理人际关系等都有重大的意义。

三、潜能测试是准确定位的重要指南

人生的辉煌莫过于最大限度地发挥自己的潜能。当我们选择了能发挥自己潜能的职业,必然乐此不疲,事业有成。如果选择了令本人厌倦、并非本人特长的职业,则可能事业落空,人生则如逆水行舟,事倍功半。

那么怎样客观地评估自己的潜力才能?心理学家在无数个案例和广泛调查研究的基础上总结设计了相关的自测试卷,帮助我们了解自己潜在的优势,发现自己的弱点,从而为充分挖掘自己的潜能、完善自我、给自己合理定位提供重要的指南。

(一)职业兴趣测试

这一测试共有 6 项职业兴趣,R、I、A、S、E、C 分别代表一定的职业名称,共 48 道题目。

请根据自己的实际情况做出回答,符合本人的题目在栏内答“是”,难以回答的题目画“?”,不符合的题目答“否”。

试测题

R

题序	题　　目	回　答
1	你曾经将电脑主机全部拆散并能独立将它装配起来吗?	
2	你会用积木搭许多造型吗?或小时候常拼七巧板吗?	
3	你喜欢做实验吗?	
4	你喜欢尝试做一些木工、电工、金工、钳工、修钟表、印照片等其中一件或几件事情吗?或你对织毛衣、绣花、剪纸、裁剪很感兴趣吗?	
5	当你家里有些事情要自己动手时(诸如窗子关不严了、门锁上而忘了带钥匙了、凳子坏了、衣服不合身了等),常常是由你做的吗?	
6	你常常摆弄机器或机械吗(诸如打字机、摩托车、电梯、机床等)?	
7	你觉得自己身边有一把镊子或老虎钳等会有许多方便吗?	
8	看到老师傅在做活,你能很快地、准确地模仿吗?	

I

题序	题　　目	回　答
1	你对电视或学校里的知识竞赛很感兴趣吗?	
2	你经常到书店或图书馆翻阅图书吗?(文艺小说除外)	
3	你常常愿做一些有趣的习题吗?	
4	你总想知道一些新产品的构造或工作原理吗?	
5	当同学有难题来请教你时,你能给他讲清楚吗?	
6	你常常会对一件想知道但又无法详细知道的事情,想象出它将是什么或将怎样变化吗?	
7	看到别人在为一个有趣的难题讨论不休时,你会加入进去吗?	
8	看推理小说或电影时,你常常试图在结果出来之前,分析出谁是罪犯吗?并且这种分析结果常与小说或电影的结果相吻合吗?	

A

题序	题　　目	回　答
1	你对戏剧、电影、小说、音乐、美术等其中一两个方面较感兴趣吗？	
2	你常常对文艺界的明星品头论足吗？	
3	你曾参加过文艺演出，或写过的诗歌、短文被报刊采用，或参加过业余绘画训练吗？	
4	你喜欢把自己的住房布置得优雅一些，而又不喜欢过分豪华或拥挤吗？	
5	你能准确地评价别人的服装搭配以及家具摆设等的美感水准吗？	
6	你认为一个人的仪表美，主要是为了表现一个人对美的追求，而不是为了得到别人的赞扬或羡慕吗？	
7	你觉得工作之余，坐下来听听音乐、看看画册或欣赏戏剧等，是你最大的乐趣吗？	
8	遇到有美术展览、歌星演唱会等活动，常常有朋友来约请你一起去吗？	

S

题序	题　　目	回　答
1	你常常主动给朋友写信或打电话吗？	
2	你能列出5个自认为够朋友的人吗？	
3	你很愿意参加单位或社会团体组织的各种活动吗？	
4	你看到不相识的人遇到困难时，能主动帮助他，或向他表示你同情与安慰的心情吗？	
5	你喜欢去新场所活动并结交新朋友吗？	
6	对一些令人讨厌的人，你常常会由于某种理由原谅他、同情他甚至帮助他吗？	
7	有些活动虽然没有报酬，但你觉得这些活动对社会有好处，就积极参加吗？	
8	你很注重你的仪表风度，这主要是为了让人产生良好的印象吗？	

E

题序	题　　目	回　答
1	你觉得通过买卖赚钱,或通过存款生息很有意思吗?	
2	你常常发现别人组织的活动的某些不足,并提出建议让他改进吗?	
3	你相信自己去做一个个体户,一定会赚大钱吗?	
4	你在学生时代曾担任过某些职务,并且自认为干得不错吗?	
5	你有信心去说服别人接受你的观点吗?	
6	你的心算能力较强,不对一大堆数字感到头疼吗?	
7	做一件事情时,你常常先仔细考虑它的利弊得失吗?	
8	在别人跟你算账或讲一套理由时,你能常常换一个角度考虑,而发现其中的漏洞吗?	

C

题序	题　　目	回　答
1	你能够用一两个小时坐下来抄写一份你不感兴趣的材料吗?	
2	你能按领导的要求,尽自己的能力做好每一件事吗?	
3	无论填报什么表格,你都非常认真吗?	
4	在讨论会上,不少人已经讲的观点与你不同时,你就不发表自己的观点了吗?	
5	你常常觉得周围有不少人比你更有才能吗?	
6	你喜欢重复别人已经做过的事情,而不喜欢做那些自己动脑筋摸索着干的事吗?	
7	你喜欢做那些已经习惯了的工作,同时最好这种工作责任小一些,工作时还能聊聊天、听听歌曲吗?	
8	你觉得将非常琐碎的事情整理好,或由于你的工作,使有些事情能日复一日地出现很有意思吗?	

计分与评价

以上试卷是对R、I、A、S、E、C六类职业兴趣的测定,对每一个问题,答一个“是”记2分,画一个“?”记1分,答“否”的为0分。将得分填入表3-1,分别统计各类职业兴趣的得分,看看自己的兴趣与哪些职业的特点比较吻合。首先，得分高的那一项，是自己兴趣比较明确的方向，在选择职业时，可以考虑那些职业。其次，把得分最高的兴趣按从高到低的顺序列出来，再参照表 3-2 职业兴趣测试比对，就可以找出基本符合本人兴趣的职业。

表 3-1　职业兴趣测试得分统计

项目	R	I	A	S	E	C	合计
得分							

R 代表实际性职业，是指那些要求有一点技能技巧的职业，例如技术工。

I 代表研究性职业，是指那些要求有一点钻研精神的职业，即从事科学研究、科学技术工作的职业。

A 代表艺术性职业，是指那些要求有一点艺术素养的职业，即音乐、美术、影视、戏剧、文学等与美感直接或间接有关的职业。

S 代表社会性职业，是指那些直接为他人服务、为他人谋福利或与他人建立和发展各种关系的职业。

E 代表企业型职业，是指那些为直接获得经济利益而活动的职业。

C 代表普通型职业，是指那些需按照既定要求工作的比较简单而又比较刻板的职业，如办公室行政员、排版工等职业。

表 3-2　职业兴趣测试比对

顺　序	代表性职业名称
ISA	社会科学研究工作者
ISC	医生、咨询师、人类学家、生命科学研究者
IAR	自然科学研究者、工程师、计算机软件研究开发者
IRA	设计师、摄影师
SAC、SEC	文科教师、营业员、售票员
SIC、SRC	理科教师、法官、律师、环保工作者
SCI	行政管理人员
SEI	采购员、推销员、公关人员、企业策划人
SCR	护士、服务员、警察、保安
SC	勤杂工、清洁工
ASI	理论家、新闻工作者、作家、画家
AIC	演员、歌星、乐队演奏者
AIR	图案、美术、装潢、广告设计、工作者
ARI	美容师、理发师
RCS	驾驶员、军人
RIC	工程技术制图人员
RCE	精密检验员

续 表

顺　序	代表性职业名称
RIE	电器仪表修理工
RAI	中西式裁缝、工艺品制作人员
RAC	缝纫工、编织工、描图员
RCI	机床操作工、装配工、自动流水线操作工、技术员、海员、飞行员
RC	铸造工、锻工
EIS	业务性企业管理人员
ECS	财会人员
ESI	个体工商业者、个体专业户
CSR	一般事务人员、文员
CRA	打字员、誊写员、排版工
CRS	建筑工、市政员
C	简单体力劳动者

(二)性格特征测试

根据自己的实际情况对以下测试题回答"是"与"否"。根据你的回答,可判断出你的性格是外向还是内向。

测试题:

1. 对人十分信任。
2. 喜静安闲。
3. 能在大庭广众之下工作。
4. 工作时不愿人在旁边观看。
5. 不常分析自己的思想和动机。
6. 遇有集体活动愿留在家中而不出席。
7. 自己擅长的工作愿意别人在旁边观看。
8. 宁愿节省而不愿耗费。
9. 能将强烈的情绪(如喜、怒、悲等)表现出来。
10. 很讲究写应酬信。
11. 不拘小节。
12. 常写日记。
13. 与观点不同的人自由联络。
14. 不是极熟悉的人不轻易信任。
15. 好读书而不求甚解。
16. 常反省自己。
17. 喜欢常常变换工作。
18. 在公众场合中肃静无哗。
19. 不愿被别人指示,而愿别出心裁。

20. 三思而后决定。

计分与评价：

这 20 题分成两组：奇数题为第一组，偶数题为第二组。

如果奇数组中的“是”多，那么你的性格是外向的。如果偶数组中的“是”多，那么你的性格是内向的。如果两者相差不多，那么属于平衡型。

(三)气质类型测试

以下分成 4 个部分的 60 个问题，能帮助你确定自己大致上属于哪一种气质类型。在回答问题时，做到平时怎么想就怎么评分，最符合自己情况的记 2 分，比较符合的记 1 分，介于符合和不符合之间的记 0 分，比较不符合的记 1 分，完全不符合的记－1 分。

测试题：

A

1. 遇到可气的事情就怒不可遏，想把心里话说出来才痛快。
2. 和人争吵时，总是先发制人，喜欢挑衅。
3. 羡慕那种善于克制自己感情的人。
4. 做事总是有旺盛的精力。
5. 情绪高昂时，觉得干什么都有趣；情绪低落时，又觉得什么都没意思。
6. 对学习、工作、事业怀有很高的热情。
7. 喜欢参加热烈的活动。
8. 宁愿侃侃而谈，不愿窃窃私语。
9. 认准一个目标就希望尽快实现，不达目的，誓不罢休。
10. 做事有些莽撞，常常不考虑后果。
11. 喜欢运动量大的剧烈体育运动，或参加各种文艺活动。
12. 和周围人们的关系总是不好。
13. 别人说我“出语伤人”，可我并不觉得这样。
14. 兴奋的事常使我失眠。
15. 爱看情节跌宕起伏、激动人心的小说。

B

1. 到一个新环境很快就能适应。
2. 善于和人交往。
3. 在多数情况下情绪是乐观的。
4. 在人群中从不觉得过分拘束。
5. 理解问题总比别人快。
6. 符合兴趣的事情，干起来劲头十足，否则就不想干。
7. 讨厌做那种需要耐心细致的工作。
8. 工作学习时间长了，常感到厌倦。
9. 疲倦时只要短暂的休息就能精神抖擞，重新投入工作。
10. 能够很快地忘掉那些不愉快的事。
11. 接受一个任务后，就希望把它迅速解决。

12. 能够同时注意几件事情。
13. 希望做变化大、花样多的事情。
14. 反应敏捷,头脑机智。
15. 假如工作枯燥无味,马上就会情绪低落。

C

1. 做事力求稳妥,不做无把握的事。
2. 喜欢安静的环境。
3. 生活有规律,很少违反作息制度。
4. 遇到令人气愤的事情,能很好地控制。
5. 当注意力集中于一事物时,别的事很难让我分心。
6. 能够长时间地做枯燥、单调的工作。
7. 与人交往不卑不亢。
8. 不喜欢长时间讨论一个问题,愿意实际动手干。
9. 理解问题常比别人慢些。
10. 老师或老师傅讲授新知识、技术时,总希望他讲慢些,多重复几遍。
11. 不能很快地把注意力从一件事情转移到另一件事情上去。
12. 认为墨守成规比冒风险强些。
13. 对工作持认真严谨、始终如一的态度。
14. 在体育活动中,常因反应慢而落后。
15. 喜欢有条理而不麻烦的工作。

D

1. 宁肯一个人干事,不愿意很多人在一起。
2. 厌恶那些强烈的刺激,如尖叫、危险镜头等。
3. 碰到陌生人觉得很拘束。
4. 遇到问题常常举棋不定,优柔寡断。
5. 碰到危险情景,常有一种恐惧感。
6. 一点小事就能引起情绪波动。
7. 爱看情感细腻、描写人物内心活动的文学作品。
8. 总是闷闷不乐。
9. 心里有话宁愿自己想,不愿说出来。
10. 同样和别人学习、工作一段时间后,常比别人疲倦。
11. 做作业或完成一样工作总比别人花的时间多。
12. 当我烦恼的时候,别人很难使我高兴起来。
13. 喜欢复习学过的知识,重复已经掌握的工作。
14. 小时候会背的诗歌,我比别人记得清楚。
15. 别人讲新概念,我常常听不懂,但是弄懂之后就很难忘记。

计分与评价：

根据自己的实际情况，按题目与自己的符合程度和相应的评分标准分别填入表 3-3 至表 3-6，并算出各气质类型的得分。

表 3-3　气质类型测试 A 得分统计

题序	1	2	3	4	5	6	7	8	9	10	11	12	13	14	15	合计
得分																

表 3-4　气质类型测试 B 得分统计

题序	1	2	3	4	5	6	7	8	9	10	11	12	13	14	15	合计
得分																

表 3-5　气质类型测试 C 得分统计

题序	1	2	3	4	5	6	7	8	9	10	11	12	13	14	15	合计
得分																

表 3-6　气质类型测试 D 得分统计

题序	1	2	3	4	5	6	7	8	9	10	11	12	13	14	15	合计
得分																

A、B、C、D 四个类型分别为胆汁质、多血质、黏液质和抑郁质的测试。如果某气质类型的得分明显高于其他三种，且均高出 4 分以上，则可定为该种气质类型。如果某气质类型的得分在 10～20 分，其他三种的得分较低，则为一般型气质。如果有两种的得分明显超过另两种得分，而且这两种分数比较接近，则为混合型气质，如胆汁—多血质混合型、多血—黏液质混合型、黏液—抑郁质混合型等。如果一种的得分很低，其他三种也都不高，但很接近，则为三种气质的混合型，如多血—胆汁—黏液质混合型或黏液—多血—抑郁质混合型。

(四)创造个性测试

创造力是作出杰出成就的人必须具备的素质，许多人都希望自己富有创造力。但什么是真正的创造力呢？有的人认为创造力是一个纯智力的问题，也有的人认为创造力是思维方式的问题，其实除此之外创造力与人们的个性也有很大的关系。如果一个人缺乏创造个性，因循守旧、拒绝改变，那么无论他的智商有多高，也不会有创造性成就。

下面一套题目可以帮助你测试自己的创造个性，并根据你的个性建议从事适当的职业。本测试共有 10 题，请你根据实际情况与想法，分别在题目后面注明 A、B 或 C(A 为“同意”，B 为“拿不准”，C 为“不同意”)。做完后，可参照表 3-7 计算得分。

测试题：

1. 我不做盲目的事，总是有的放矢，用正确的步骤来解决每一个具体问题。
2. 无论什么问题要我发生兴趣总比别人困难。
3. 我不认同那些经常做没把握之事的人。
4. 在解决问题时我常常凭直觉来判断正确与错误。

5. 在解决问题时我分析问题较快而综合所掌握的问题较慢。

6. 我有较好的审美能力。

7. 我的兴趣在于提出新的建议而不是设法说服别人去接受这些建议。

8. 我喜欢一门心思苦干的人。

9. 我不喜欢提那些显得无知的问题。

10. 我认为那些使用古怪的和不常用词语的作家,纯粹是为了炫耀自己。

计分与评价:

表 3-7 创造个性测试得分统计

试题号	A(同意)	B(拿不准)	C(不同意)	得 分
1	0	1	2	
2	0	1	4	
3	0	1	2	
4	4	0	−2	
5	−1	0	2	
6	3	0	−1	
7	2	1	0	
8	0	1	2	
9	0	1	3	
10	−1	0	2	
总 得 分				

如果你的得分是22分以上,表明你有较高的创造个性,总是能想出一些别出心裁的点子,喜欢与众不同。人们对你的评价也有很大出入,有人认为你不安分,哗众取宠,也有些人欣赏你这种总是出乎人意料之外的风格。世界因为你的存在更加多姿多彩,请保持这种个性。你适合从事环境较为自由,没有太多约束,对创新性有较高要求的职位,如美编、装潢设计、工程设计、软件编程人员等。

如果你的得分是21～11分,表明你善于在创造性和习惯做法之间找到均衡,你具有一定的创新意识,并不墨守成规,经常会提出一些新颖的想法。但同时你也很注意尊重人们的传统习惯,不会做出过于惊世骇俗的事情。你这种个性对于管理岗位十分适合,同时也适合从事其他许多与人打交道的工作,如市场人员等,因为人们在与你交往时既觉得有趣,又不会因为过于激进而不能接受。

如果你的得分是10分以下,说明你属于循规蹈矩的人,做事总是有板有眼、一丝不苟。你认为既然规章制定了,必定有它存在的理由,人们最好还是遵守它,这样才能保证社会的正常秩序。你适合从事对纪律性要求较高的职位,如会计、质量监督员、仓库保管员等职位。这些职位都要求严格遵守规章制度,与你的个性十分协调。

(五)交往能力测试

著名成功学专家卡耐基认为:一个人事业上的成功,只有15%是基于他的专业技术,另外的85%要靠人际关系即与人相处和合作的品德与能力。卡耐基的话不无道理。人际交往能力是人们社会生活的基本能力,也是一种状况适应能力。各种职业都需要从业人员有一定的人际交往能力,尤其是对于教师、管理人员、推销员、采购员、服务员来说,人际交往能力显得尤为重要。

以下这个测试,测定的就是你的人际交往能力,请仔细考虑后,找到最适合自己情况的选项,记录下来。做完后,可参照表 3-8 计算得分。

测试题:

1. 出门旅行度假时,你——
   A. 通常很容易就交到朋友
   B. 喜欢一个人消磨时间
   C. 希望结交朋友但难以做到
2. 和一同事约好一起去跳舞,但下班时你感到筋疲力尽,这时同事已回去换装,你——
   A. 决定不赴约了,希望他(她)谅解
   B. 仍然赴约,尽量显得情绪高涨
   C. 去赴约,但询问如果你早些回家,他(她)是否在意
3. 你与朋友的友谊能保持多久?
   A. 大多地久天长
   B. 有长有短,志趣相投者通常较长久
   C. 弃旧交新是常有的事
4. 结交一位朋友,你通常是——
   A. 由朋友、熟人介绍
   B. 通过各种场合的接触
   C. 经过时间、困难的考验而结交
5. 你的朋友,首先应——
   A. 能使人快乐轻松
   B. 诚实可靠
   C. 对我有兴趣,关注我
6. 你的表现是什么样的?
   A. 我走到哪儿就把笑声带到哪儿
   B. 我使人深思
   C. 和我在一起,人们总是随意自在
7. 别人邀你出游或演一个节目,你往往——
   A. 找借口推脱
   B. 兴趣盎然地欣然前往或允诺
   C. 断然拒绝
8. 与朋友们相处,你通常会——
   A. 倾向于赞扬他们的优点
   B. 以诚为原则,有错就指出来
   C. 不吹捧奉承,也不苛刻指责
9. 如果别人对你很依赖,你的感觉是——

A. 总的来说,我不在意,但如果他们有一定的独立性就更好了
B. 我喜欢被人依赖
C. 避而远之
10. 走入一个陌生的环境,对那些陌生人,你——
A. 常能很快记住他们的名字和某些特点
B. 想记住他们的名字和某些特点但失败居多
C. 不去注意他们的名字和某些特点
11. 对你来说,结交朋友的主要目的是——
A. 使自己愉快
B. 希望被人喜欢
C. 想让他们帮我解决问题
12. 对身边的异性,你——
A. 只是必要的情况下才去接受他(她)们
B. 与他(她)们互不来往
C. 接近他(她)们,彼此相处愉快
13. 朋友或同事批评你时,你总是——
A. 只能部分地接受
B. 断然否决
C. 愉快地接受
14. 在编织你的人际网时,被考虑的人选一般是——
A. 我的上级及权势者
B. 诚实、心地善良的人
C. 社会地位不超过自己的人
15. 对那些在精神或物质上帮助过你的人,你——
A. 铭记在心,永世不忘
B. 认为是朋友间应该的,无须拘泥小节
C. 认为总会时过境迁,不必特别在意

计分与评价:

表 3-8 交往能力测试得分统计

试题号	A	B	C	得 分
1	1	3	5	
2	5	1	3	
3	1	3	5	
4	5	1	3	
5	1	3	5	
6	3	5	1	
7	3	1	5	
8	1	5	3	

续 表

试题号	A	B	C	得　分
9	3	1	5	
10	1	3	5	
11	1	3	5	
12	3	5	1	
13	3	5	1	
14	5	1	3	
15	1	3	5	
总　得　分				

如果你的得分为 15～29 分，表明你是交往能手。你凡事处理得当，合情合理，很有艺术，但又不八面玲珑、圆滑逢迎。你的所作所为处处透露诚实坦白的魅力，无论你走到何处，笑脸和友善总在你的周围。

如果你的得分为 30～57 分，则你的交往能力属于中等。你会有不少相处得不错的朋友，但由于种种原因，真正与你推心置腹的知己并不多，似乎总有层东西隔在你们中间，你应该找找原因所在。

如果你的得分为 58～75 分，说明你的交往能力较差。你的郁郁寡欢是比较明显的。你常常使自己独自徘徊于众人之外，颇有拒人于千里之外的感觉。你过去的绝大多数行为都在向人发出这种信号，这种定势一旦形成，你即使想走回人群，也比较难。因为你给人的印象已经形成。切记，再强的人也有软弱之处，也有需要他人帮助的地方。

(六)应变能力测试

当今社会瞬息万变，要在这多变的世界中获得成功，就必须具有一种非凡的应变能力。应变的最终目的是要使自己永远处于主动地位，驾驭事态的发展，以实现既定目标。在人际关系中，良好的应变能力常常会化尴尬为友善，化干戈为玉帛。那么，你的应变能力如何呢？

根据你的实际情况，回答以下问题。它能测出你对某些事情发生后的应变能力和个性。做完后，可参照表 3-9 计算得分。

测试题：

1. 你是否具备急救知识——哪怕是最起码的急救知识？
2. 你是否见血就晕，一时不能恢复常态？
3. 你看护过病人吗？
4. 在街上遇到事故时，你的反应——

   A. 退避三舍

   B. 好奇，走近围观

   C. 看看自己能否助一臂之力
5. 如果你是事故的见证者，你能积极配合有关部门，陈述经过的情形吗？
6. 如有人衣服偶然着火，你会——

   A. 拿水浇灭它

B. 替他把着火的衣服脱掉

C. 用毯子把他裹起来

7. 你是否有适量的运动?如户外运动、步行、种花、家务劳动及正常的娱乐活动?

8. 假如你遭到意外的打击,你会——

A. 头昏眼花,不过几秒钟就会恢复

B. 不知所措,达数分钟之久

C. 一段时间都处于伤感、悲痛之中

9. 当他人叙述以往经历或说笑话时,你记忆的速度是否与其他人相同或略胜一筹?

10. 到一个陌生的地方,过后能否相当准确地叙述?

11. 你对陌生人的第一印象是否较为准确?

12. 你是否有丰富的想象力?

13. 你对下列各项是否有害怕之感?

A. 老鼠、蛇

B. 黑暗和传说中的鬼怪

C. 很大的声音

14. 有些人在遇到危机的时刻(无论疾病或意外),他们会很镇静,你可曾有过这种情况?

15. 如果有人在匆忙中告诉你一件事,你会——

A. 记住一部分

B. 一点也记不清

C. 全记住

16. 假如你去补牙,你有痛感,你会——

A. 马上告诉牙医一声

B. 忍着痛,希望快点补好

17. 你如果决意要得到一件东西,你相信自己一定能够得到吗?

18. 过马路时假如你被夹在车辆之中,你会——

A. 退回原处

B. 仍然跑过去

C. 站立不动

19. 你觉得很难使你的下属或比你年轻的人服从你吗?

20. 肉体上的痛和不舒服你能忍受吗?

21. 当你知道将要遭遇不愉快的事时,你会——

A. 自我进入恐怖状态

B. 相信事实并不会比预料更甚

22. 如果有人给你介绍工作,你会选择——

A. 工资中等而不需负责的

B. 工资高而责任重的

23. 当你要做出一项决定时,你是——

A. 犹豫不决的

B. 审慎而果断的

24. 你对自己所做的一切肯负责任吗?

25. 假如你的友人突然带一个你最不喜欢的人到你家里,你会——

A. 表示惊奇

B. 暂时忍耐,以后再把事情告诉朋友

C. 把你的感觉完全隐藏起来

计分与评价:

对1、3、5、7、9、10、11、14、17、20、24各题的回答是肯定的,每题得5分,否则不得分(下同)。

对2、12、19各题的回答是否定的,每题得5分。

对4、6题的C和第8题的A回答是肯定的,每题得5分。

对13题A、B、C回答是否定的,每项得2分,共6分。

对15题C、16题B、18题C、21题B和22题B,你的回答如果是肯定的,每题得5分。

对23题B和25题C,你的回答如果是肯定的,每题得10分。

总分为136分。

表3-9 应变能力测试得分统计

题序	1	2	3	4	5	6	7	8	9	10	11	12	13
得分													
题序	14	15	16	17	18	19	20	21	22	23	24	25	合计
得分													

假如你的得分在76~136分,那么你对应付事变很有把握,而且你的自制力、勇气和机智都是超人的,你可以有很大的自信心。

假如你的得分在30~75分,那么你对于一般的事变都能应付,你的神经系统的反应正常而平衡,学急救也许对你有益,可以增强你的自信心。

假如你的得分在30分(不含)以下,你必须留心自己,同时努力学习一点应变的常识和培养自己的自信心。

(七)竞争能力测试

竞争在我们这个以成功为导向的社会中客观存在并日益激烈。不管竞争的驱动力是否有碍健康,竞争心较强的人在事业上还是更容易成功的。竞争心较强的人往往能有效地影响他人,对自己的事业目标比较清楚。

本测试包括25个与行业、态度有关的陈述。请仔细阅读,看看和你的情况是否相符。每道题都有5个答案(A、B、C、D、E)可供选择,代表和情况相符的不同程度。选择一个和你的个性、情况最相符的答案,并把代码写在方格里。全部答完后,再根据记分方式(见表3-10)算出总分。

A. 完全不像我

B. 不太像我

C. 无所谓像不像我

D. 很像我

E. 完全像我

测试题：

1. 我喜欢和大家一起工作，这样可以互相帮助、共同提高。
2. 看到别人开好车，我就想买更好的，超过别人。
3. 我总想比同事穿戴得更漂亮(帅气)，更引人注目些。
4. 看到朋友比我成功，会激起我的雄心，加倍努力。
5. 我并不拿别人和自己相比来衡量是不是成功。
6. 我的家用电器是最高档名牌的。
7. 有人向我提问时，我即使不懂也会装懂。
8. 有人问我的婚姻等个人生活时，即使不好我也会说很满意。
9. 运动只是好玩，输赢我一点都不在意。
10. 我喜欢单打，不喜欢团体比赛，因为无法确定我的队友水平如何。
11. 我常假想和比我强的人较量一番。
12. 对于我了解的事，我最讨厌有人不懂装懂，在我面前自我卖弄。
13. 我宁可默默无闻，也不愿牺牲太多个人的时间去变成“大明星”。
14. 我引以为荣的是，有个吸引众多同事的异性和我关系不同一般。
15. 我讨厌听人说：“人总有所长有所短，何必争来争去。”
16. 我认为成功的人未必什么都强，所以没什么好比的。
17. 如果能受到特别的赞许和认可，那么做一个工作狂是值得的。
18. 即使周围的人都想极力表现，我也觉得做好本职工作就满意了。
19. 当事情变得难以处理时，我认为应该后退一步，考虑是不是值得去做。
20. 我喜欢起步时较慢，但最后超越那些跑在前面的人。
21. 如果不能争取第一，我就干脆放弃不参与。
22. 人生有太多比争强求胜更重要的事。
23. 为了引人注目，我会自愿做一些别人想都不去想的工作。
24. 我认为，不必牺牲他人，也可以向前迈进。
25. 独处时，我喜欢以一些小事考察自己的各种能力(像体能、工作速度等)。

计分与评价：

计算得分时，请注意第1、5、9、13、16、19、22、24等题是反向计分。反向计分时，答E得1分，答D得2分，答C得3分，答B得4分，答A得5分。其余各题为正向记分：答A得1分，答B得2分，答C得3分，答D得4分，答E得5分。

各题得分相加就是你的总分。

表3-10 竞争能力测试得分统计

试题号	A	B	C	D	E	得分
1	5	4	3	2	1	
2	1	2	3	4	5	
3	1	2	3	4	5	
4	1	2	3	4	5	

续 表

试题号	A	B	C	D	E	得分
5	5	4	3	2	1	
6	1	2	3	4	5	
7	1	2	3	4	5	
8	1	2	3	4	5	
9	5	4	3	2	1	
10	1	2	3	4	5	
11	1	2	3	4	5	
12	1	2	3	4	5	
13	5	4	3	2	1	
14	1	2	3	4	5	
15	1	2	3	4	5	
16	5	4	3	2	1	
17	1	2	3	4	5	
18	1	2	3	4	5	
19	5	4	3	2	1	
20	1	2	3	4	5	
21	1	2	3	4	5	
22	5	4	3	2	1	
23	1	2	3	4	5	
24	5	4	3	2	1	
25	1	2	3	4	5	
总得分						

25～51分：进取心不强，并强烈地害怕竞争。这种害怕和伴随而来的焦虑，很可能就是不愿竞争的主要因素。这类人会觉得，要获得成功实在是很困难。

52～70分：曾试图避免竞争。他们觉得没必要辛苦地去拼搏，总希望别人习惯他们胜于他们自己去求胜获取成功。

71～86分：不会事事争强好胜，通常视情况而决定是不是参与竞争。若有足够的成功果实，就会增强自己的竞争性。这类人很容易受“报酬”“奖赏”的影响，只要有足够的报酬，他们不但会参加竞争，而且希望表现优异。如果你的得分属于此组，你可能会为你认为值得的报酬去竞争。虽然不太可能成为很成功的人，但只要你愿意拼，仍然有希望成功。

87～97分：开放、引人注目、进取心强、知识丰富、有见地，属于成功导向的人。这类人通常有正面的自我形象，愿意承担风险，对获取成功有坚定的信心。对他们而言，竞争是一种生活方式，在竞争中，他们占有很大的心理优势。

98分(含)以上：通常是为竞争而竞争，而且几乎无所不争。对他们而言，竞争的过程比竞争的理由和赢得胜利更重要。这类人通常是好斗之士，而且成功几乎是手到擒来。但是把世界视如战场却很危险:他们只有战友和敌人,没有朋友和同伴。

思考题:

1. 试述你对潜能的认识。
2. 你认为在职业选择时,需要对自己做哪些自我分析?

【案例一】

驴子"想不通"的事

驴子很羡慕狗的生活,什么活也不做,只要摇摇尾巴,和主人亲热亲热,就能够得到主人的宠爱,而自己整天忙个半死,每天只能得到一捆干草,最后年老无力了还可能被送进屠宰场。于是驴子决定学着做狗所做的事,它冲进主人卧室,围着主人又蹦又跳,甚至想亲主人的脸,卧室里的家具被它踢得支离破碎——驴子的下场可想而知了。

点评:为什么会这样呢?因为驴子做了不适合自己做的事。驴子的能力适合做一些负重的工作,它做宠物狗的工作只能让人觉得不伦不类。事实上,它也做不了狗那样的工作。所以,初入职场的大学生在求职择业时正确认识自己是十分重要的。

【案例二】

"先求生存,后谋发展"带来的困惑

徐健毕业于××职业技术学院,学的是工程技术类专业。毕业时,由于本专业就业岗位十分紧缺,他在省城没有找到与自己专业相对口的单位,而他又不愿意离开省城,到需要他的"小地方"去工作。为了留在省城,他本着"先求生存,后谋发展"的思路,找了一份与自己所学专业几乎没有什么关系的工作——公司业务员。他认为凭着自己外向的性格和在学校积累的处世和社交能力,完全能把这项工作干好,并得到比较丰厚的收入。一年工作下来,他的业绩是不错,其工作和为人也得到了公司经理的认可。但是他每天忙得不可开交,没日没夜地在外面跑,感到很力不从心,生意场上与人交往的种种情形也使他心理压力很大,身心疲惫不堪。看看与自己一起毕业的同学在专业上已小有成就,想想自己逐渐淡忘了专业知识,回忆自己在校时辛勤攻读专业知识的场景,感到很不是滋味,工作很不开心。他的脑中经常会重复这样的问题——该给自己怎样的职业定位?是继续目前的工作并在这个岗位上寻求更好的发展,还是寻找机会重新回到自己的专业上来?

点评:徐健所碰到的问题,在职业生活中较为常见。为避免这种困惑,每位同学在找工作以前,要借助职业潜能的一些基本理论和观点,把握自己的职业兴趣和职业能力,对自己有一个清醒的认识和正确的评价,找到真正适合自己的位置。

【案例三】

择业:迈向成才的第一步

小顾,某大学计算机专业的毕业生。毕业时,在面试了几家软件公司后,他发现自己对在计算机行业里发展欠缺热情,而对生活了20多年的农村,却有着深厚的感情。理智而富有眼光的他认为在工业、金融业内,信息化已经发展得比较成熟了,对一个计算机专业的毕业生而言,不可能有太大的发展空间,而农业信息化的发展几乎还是一穷二白,"起点越低越有发展空间"。于是,他做出了一个改变他人生轨迹的决定——回乡,养鸡,卖蛋。在养鸡、卖蛋的过程中他慢慢地发现产品发展中的薄弱环节——质量。凭着计算机专业知识,他开始开发鸡蛋质量查询系统。半年后,鸡蛋网上身份查询系统研制成功,这在当地农户中尚属首家。有了"身份证"的鸡蛋销量大增,仅半年时间,鸡蛋的销量就比同期增长了2.5倍。接着,富有创意的他从包装开始重新打造自家的鸡蛋品牌。之后,他又开始攻关生产附加值高的"头窝鸡蛋",单凭这一项,一年就多赚了35万元。一步步成功的他,用自己的实力证明着自己当初抉择的正确。

点评:当前大学生就业形势十分严峻。如何规划职业生涯,如何适时地调整自己的择业标准,审时度势,发挥兴趣和专长,开创一片事业的天空,是一个很值得思考的问题。小顾的创业路径,又一次验证了一句老话:机遇总是垂青于有准备的头脑。攻读什么专业,持有何种文凭,来自哪所学校,这些都不重要,重要的是今天的你为明天准备了什么。无论是择业还是创业都不是靠运气,最终还是要靠实力。而今后的成才,则更是学习、实践积累的厚积薄发。

【案例四】

她该如何选择?

张月,就读于某职业技术学院文秘专业,应届毕业生。张月对自己未来的发展一直有着较高的期望,为此她为自己设计过比较明确的学业发展和职业发展之路。但是毕业在即的她还是陷入了困惑:继续全日制专升本学习,担心增加父母的经济负担;找工作,又没有自己中意的单位,对自己能从事的工作信心也不足。为此她进退两难,陷入了抉择的痛苦之中。

点评:张月在毕业前出现的这种困惑,在学生中较为常见。无论是继续学业的发展,还是直接进入就业市场,开始职业生涯,都需要借助职业潜能的一些基本理论和观点,正确认识自己、评价自己,把握影响学业和择业的相关因素及自己的潜能,为职业生涯的起点寻找一个更合适的定位,以充分实现未来职业发展的目标。

第四章 关注动态——搜集你的就业信息

博学之，审问之，慎思之，明辨之，笃行之。

——《礼记·中庸》

人类已步入信息时代，信息的广泛传播和信息发挥的巨大作用日趋突出。在人才市场上求职择业，信息同样重要：谁能在第一时间内拥有更广泛、更有效的就业信息，谁就有可能找到专业对口的职位。面对大量纷繁复杂、瞬息多变的就业信息，大学毕业生常常显得无所适从，人云亦云者有之，走极端找捷径者也有之，结果有不少人上当受骗，失去了就业的最佳机会。大学毕业生求职择业，不仅取决于社会经济状况、用人单位需求和毕业生自身能力等，而且也取决于毕业生是否搜集和占有大量的就业信息。把握有效的就业信息，是你求职过程中面临的一项重要任务。就业信息是大学毕业生求职择业的基础和一个重要的必备条件。因此，大学毕业生应及时、准确、全面地搜集、整理和应用就业信息。

一、信息是求职择业的基础

所谓择业信息，是指与就业有关的消息和情况，包括经济发展形势与趋势、国家就业形势、市场需求情况、国家和地方的就业政策、用人单位情况等。对一个求职者来说，择业成败很大程度上取决于他是否占有大量的、有效的就业信息。所以，信息是求职的基础。

(一)搜集就业信息的主要目的

让毕业生获得更多的就业机会　对于毕业生来说，一条有用的求职信息，就是一次好的就业机遇；而一次好的就业机遇，就可能是一个好的职位。随着劳动力市场化程度的提高，就业信息越来越显得重要。求职者获得的信息越广泛、信息质量越高，求职择业的把握性就越大，成功概率也就越高。正如有的求职者所说："择业期间，谁了解的信息多，谁就可能找到更好的工作。"在用人单位需要毕业生的就业信息发布后，可能就有许多毕业生上门前去应聘择业，这就增加了用人单位挑选人才的余地，便于挑选到最合适的毕业生。同时，毕业生也能通过多种途径搜集就业信息，在同一时间内应聘多家单位。丰富的就业信息提供了"选人余地大，择业机会多"的优势，也增加了毕业生被挑选的机会。

让毕业生在人才市场取得主动　在市场经济条件下，信息是一种重要的资源。对于毕业生来说，谁拥有大量而有效的就业信息，谁就获得了择业的主动权。如果一个毕业生缺乏就业信息，在整个择业过程中就会行动迟缓，即使有好的机遇也会擦肩而过。就拿有关国家就业政策方面的信息来说，求职择业时不熟悉有关就业政策，就如同不懂比赛规则而上场的运动员，盲目地去选择职业就很可能事与愿违，甚至碰壁。因此，毕业生在面向社会求职择业时，了解所在学校及学校所在地区和国家的就业政策及就业管理机构的工作程序，适时把握、有效利用每次机会进行求职择业，将有助于自己求职择业目标的实现。同时，这也可以使毕业生在择业过程中不走或少走弯路。

此外，毕业生应根据自己所掌握的就业信息，针对社会用人单位对本专业人才的要求，及时补充知识，提高能力，增强个人的竞争优势。这样就可以让自己在面对众多就业机遇时，不至于因个人的知识、能力而影响择业，造成遗憾。

（二）搜集就业信息的意义

求职者要获取一个理想的职业岗位，不仅取决于自己的学识、技术和能力以及社会经济需求等因素，也取决于能否掌握足够的就业信息。

塑造职业自我的前提 人是生活在现实社会中的。现实存在的就业信息，告诉了我们社会经济生活的真实面貌。这可以帮助我们从实际出发看待个人的发展方向，调整个人的职业、专业学习内容，从而有利于合理地塑造职业自我。

求职选择成功的条件 就业信息是择业的基础，是决策的前提。可以说，求职竞争在一定意义上就是获取就业信息的竞争。谁获得的信息数量多，求职的选择面就宽；谁获得的信息质量高，求职的把握性就大；谁获得的信息及时，求职的主动性就大；谁获得的信息内容全面、要点明确，求职的盲目性就小。

求职者只有掌握大量的就业信息，视野才能比较广阔，才能够不失时机地得到选择适合自己职位的主动权，从而比较稳妥地掌握自己的命运。如果求职者耳目闭塞、信息不灵，择业就如同盲人骑瞎马，选择面窄，不是发出“就业何其难”的感叹，就是让合适的职位从自己身边溜走。

调节生涯目标的参考 进一步说，就业信息对于在校学生制定职业生涯方向，对于毕业生确定选择目标，重新认识职业世界，认定或者调整职业目标，有着重要的作用。

（三）搜集就业信息的原则

准确原则 准确原则是搜集信息的基本原则，一方面要求搜集的信息真实可靠，另一方面在搜集过程中必须严格分析、筛选，去伪存真，否定错误的信息。如果我们搜集的信息是假信息，不但起不到积极作用，有时还会起反作用，甚至造成就业工作的重大失误。因此，毕业生在搜集就业信息时，要深入实际，多观察思考，以保证搜集的信息真实可靠。

目的原则 目的原则是由信息搜集人根据自身需要决定的，是通过压缩信息的虚浮部分，提高信息精确度来实现的。因此在搜集就业信息时，不能漫无边际，而应根据求职择业的实际需要有针对性地进行。如果在搜集就业信息过程中不注意目的性，不加限制地搜集，就会造成时间和人力上的浪费，影响求职择业活动的实际成果。

系统原则 系统原则也称连贯原则，即避免片面性。一方面要保证信息搜集全面完整，另一方面要坚持重点信息的系统搜集，以便把握方向、达到预期目的。

时效原则 时效原则是指必须以最少的时间、最快的速度对信息及时搜集、获取，以提高信息的利用率。就业信息价值的大小，与它的搜集、传递、使用是否及时直接相关。如能及时搜集，及时应用，信息就有可能发挥较大作用；反之，信息就可能降低或失去其使用价值。

开拓原则 开拓原则是指信息搜集人必须具有开拓精神，善于捕捉、开发信息的价值。在当今人才市场竞争日趋激烈的情况下，只有抢先得到有关的就业信息，才有可能在求职择业中占据优势地位。

二、就业信息的内容

高职生的就业活动不是一项孤立的事件,它与经济发展、岗位供求变化、行业动向等方面都有着千丝万缕的联系。一个求职者如果全面地把握了就业的信息,就可能做出更科学合理的职业选择。

(一)及时浏览全球经济动态

当前,全球经济发展的一个重要动向就是知识经济的兴起。所谓"知识经济",就是以智力资源为依托,以高新技术为支柱,区别于传统的农业经济和工业经济的新型经济形式。在传统的经济时代,生产取决于诸如劳动、资本、设备、资源之类的生产要素的数量;在知识经济时代,经济增长更大程度上取决于知识的投入。知识不仅可以扩大传统生产要素的生产能力,而且可以提供调整生产要素、创造革新产品和改进生产程序的能力。在这一时代,发展高新技术产业已成为当今世界经济发展的主旋律,人才市场上对各类高层次人才的大量需求已成为大势所趋。因此,知识经济时代的到来为大学生的就业提供了广阔的空间。

随着中国加入 WTO,我国经济的发展已经与世界经济的走向连为一体。中国经济在融入世界的同时,自身也将更多地受到国际经济运行规律和发展形势的影响。中国的不少产品纷纷远销他国,越来越多的跨国公司来华投资设厂。经济全球化趋势的加强对当代从业人员的素质提出了新的要求,这在事实上推动了我国劳动力素质的整体提高。诚然,这一大背景也为大学生的求职带来了机遇和挑战。

(二)动态追踪就业形势

根据教育部公布的数据,2019 年全国普通高校毕业生人数达到 834 万人,再创历年新高,就业创业工作面临复杂严峻的形势,要切实抓好基层就业、服务国家、创新创业、统筹联动、服务保障五项工作。虽说又将是毕业生人数最多的一年,就业创业形式严峻,不过 2019 年就业市场的新动向也值得关注。2011 年,全国普通高校毕业生人数为 660 万人;2014 年,全国普通高校毕业生已突破 700 万人;2019 年,全国普通高校毕业生达 834 万人。据人力资源研究专家推测,2011—2020 年 10 年间,我国高等教育毕业生累计总规模将达到 1 亿人,其中普通高校毕业生为 7000 万人。高校扩招,使我国的高等教育从精英化阶段进入了大众化阶段,其直接结果是高学历青年人数正在以较快速度增长(见图 4-1)。

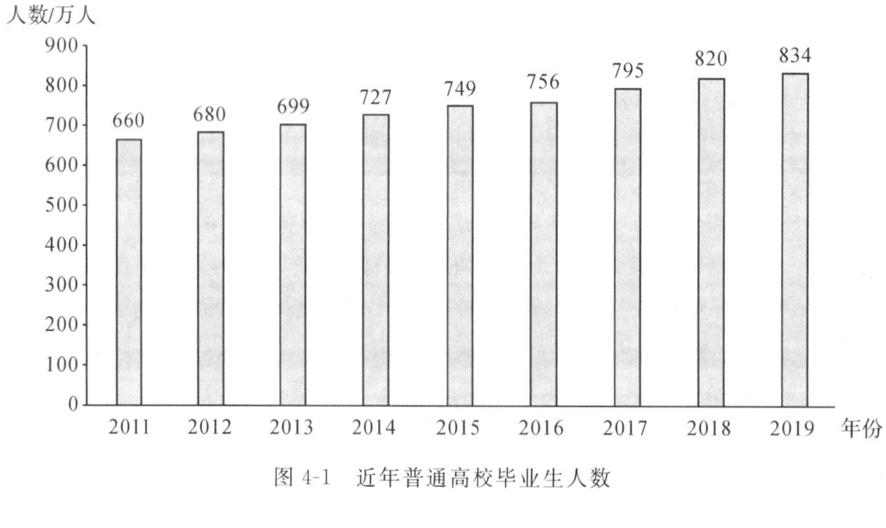

图 4-1　近年普通高校毕业生人数

杭州随着市场经济的发展、区域经济的调整和产业结构的优化，连续几年保持了高校毕业生质量的较高水平。

2014 年—2018 年杭州市接收毕业生就业情况如表 4-1 所示。以杭州 2017 年高校毕业生接收情况来看，呈现了以下三个特点：

一是市区人才集聚现象日益明显。2017 年，杭州主城区共接收高校毕业生 53721 人，占接收总量的 67.70％，同比减少 3.88％；其他区（县、市）共接收高校毕业生 25626 人，占接收总量的 32.30％，同比增加 29.36％。主城区高校毕业生集聚较大规模的同时，萧山、余杭等区（县、市）大力推进大学生引才举措，出台具有吸引力的就业创业政策，接收高校毕业生人数出现大幅增长。

二是各区域接收高校毕业生呈现了专业特点。各区域接收的应届高校毕业生呈现“求同存异”的专业特点。随着城市国际化和人才国际化的推进，杭州市接收国际经济与贸易、英语、电子商务等专业的高校毕业生较多，此类专业的高校毕业生在每个区域均有一定规模；同时，各区域也具有不同特点，余杭区接收软件工程、计算机科学与技术等专业的高校毕业生较多，富阳区、桐庐县、淳安县接收旅游管理、酒店管理等专业的高校毕业生较多，与各区域产业发展相匹配。

三是接收高校毕业生的学历结构发生变化。2017 年杭州市接收的高校毕业生中，博士 314 人，硕士 9689 人，本科生 40024 人，专科生（高职高专）29042 人（另杭州生源中专生 278 人），近三年首次出现研究生、本科生、专科生人数同时增长的现象。

表 4-1　2014—2018 年杭州市接收毕业生就业情况　　单位：人

年份	博士	硕士	本科	专科	中专	合计
2014	362	7158	34208	27755	676	70159
2015	376	8458	40048	27372	483	76737
2016	534	7687	39255	28053	168	75697
2017	314	9689	40024	29042	272	79347
2018	403	11276	40798	28956		81433

（三）时刻关注市场需求

人才市场对各类人才的需求是千变万化的，但从一个较长的时间段来分析，其中也有一些规律性的因素，比如对人才的层次、专业类别、素质等方面的要求都有一定的发展趋势和季节性特征。毕业生的就业进程也应当适应这种外在的动态环境。当你用一种发展的眼光来考察就业领域，对各种现存和新兴职业有了清楚的了解后，通过综合权衡，就能合理地做出自己的职业选择，更可能找到利于个人发展的理想位置，也就会最大限度地减少入错行的可能性。

传统行业依然是就业的主要市场　行业是经济领域中的一种分类术语，也可视为对职业的称谓。总体而言，它包括三个大类，一是指农、林、牧、渔等基础行业，二是指工业、交通、建筑等国民经济发展的主导行业，三是指商业、服务、旅游、信息等行业。从近几年的劳动力市场供求状况看，超过七成的用人需求来自制造业、批发和零售贸易业及餐饮和社会服务业这三大行业。但从各类职业的绝对需求人数看，商业服务业人员和生产运输设备操作工依然是用人需求的主体。

部分专业由冷转热 从近两年全国高校毕业生招聘总体状况来看，毕业生就业结构正在发生新的变化。以往较为热门的专业如财会、法律、计算机等专业，需求量渐趋平稳，而企业管理、机械设计与制造、国际贸易、汽车制造与维修、旅游等专业则有所升温(见表4-2)。

表4-2 杭州人才市场和杭州人才网2017年岗位需求量排行

排行	岗位类别	需求量/人
1	销售人员类	94354
2	建筑装潢/市政建设类	26101
3	销售管理类	25246
4	房地产类	23164
5	技工类	18826
6	工程/机械/能源类	16179
7	客服及技术支持类	15178
8	行政/文秘/后勤类	13433
9	销售行政及商务类	12865
10	餐饮/娱乐类	11635

民营企业成为招纳人才的生力军 过去，机关和事业单位往往被毕业生视为"殿堂"和"铁饭碗"。在他们看来，似乎只有到这些单位谋职才能体现人生价值，而到民营企业就业是给老板"打工"。正是这样一种观念，束缚了毕业生的手脚，阻塞了就业渠道。在市场经济较发达的浙江温州，这一状况目前已大为不同。从近几年毕业生就业去向看，到民营企业的人数越来越多，民营企业已是毕业生就业的主战场。

新职业不断"冒出" 旅游体验师、数字视频策划制作师、宠物美容师、农场经理人……自2004年我国建立新职业信息发布制度以来，官方已正式确认12批120余个新职业。新职业的不断涌现，是当代中国经济社会发展与变迁的生动写照。新职业的诞生与发展不仅拓展了人们自主择业、追逐梦想的空间，也为社会注入了前所未有的活力，人们怀着极大的热情追求自己更感兴趣的、自认更有价值的就业和生活。可以说，新兴职业的不断涌现，从另一种视角记录了当代中国经济的发展、社会的转型和人们观念的变革。

(四)全面了解就业政策

就业政策是国家或各级政府部门关于大学毕业生就业的条文和规章，具有一定的法律效力。近年来，党和国家领导人都十分重视高校毕业生的就业工作，多次指示和批示要求教育、人事和劳动部门认真做好高校毕业生的就业工作。为了对毕业生的就业活动进行宏观调控，国家和地方都制定了相应的政策规定。虽然这些规定会随着时代的发展而不断调整变化，但在很长一段时间内，就业政策还是具有高度的稳定性。毕业生只有了解这些政策，才能在就业路上少走弯路，事半功倍。

近年来，国务院每年都会就如何做好高校毕业生就业工作做出具体部署。2018年，国务院印发《关于做好当前和今后一个时期促进就业工作的若干意见》(简称《意见》)。《意见》

指出，就业是最大的民生，也是经济发展的重中之重。当前，我国就业局势保持总体稳定，但经济运行稳中有变，经济下行压力有所加大，对就业的影响应高度重视。必须把稳就业放在更加突出位置，深入贯彻习近平新时代中国特色社会主义思想和党的十九大精神，全面落实党中央、国务院关于稳就业工作的决策部署，坚持实施就业优先战略和更加积极的就业政策，支持企业稳定岗位，促进就业创业，强化培训服务，确保当前和今后一个时期就业目标任务完成和就业局势持续稳定。以下是相关就业政策的介绍。

落实高校毕业生就业创业扶持政策 各地要结合实际，进一步抓好促进高校毕业生就业创业各项政策措施的落实和完善，确保符合条件的高校毕业生和用人单位都能得到相应的政策支持。国务院同有关部门全面落实和完善鼓励中小微企业吸纳高校毕业生就业的税收、金融、社保补贴等政策，积极引导高校毕业生到中小微企业就业。国务院同有关部门统筹实施“选聘高校毕业生到村任职”“三支一扶”“大学生志愿服务西部计划”“农村义务教育阶段学校教师特设岗位计划”等基层服务项目。国务院同财政、教育部门将求职补贴在离校前全部发放给城乡低保家庭毕业年度的高校毕业生。对符合政策扶持条件的毕业学年高校毕业生，及时发放《就业失业登记证》，进一步畅通高校毕业生在校期间享受政策的渠道。按照党的十八届三中全会决定对做好高校毕业生就业工作的部署要求，各地应结合本地经济社会发展需求，积极会同有关部门在结合产业升级开发就业岗位、购买基层岗位吸纳高校毕业生就业、健全高校毕业生基层工作的服务保障机制、激励高校毕业生自主创业等方面进行探索和创新，完善相关政策，逐步形成有利于促进高校毕业生到基层和生产服务一线就业创业的政策导向。

深入实施离校未就业高校毕业生就业促进计划 就业促进计划是确保离校未就业高校毕业生尽快实现就业的重要举措，各地要高度重视，及早部署，精心组织，力争使每一名有就业意愿的未就业毕业生在毕业半年内都能实现就业或参加到就业准备活动中。要积极联合教育部门和高校共同实施就业促进计划，面向高校广泛发布就业促进计划内容、参加渠道、公共就业人才服务机构信息等，动员高校将就业促进计划宣传到每一个未就业高校毕业生。做好离校未就业高校毕业生信息衔接工作，力争在离校前获得未就业高校毕业生实名信息，并做好未就业毕业生离校前后的跟踪管理，切实保证服务不断线。要全面落实实名制就业服务，对部里分解下发的本省(区、市)生源的未就业高校毕业生要主动联系，准确掌握个人基本信息、求职意愿和就业需求。要结合本地实际拓展一批优质见习企业，扩大就业见习规模，确保有见习需求的毕业生都能得到见习机会。深入实施离校未就业高校毕业生技能就业专项活动，对有培训意愿的毕业生组织开展适合产业发展需求和毕业生自身特点的职业技能培训，提高就业能力，并按规定落实好职业培训补贴政策。要将零就业家庭、城乡低保家庭、农村贫困户、残疾等就业困难的未就业高校毕业生列为重点对象，实施重点帮扶，促进其尽快就业。

启动实施新一轮大学生创业引领计划 新一轮大学生创业引领计划于2014年启动实施。各地要创新工作思路，完善政策措施，扶持更多高校毕业生自主创业，逐步提高大学生创业比例。对有创业意愿的大学生提供创业培训，按规定给予培训补贴，切实提升创业能力。进一步落实创业扶持政策，对符合条件的及时提供小额担保贷款及贴息、税收减免等政策扶持。加强创业指导和服务，为创业大学生提供政策咨询、信息服务、项目开发、风险评估、开业指导、融资服务、跟踪扶持等“一条龙”创业服务。积极推进创业孵化基地建设，为创业大学生提供场地支持和孵化服务。

加强公共就业人才服务 各地要根据高校毕业生特点和求职需求,创新服务方式和手段。在服务内容上更加突出就业信息服务,在服务对象上更加突出二、三本高校毕业生,在服务方式上更加突出信息技术的应用,在服务态度上多一些主动、多一分热情、多一分关怀。同一城市的公共就业人才服务机构之间要实现业务互通、数据共享、标准统一,让毕业生享受同等服务。要组织好全国性系列专项服务活动,切实提高服务质量。积极开展公共就业人才服务进校园活动,组织人社厅(局)长、企业人力资源经理、职业指导师校园行,为高校毕业生送政策、送指导、送信息;精心组织民营企业招聘周、高校毕业生就业服务月、就业服务周、部分大中城市联合招聘高校毕业生专场活动和每季度的全国高校毕业生网络招聘月活动,搭建供需信息平台,积极促进对接。各级公共就业人才服务机构要按照人力资源和社会保障部的窗口单位改进作风专项行动有关要求,落实首问负责制、全程代理制、一次性告知制、限时办结制和责任追究制,做到办事程序公开、办事依据公开、办事时限公开、办事结果公开,不断提升服务能力,提高就业服务的满意度。

加大高校毕业生就业宣传工作 各地要高度重视高校毕业生就业宣传工作,牢牢把握正确的舆论导向,加强主动宣传、正面宣传。在宣传内容上,重点宣传各地促进就业创业的政策措施,提高政策知晓度;重点宣传高校毕业生到基层、中小企业就业创业的先进典型,引导高校毕业生转变就业观念;重点宣传就业形势,引导社会理性看待高校毕业生就业形势,形成正确的舆论导向。在宣传形式上,既要依托广播、电视、报纸等传统媒体,还要积极应用微博、微信、手机报等青年人喜爱的形式广泛开展宣传,提高宣传效果。在宣传风格上,要注重实用性,使用高校毕业生熟悉的语言宣讲形势、解读政策、宣传典型,扩大影响力。在宣传组织上,要动员相关部门、高校、媒体等积极参与,抓住高校毕业生就业高峰时间节点集中开展宣传。同时,要加强舆情监测,及时了解和回应社会关切,掌握舆论主导权。

各地积极争取当地党委政府对高校毕业生就业工作的重视和支持,把做好高校毕业生就业工作作为政治任务,力争将高校毕业生就业工作列入政府政绩考核内容,进一步健全政府促进就业的责任制度。切实发挥牵头部门职责,加强统筹协调,充分发挥就业联席会议成员单位的职能优势,明确分工,落实责任,密切配合,形成合力。要结合本地实际,制订工作方案,进一步细化工作目标、工作措施、工作进度和工作要求,加强督促检查和分类指导,确保各项工作落到实处。

(五)仔细考量用人单位情况

用人单位是毕业生就业活动的指向对象,是搜集就业信息的核心内容,具体应该了解以下几个方面的信息。

用人单位的准确名称 随着市场经济的发展和企业改制、转制的深入,各种名称的企业犹如雨后春笋般地诞生。同一名称的企业中,既有总公司也有分公司,既有有限责任公司也有股份制公司,情况比较复杂,要认真对待、细心比较。

用人单位的企业性质 从企业所有制性质中可以了解用人单位是国有企业还是私营企业,是股份制、合作制企业还是有限责任制企业。

用人单位的隶属关系 用人单位的主管部门是否具有人事关系和人事档案管理权限?无主管部门的单位是否已在省、市(区、县)人才开发中心办理了人事代理手续?是否建立了单位的集体户口?

用人单位的基本情况　包括单位所在的地理环境与工作环境、当地生活条件情况;单位的生产经营以及规模、发展前景情况;单位的工资福利待遇等情况。在工资福利方面要了解单位员工的工资收入、奖金,以及失业保险、养老保险、工伤保险、生育保险、大病保险和住房公积金等交纳情况。

用人单位的招聘情况　用人单位准备招聘毕业生的专业、人数、意图和岗位以及用人单位的选人要求等。

用人单位的联系办法　单位人事部门的联系人员、联系电话、通信地址、电子信箱和邮政编码等。

(六)逐项了解就业程序

《普通高等学校毕业生就业工作暂行规定》对毕业生就业工作程序做了明确的规定:全国高等学校毕业生就业工作程序和时间安排由国家教委统一部署,各部委和地方应按照统一部署具体指导所属院校毕业生的就业工作。毕业生就业工作程序分为就业指导、搜集发布信息、供需见面及双向选择、制订就业计划、进行毕业生资格审查、派遣、调整、接收等阶段。毕业生就业工作一般从毕业生在校的最后一学年开始。用人单位一般应在每年 11 月至 12 月向主管部门及有关高校提出下一年度毕业生需求计划,每年 11 月至次年 5 月与毕业生签订录用协议。

此外,为方便毕业生调整和改派,浙江省对普通高校毕业生办理调整、改派手续也做了明确规定:

适用对象:因未落实就业单位,申请留校待就业或被派遣回生源所在地,后在规定时间内落实就业单位,需要开具或重新开具《就业报到证》的普通高校毕业生;原已落实用人单位,后因特殊情况落实了另一家用人单位,需要重新开具《就业报到证》的普通高校毕业生。

适用期限:原未落实就业单位,申请留校待就业或被派遣回生源所在地的普通高校毕业生,自毕业当年起,截止到第三年的 6 月 30 日;原已落实用人单位,后因特殊情况需要改派的普通高校毕业生,自毕业当年起,截止到第二年的 6 月 30 日。

受理部门:原留校待就业,现落实就业单位需要开具《就业报到证》的,由培养单位开具报到证,浙江省教育厅高校毕业生就业办公室审核盖章;已派回生源所在地,在生源所在县(市、区)调整改派的,由所在县(市、区)就业主管部门办理;在生源所在市、跨县(市、区)调整改派的,由所在市就业主管部门办理;跨市调整改派的,由培养单位审核同意后报浙江省教育厅高校毕业生就业办公室办理。

受理时间:浙江省教育厅高校毕业生就业办公室每月 20 日至 30 日(节假日除外)受理;各市、县(市、区)受理时间由人事部门自行规定。

办理程序:原留校待就业,现落实就业单位需要开具《就业报到证》的毕业生,持就业协议书,经培养单位毕业生就业工作部门审核后开具《就业报到证》,由学校在规定的时间内统一到浙江省教育厅高校毕业生就业办公室办理;已经派遣到用人单位或生源所在地,需跨市调整改派的毕业生,持《浙江省高校毕业生就业调配计划调整审批表》(附相关材料)、《就业报到证》,到培养单位的毕业生就业工作部门,经审核后开具或重新开具《就业报到证》,由学校在规定的时间内统一到浙江省教育厅高校毕业生就业办公室办理;各市、县(市、区)的办理程序由人事部门自行规定。

此外,随着网络技术的发展,不少地方已开始利用就业网办理就业相关手续。以杭州市为例,杭州市属各单位引进毕业生,都应通过杭州市毕业生就业网进行需求申报;毕业生来杭择业都应通过杭州市毕业生就业网进行求职登记。经双方选择后实行网上签约报批和协议鉴证。

杭州市应届普通高校毕业生在杭就业手续办理流程①

杭州市人社局为进一步简化办事程序,方便应届高校毕业生在杭就业和创业,对应届高校毕业生在杭办理就业和创业手续进行了全面的调整优化。

一、高校毕业生如何在杭办理就业手续

国内应届普通高校毕业生意向在杭就业,并与杭州市、区(县、市)属用人单位签订就业协议或劳动合同,或被机关事业单位招考录用,均需要办理应届高校毕业生在杭就业手续。

二、在杭就业手续办理方法

为了方便广大高校毕业生及时、高效地办理就业手续,原则上由毕业生网上自助办理服务,办理网址为浙江政务服务网(www.zjzwfw.gov.cn)。当然,市外高校或接收单位在毕业生就业手续办理中可能存在差异性。高校毕业生在就业手续办理过程中如确需杭州市各级人才服务机构出具相关证明或盖章确认的,高校毕业生可凭本人身份证和相关材料至杭州市相应各级人才服务机构现场办理。

三、如何在网上办理在杭就业手续

网上办理流程分为六步:用户注册→填写个人信息→上传申请材料→打印《接收函》→档案转递→到档查询。

(一)用户注册。登录浙江政务服务网进行个人账号注册并完成实名认证。

(二)填写个人信息。通过"杭州"页面的"个人办事"模块,"按部门"选择"市人力社保局",搜索或直接点击"高校毕业生就业手续办理"业务,点击"网上办理"跳转至毕业生快速通道,点击"杭州市高校毕业生就业手续",填写个人相关信息。

(三)上传申请材料。根据本人就业情况选择"普通高校毕业生签订就业协议""普通高校毕业生签订劳动合同""研究生先落户后就业""国家机关事业单位录用"四个相应类型中的一个。其中,"普通高校毕业生签订就业协议"(普通高校毕业生自主创业)"普通高校毕业生签订劳动合同"在填写"档案转入信息"栏中的用人单位时,系统若未能自动匹配档案归口管理机构,需按系统提示由用人单位进行单位信息完善。"研究生先落户后就业"的,档案统一申请挂靠在杭州市人才服务局。

1."普通高校毕业生签订就业协议"。上传加盖用人单位公章或人事章的就业协议书(普通高校毕业生自主创办企业的,可与所创办企业签订就业协议,上传加盖用人单位公章的就业协议书)。

2."普通高校毕业生签订劳动合同"。上传加盖用人单位公章的劳动合同。

3."研究生先落户后就业"。上传空白就业协议书即可。

4."国家机关事业单位录用"。上传由机构编制部门核准的《国家机关事业单位人员进编审批表》。

注:网上办理建议使用IE9、谷歌等主流浏览器。上传就业协议书等申请材料的格式为

---

① 资料来源:杭州市人力资源和社会保障局,http://zjhz.lss.gov.cn/html/2w2x/2wdt/28690.html.

JPG、PNG、DOC、PDF，大小不超过5M。上传完成后，点击“提交”，等待系统受理。

（四）打印《接收函》。毕业生可在杭州市人力资源和社会保障网（www.zjhz.lss.gov.cn）“办事记录”栏目中查询受理状态，受理通过的自行打印《杭州市高校毕业生就业接收函》（简称《接收函》）。《接收函》打印后又发生签约单位调整变动情况的，可按上述流程重新办理就业手续并打印新的《接收函》。毕业生签订就业协议后又与同一单位签订劳动合同的，仅需办理一次《接收函》。

（五）档案转递。毕业生须将《接收函》及时交予高校，高校根据《接收函》上载明的档案转递地址寄送学生档案。若高校已将学生档案完成转递的，毕业生须将《接收函》交予档案所在机构办理转档，《接收函》作为转档凭证（或调档函）。

（六）到档查询。根据不同的档案寄送地址，毕业生可从相应渠道查询本人档案到档情况。寄送到杭州市人才服务局的，可在杭州市人力资源和社会保障网“高校毕业生就业”栏目进行到档查询；寄送到各区（县、市）人才服务机构的，可通过所属人才服务机构电话咨询到档情况；寄送到用人单位的，可直接向用人单位查询。

四、毕业生《接收函》的作用

《接收函》是杭州市接收高校毕业生来杭就业的凭证，《接收函》可在杭州市人力资源和社会保障网“高校毕业生就业”栏目中的“网上证明（函件）验证”中输入验证编号或验证码进行验证。

三、搜集就业信息的途径

随着时代变化节奏的加快和各种信息传播途径的增多，用人单位需要毕业生的就业信息已通过多种形式、多种层次、多种媒体和多种渠道发布出来。根据目前单位发布人才需求信息的途径和大学毕业生走向社会自主就业的经验，主要通过11个途径搜集就业信息。

（一）通过学校就业指导中心搜集就业信息

目前，一般院校都有主管毕业生就业工作的学生处、学生科、就业指导办公室或就业指导中心。它们同上级教育人事主管部门和社会各界以及用人单位保持广泛而密切的联系，而且经过多年的就业工作协作，已建立和形成了友好而稳定的关系。就业指导中心搜集用人单位需求毕业生的就业信息量大，准确及时，成功率高，这是搜集毕业生就业信息的主要渠道。

（二）通过政府就业指导部门搜集就业信息

就业指导部门除承担行政事务性工作外，业务重点是为高校毕业生就业供需双方提供信息服务，建设和发展毕业生就业市场，开展毕业生就业指导和培训。浙江省设有毕业生就业指导中心，杭州市设有毕业生就业服务中心，各地则由教育局人事处分管。

（三）通过人才市场搜集就业信息

目前，杭州人才市场兼任毕业生就业市场的服务功能。服务高校相对集中的杭州人才市场每天对外开放服务，保证了“市场天天开，集市日日有”，每逢周四、五、六举办人才交流集市，在人才市场上举办的人才交流大会、网上人才招聘会、毕业生就业招聘会、人才交流集市都有用人单位需求毕业生的就业信息。杭州市主要人才市场联系办法见表4-3。

表 4-3 杭州市主要人才市场联系办法

区域	机构名称	地址	咨询电话
市本级	杭州市人才服务局	下城区东新路155号四楼	0571—85167766
上城区	上城区人才人事综合服务中心	上城区秋涛路242-2号秋涛发展大厦A座三楼	0571—88394458
下城区	下城区人才市场管理办公室	下城区白石巷318号二楼	0571—86552015
江干区	江干区人才管理服务办公室	江干区钱潮路369号智谷人才广场一楼服务大厅	0571—87893801
拱墅区	拱墅区人才市场管理办公室	拱墅区上塘路629号北部人力资源服务市场/拱墅区行政服务中心15号人才窗口(湖墅北路珠儿潭巷8号)2号楼一楼	0571—86702868
西湖区	西湖区人才管理服务办公室	西湖区文三西路18号(西湖财政大楼)715室	0571—87935170
滨江区	高新区人才开发中心	滨江区泰安路200号/西湖区文三路199号1号楼	0571—87702462(江南) 0571—88060228(江北)
萧山区	萧山区人才管理服务中心	萧山区沈家里路199号萧山人力资源市场四楼大厅	0571—82650153
余杭区	余杭区人才资源开发管理办公室	余杭区临平街道超峰西路1号人力资源市场	0571—82493608
富阳区	富阳区人才资源开发管理办公室	富阳区富春街道恩波大道1128号永和大厦二楼社会保障服务大厅	0571—63346341
临安区	临安区人才资源管理办公室	临安区农林大路67号人才大楼一楼	0571—63734351
桐庐县	桐庐县人才和公共就业服务处	桐庐县城南街道云栖中路828号	0571—58581715
淳安县	淳安县人才市场管理办公室	淳安县千岛湖镇环湖北路377号一楼E区8、9号窗口	0571—64819979
建德市	建德市人才市场管理办公室	建德市新安江街道新安东路298号	0571—64726184
经开区	经济技术开发区人才市场管理办公室	经济技术开发区幸福南路1116号和茂大厦一楼人社局人才服务窗口	0571—89898506
大江东	大江东产业集聚区社会发展局	大江东产业集聚区江东大道3899号A26号窗口	0571—82987501

(四)通过职业介绍中心搜集就业信息

职业介绍中心服务内容各有不同,常见的有举办劳动力市场洽谈会、开展日常职业介绍;提供政策咨询、职业测试和职业指导,定时向社会发布用人和求职信息;统筹管理社会劳动力;开展委托管理档案业务和人事代理业务;组织开展劳动预备制教育、就业培训和转岗就业培训;开展劳务合作、组织劳务输出输入;办理职工招收录用、技术工人交流等。

(五)通过就业招聘会搜集就业信息

每年寒假前后,各大院校、省教育厅和各市人事局都要举办应届大中专毕业生就业招聘会,这样的招聘会具有层次高、规模大、参加单位多、要求专业广、需求人数多、应聘人员多和选人余地大等优势。应届毕业生应抓住这一时机参会,搜集就业信息和选择工作单位。

(六)通过互联网搜集就业信息

随着我国现代化建设程度的不断提高和电子通信技术的广泛应用,毕业生的就业信息随同人才供需信息也可在互联网中广泛地获取。网络信息和网络求职以现代科技手段为依托,是一种非常方便的信息渠道。对于求职者来说,这是成本低、见效快,可以与用人单位直接建立联系、沟通互动的方式,而且可以查阅到大量的国家和地方的就业政策信息。

(七)通过新闻媒体搜集就业信息

随着我国社会主义市场经济的完善和发展,人们越来越认识到新闻媒体的重要作用,因为新闻媒体具有传递速度快、涉及范围广和信息容量大等特点。随着教育制度、人事制度和就业制度的改革,报纸、电台和电视等新闻媒体,都相继开辟了"就业专版""就业专刊"和"就业热线"等栏目,积极地宣传毕业生就业政策规定、供需信息和服务办法等。只要坚持收听广播、收看电视和阅读报纸,就可以及时准确地搜集到大量的毕业生就业信息。

(八)通过自荐求职广告搜集就业信息

毕业生在报刊、人才网和就业网上刊登自荐求职广告,说明自己的特长和能力;在人才网和就业网上发求职信,变被动搜集信息为主动搜集信息,直接设计个人的求职信,充分地、全方位地展示自我,以便于用人单位与自己联系;也可与用人单位的人事部门直接联系,使人才供需双方互相了解各自的情况。

(九)通过社会实践活动搜集就业信息

毕业生通过各类实习、参观先进企业、参加社会服务等社会实践活动,不仅可以增长自己的社会知识,而且还可以有意识地了解单位对大学生的需求情况和所需人员的素质要求等,自己参加社会实践活动了解的就业信息最真实最可靠。在社会实践的过程中,要善于观察思考,以主人翁的姿态融入单位,不失时机地展示自己的才华和能力,赢得用人单位的好感与信任,取得职业信息甚至直接谋得职位。

(十)通过用人单位搜集就业信息

用人单位每年年底都要根据第二年经济发展的需要,拟定招聘人才和应届毕业生需求计划。应聘择业的毕业生可通过熟人介绍或推荐,也可直接到用人单位人事部门了解有关资料。如果毕业生自己准备不充分,也没有关系,只要你知道并找到了用人单位人事部门工作人员,继而坚持不懈地供需见面,双向选择,就业机会就会增加。如果在某家单位求职不成功,可在总结经验教训以后,再到另一家用人单位去应聘求职。俗话说:"天生我才必有用。"努力一定会有收获。

(十一)通过社会关系搜集就业信息

一位择业成功的高职生深有体会地说:在走向社会自主择业期间,多一个朋友多一条路,多一条信息多一个机会。毕业生应充分地建立和利用各种社会关系网寻找就业信息和推荐工作单位。事实上,许多人都是通过家人、朋友、亲戚、同学以及其他相识者而找到工作的。这个事实至今不曾改变,在可预期的将来应该也是这样。虽然,随着互联网的发展、人才市场的扩大,已从根本上改变了求职方式,但不可否认的事实是,人际关系仍是当前寻找工作的最有效的方法之一。而且,你谋求的职位愈优越,人际关系的重要性就愈大。在利用社会关系搜集就业信息的过程中,首先要让大家都知道你在找工作;其次是热情、周到而且频繁地进行些活动,如打电话、随机邮寄或传真履历表、寄上电子邮箱信息、考虑偶尔印制"短信"给推荐人以及那些曾经与你面谈过的人;再次是任何可能的机会,最好是都有人引介(或其他自荐途径,例如告知对方你是校友)。对大多数求职者来说,亲切的电话总比冷漠的电话容易成功。

四、就业信息的处理

由于通过各种渠道搜集来的就业信息范围广、内容多,有的信息缺乏准确性、全面性和有效性,应进行去粗取精、去伪存真的分析、筛选、整理、鉴别,取其精华,更好地为择业服务。

(一)要认真整理就业信息

毕业生的就业信息,不仅有用人单位的需求信息,而且还有关于毕业生就业的方针政策和操作办法等,有的是与自己所学的专业或特长爱好有关的信息,有的是人才素质要求方面的信息。针对诸多信息,首先要进行认真的整理。信息整理工作所要达到的目的有三个:其一是把初始信息转换成便于观察、传输、分析的形式;其二是对初始信息进行去粗取精的筛选,并加以分类、整理、编辑、浓缩、提炼以及做必要的统计;其三是把某些信息集中并储存起来。信息整理力求及时、准确、适用和经济。

(二)要科学分析就业信息

在搜集到的大量就业信息中,由于信息的来源和获取的方式不同,内容必然虚实兼有。因此,毕业生在广泛搜集就业信息的基础上,要结合自己的实际情况,在政策允许的范围内,对搜集的就业信息进行五个方面的分析。

结合就业信息内涵分析 一是要根据已获得的信息的具体情况,对用人单位的性质,对其所需人才的具体要求、具体职位、企业规模、发展前景、地理环境、经营范围、待遇条件等进行分析,以便选择自己喜欢并且能胜任的职业岗位。二是按信息的不同内容进行分类、筛选,以便更好地使用这些信息。

结合就业信息效度分析 基于全面、客观、公正的自我评价,毕业生要对信息可用性进行鉴别和剖析,看这些信息能否为我所用。不仅要看自己所得的信息是否在政策允许的范围内、信息中反映的所需生源状况及对人的素质要求与自己是否相适应,而且要看自己所学的专业知识、自我的技术能力、具备的特长、性格能否发挥作用,自己是否具备占有信息的能力和竞争力。别人认为好的信息未必适合你自己,关键是主客观因素能否吻合,能否扬长避短、发挥优势、学以致用。

结合就业信息真假分析 信息可能来自不同的渠道、时间,要在可选择的时间内按信息来源本身的性质进行分类、筛选和可靠性分析,把那些从"小道"得来或几经转手而未经证实的信息与有根有据的信息区别开来。一般来说,从学校、主管部门和亲友处获取的信息可信度比较高,应多予重视,可以作为自己择业的参考依据;从其他渠道获取的信息,由于受时间性或广泛性的影响,需要进一步核实,才能判断其可信程度。

结合就业政策分析 对所获信息应考虑是政策鼓励的还是约束的,是政策许可的还是限制的。对此毕业生应做到心中有数，并结合就业政策，对所获信息进行分类排序、整理，在有限的规定时间内，尽早参与信息的竞争。对于通过竞争占有的理想、合适的信息，应及时做出回应。

结合社会需求分析 大学毕业生是国家培养的专业人才，大学毕业生在筛选就业信息时，就要把个人意愿和国家需求结合起来。当个人利益与国家利益、集体利益发生矛盾时，要顾全大局，服从国家和社会的需要，并根据社会需要与自己的能力、意愿做出职业选择。要用发展的眼光、长远的观点来筛选信息，不能只盯在大城市、发达地区的需求信息上，也要注意基层、边远地区的需求信息，不能只关心机关、事业单位、大企业的需求信息，还要注意基层、中小企业、非公有经济的需求信息。

(三)要防范欺骗性信息

现在社会上的就业信息来源很广，但泥沙俱下、鱼目混珠，很多信息是虚假、无效或无价值的，其中有些根本就是信息陷阱。有些人受利益驱使，有意设计骗局，制造就业信息的陷阱。由于大学生缺乏社会阅历，所以在应聘过程中比较容易吃亏上当。下面介绍几种常见的信息陷阱类型，希望大家能在求职时提高警惕。

骗财类信息陷阱 这是最为常见的信息陷阱。一些单位或个人打着招聘的旗号，收取高额报名费、介绍费、培训费、考试费、体检费、上岗押金等，或者要求必须购买一定数量的产品。他们还经常扣押求职者的身份证、毕业证以便日后进行要挟。骗子常采用以下几种方式进行欺诈：

(1)黑心中介。有的中介公司以职业介绍为名，骗取职业介绍费。他们手上没有较好的工作岗位，有的根本就没有工作岗位，只是从报纸或网络上抄袭一些招聘信息欺骗求职者，以骗取介绍费等。

(2)没人及格的考试。有些单位打着招工考试之名收取考试费，其实就算你题目全答对了，还是不会通过的，钱也不会退还给你。

(3)招而不聘的岗位。有些单位其实不需要人，也不会办理劳动用工手续，但仍然长期对外招聘，当然报名者要交报名费、上岗押金等。一些求职者发现上当后要求退钱，他们不是拖着不给就是以暴力相威胁。

(4)子虚乌有的公司。有些不法人员到处贴一些“招聘启事”，或在媒体刊登虚假广告后，临时在写字楼租一间(套)办公室，挂上“经理室”“财务室”或“人事部”的招牌，进行虚假招聘，向应聘者收取名目繁多的各种费用后，人去楼空。

(5)抵押陷阱。有的单位在录用毕业生之后，还要求将毕业生的身份证、毕业证作为抵押物，有的则收取一定的押金。一旦毕业生上班后发现单位真实情况想要离开，就要么失去押金，要么花费一定的金钱“赎回”身份证或毕业证等。

(6)试用陷阱。有些单位在招聘人员时，规定了3～6个月的试用期，但往往是试用期即将结束时，便以各种理由炒求职者的“鱿鱼”。这样一来，求职者就白白做了几个月的廉价甚至免费劳动力。

上述种种只是形形色色的骗财类信息陷阱中的一部分。其实就业是一种双向选择的行为，无论是求职者还是招聘单位，并没有为对方提供任何具体的服务，根本不应该涉及费用。因此，毕业生但凡看到要汇款或者带现金给面试方的这种信息，就应提高警惕。如果是正规职业中介，收取费用时必须要有正规发票。至于收取押金或将身份证、毕业证作为抵押的做法,更是一种违法行为,因为国家劳动部门早就明文规定,任何企业在招聘员工时,不得以任何理由、任何形式收取求职者的押金,或者以身份证、毕业证作抵押。

骗色类信息陷阱 这些信息陷阱主要是针对女生,但近年来也有男生上当受骗的案例发生。有些不法分子刊登虚假招聘广告,广告内容多强调只招女生,且对专业、能力没有什么要求,然后将应聘者约到僻静处进行面试,实施不法行为。因此,求职者尤其是女生一定要避免到僻静或私人场所去面试。

骗知识产权信息陷阱 一些单位或个人以考试或试用的名义,要求求职者根据他们的设想写一篇文字材料、一套设计方案或计算机程序等,或要求求职者为其介绍客户、推销产品等,然后再找出种种理由加以推脱,而将求职者的劳动成果据为己有。

合同陷阱 实习协议、就业协议或劳动合同本来应该成为保护劳动者合法权益的护身符,但有些单位针对应届毕业生涉世不深、社会阅历缺乏的特点,在与毕业生签订上述合同时采取欺诈、胁迫等手段设置陷阱,本来是平等协商的合同成了所谓的“暗箱合同”“霸王合同”。《劳动法》第十七条明文规定,订立和变更劳动合同,应当遵循平等自愿、协商一致的原则,不得违反法律、行政法规的规定。

(四)要及时应用就业信息

搜集就业信息的目的是应用。因此,要在认真整理信息和科学分析信息的基础上,及时地向信息发出者反馈信息,尽快做出正确的选择,抓住时机与用人单位供需见面,双向选择,结合自己的实际确立工作单位,争取尽快达成选人择业意向并签订就业协议。

抓住机会立即行动 一旦获得了有价值的就业信息,就要主动与用人单位联系,询问应试的方式、时间、地点和要求,并送上自己的求职材料。

迅速给自己充电 根据筛选出来的需求信息的要求,找出存在的差距,及时调整自己的知识结构,尽量弥补不足。

互相交流就业信息 把你掌握的就业信息与他人交流。你向他人提供有用信息,他人也就可能会向你提供有用的信息。

思考题:

1. 搜集就业信息的原则有哪些?
2. 就业信息主要包括哪些内容?
3. 如何进行就业信息整理?

【案例一】

想方设法寻找招聘单位有关信息

元旦前夕,某家刚办起来的外贸公司,在一家报纸“人才求职”专版上刊登了招聘 4 名市场营销专业应届大学毕业生的启事。招聘启事里明确规定了应聘条件、工资待遇和笔试面试的时间等内容,可是启事从头看到尾,就是找不到招聘单位的地址和联系电话。这真是一件怪事!到底是招聘单位疏忽还是报社排版发生了错误?

在某院校的一间男生宿舍里,住着即将毕业的小 Z、小 Q、小 S 和小 L 4 名大学生,都是学市场营销专业。他们对这则招聘启事十分关注,都积极采取了不同办法和途径搜寻该公司的地址和电话。

人称“网络大侠”的小Z看了报纸这条招聘启事后,立刻来了兴趣。他马上上网找招聘单位的地址和电话,在搜索引擎中输入公司名称,十分轻松地知道了该公司的地址、电话和其他信息。

小Q长得高大魁梧,人称“帅哥”,他的女朋友是一名信息公司的职员。他们两小无猜,青梅竹马。由于两人保持经常性的电话联系,电话成了小Q不离手的宝贝。他看了这则招聘启事,便拿出手机拨通了114,一下子就查出了该公司的电话号码。他给公司打了一个电话,马上就知道了该公司的地址。

“小金猴”小S拿着报纸发了呆:“这家公司真大意,招聘大学毕业生又不告诉人家联系电话,也不写公司地址,这让人上哪里去找?”忽然,小S把大腿一拍:“真巧,我记得前两天去超市买东西,看见过那家公司的商品广告牌。对,商品广告上一定有地址和电话!”于是,小S骑上自己到处都响就是车铃不响的旧自行车,直奔超市而去,很快找到那个商品广告牌,上面地址、邮编和电话一应俱全。

小L,绰号“书呆子”,他把报纸看了两遍,又仔细地看了报纸中缝,都没有找到该公司地址和电话的蛛丝马迹。他经一位在政府机关工作的叔叔介绍,去市工商行政管理局企业登记处查了企业名录,很快就找到了这家公司的名称,接着便查到了公司的电话和地址。

在该公司招聘启事刊登出来后的第三天,公司人事部收到了他们4人的求职信。公司人事部通知这4名大学生前去面试,他们不约而同地赶到该公司参加面试。经供需见面、双向选择后,老总马上决定给这4名大学生办理签约和录用手续。

“老总,招聘启事中不是说还要考试吗?”小Z奇怪地问。

“你们不是已经考完了吗?”老总笑嘻嘻地回答。

“考完了?你还没有给我们出试题呢!”4名应聘者都觉得莫名其妙。

老总说:“其实,考试的题目就藏在招聘启事之中,但是许多大学生没有很好地动脑子,他们不是认为招聘启事弄错了,就是认为报纸疏忽了,结果错过了求职的机会。作为一名现代市场营销人员,就是要思路开阔、举一反三、不循规蹈矩,这是市场营销人员必须具备的能力和素质。你们4位同学机智灵活,在短时间内找到本公司的地址和电话,这就说明你们已经出色地完成了我们公司出的试题!”

此时此刻,4名年轻的大学生才恍然大悟!

点评:“冰冻三尺,非一日之寒。”大学生就业政策、就业信息和就业办法的搜集与整理,犹如韩信点兵,多多益善。但在把握及时有效就业信息时,还应注意精加工和细整理。小Z、小Q、小S和小L这4名大学生,机智灵活地应用多种办法和各种渠道,想方设法找到了招聘单位的地址和电话,终于与该公司人事部取得了联系,抓住了择业的机会,找到了专业对口的工作。

【案例二】

提前搜集信息,主动出击择业

小赵为某高职院校的大一学生,来自农村。有一次,一位即将毕业参加工作的老乡在收拾准备邮寄回家的东西时翻出了自己为找工作准备的资料。这位老乡见小赵虚心好学，认真踏实，便将这份资料送给了小赵，并叮嘱他想要找到中意的工作，务必提前准备，不要像自己这样走那么多弯路。小赵一看，大部分是与专业相关的用人单位的情况介绍，还有一些用人单位历年来的招聘情况和用人单位的官网网址。小赵在课余时间将这些资料细细阅读，并将里面重要的经验进行勾画，还仔细地把自己感兴趣的用人单位的全称、网址等信息整理到自己的电脑里，想着日后也许会有用。

时光飞逝，小赵大三了，也要开始为找工作忙碌了。他主动和一些在上海工作的师兄、师姐和老乡们联系，询问他们是否有合适的单位介绍或者他们熟悉的单位是否有招聘需求，请教辅导员查询学校本学期就业工作的安排，还通过中国招聘网、中国就业网等就业官方网站查询各地人才交流会的信息。通过整理、分析这些招聘信息，并结合之前整理的信息，他选择出需要自己这个专业毕业生的，并且他喜欢的用人单位，而后再发求职信过去。

在大三第一学期即将结束的时候，通过各种渠道发出去的求职信息慢慢有了反馈。意想不到的是，同时有 5 家单位愿意录用他。小赵最终选择了上海一家自己满意的公司，并决定先去那里实习，看看自己是否能够适应和胜任这份工作。就这样，当其他同学还毫无头绪、忙着搜集信息的时候，他已在计划着怎么样迈好走向社会的第一步了。

点评：有许多毕业生求职择业时总是怨天尤人，怪学校公布的就业信息太少，好单位的需求信息都照顾内部一小部分人了。其实，命运总是青睐有准备的人。小赵知道自己在求职择业上没有其他优势，只有未雨绸缪、早做准备，才能捷足先登。只有那些平时主动搜集信息、主动与有关方面保持联系的毕业生才能抢得先机。

【案例三】

择业录用之前，了解单位实情

小明是某高职院校人力资源管理专业的学生，当同学们都在为找工作的事情焦头烂额的时候，他却悠闲地看着大家在网上投简历、跑公司去面试。其实小明在校表现并不是那么突出，无论是学习方面还是参加社团竞赛方面，怎么看他都只是一个普通的应届毕业生。

当大家问他为何那么悠闲，不找工作的时候，小明得意地说自己已经被一家大型外企录用。当同学们问他进入这家企业担任什么职位的时候，他更是骄傲地回答：人力主管助理。同学们知道后很羡慕他的运气，都觉得不可思议。

就在小明入职不久后，同学们见他情绪很低落，而且经常一个人坐着发呆，便问他发生了什么事，他说他被骗了。原来，小明并不是通过公司官网"入职"，而且他"入职"时没办任何手续，因为"公司"说要等他入职培训合格才会办入职手续，并且要求他缴纳 5000 元培训费用。如果他通过培训考核，那可以全额返还这笔培训费用。虽然起初小明怀疑这是骗局，但他在网上查了公司的相关信息，看到公司官网上确实在招人力主管助理，面对着高薪诱惑，他也就瞒着父母与老师，拿着刚领到的助学金以及从同学朋友那里借来的 5000 元钱，交到了"公司"。"公司"说培训三天后开始，他可以回去做准备了，结果在交了钱的第三天，他就被"公司"辞退了。他跑去公司讨回培训费，公司说根本就没有录用过他。他给之前联系他"入职"的人打电话，结果被告知对方的手机已经停止服务。他跑去交钱的地方讨要说法，却看到那个地方已有20多个人在讨说法，然而门已经锁了，这时他才发现自己被骗了。

点评：面对大型企业的录用消息、高薪的直接诱惑，同学们要反复问自己，是否有资格、有能力承担起这份工作？不要毫无戒心地进入“狼窝”还不自知。当入职时，公司要求你交培训费，哪怕是培训过后会如数返还，也一定不要轻信。因为劳动合同法对企业培训、培训费有所规定，正规企业岗前培训，都是免费或者带薪的。

【案例四】

网上求职成功①

张亮是在网上将自己“卖”出去的。毕业前近半年的时间里，张亮想尽各种方法寻找工作，可是出去一走动才知道，外面的世界很精彩也很无奈。四处碰壁后，他有点心灰意冷。

一天，张亮从报纸上看到一则“网上人才交流会”的消息，不愿放弃任何机会的他便拉着几个同学一起上网求职。他选择了在无忧工作网和中华英才网求职。他先在“简历中心”填好一份详尽完备的简历，然后按求职地点、职位类别、职位发布时间等条件点击“职位搜索器”。几秒钟后，无忧工作网显示共有210条相关信息，中华英才网显示有68条招聘信息，在每条记录后都可以查到包括工作单位、岗位性质、薪水、福利等方面的详细资料。他走马观花地看了一遍招聘条件，发现多数职位与自己的专业不符或学历要求太高。最后，他挑选了几家比较中意的单位，然后一一在线申请职位。

从那天以后，张亮每天都上网查看自己的电子邮件，但落花有意流水无情，他只是一厢情愿地“单相思”，求职申请如石沉大海。

但“歪打正着”，自那以后，张亮对网络产生了浓厚的兴趣，上网成了他每天的必修课。同时他也发现，有一些人将自己的求职要求发布在网上，让别人来找自己。他想，与其守株待兔，不如主动将自己推销出去。于是，张亮建立了自己的个人求职主页。在这个主页中他充分展示了自己的特长以及对书法、文学等方面的特别爱好。然而十几天过去了，他的主页还是无人登录。

张亮的老师看了他的网页后给他面授机宜：求职主页要吸引人必须图文并茂，文字要精练不宜太长。在老师的帮助下，一份独具特色的主页跃然网上。

进入张亮的“等你”主页，只见蓝色主调的界面上，“曾经沧海难为水，除却巫山不是云”的诗句环绕流动。再打开个人简历，有张亮不同时期的照片，使用人单位能更直观、更形象地了解到他的情况。

不久，终于有几家单位给他来信了，其中有家公司来信说：“公司看了你的网页之后觉得不错。如果你觉得你能够胜任这份工作，请来面试，公司解决食宿。等你！”短短数言打动了张亮的心。如今，张亮已成了这家公司的职员。

点评：张亮的经历，是一则网上求职成功的案例。网上求职，为新一代求职者打开了一扇奇特的大门。当代大学生，要善于利用网络这一威力无比的新技术，为实现自己的职业理想创造机会。

---

① 案例来源：桦君．成功求职22条黄金法则．北京：中国纺织出版社，2003．105—106．

第五章

展示优势——亮出你的精彩简历

浓绿万枝红一点，动人春色不须多。

——（宋）王安石

递交求职材料是广大毕业生和单位取得联系、“投石问路”最常用的方法之一，在求职择业过程中，有着举足轻重的作用。求职材料是一张拜会的帖子，它能从容地将你介绍到用人单位面前；求职材料也是一张浓缩人生精华的名片，它介绍和展示着你最精彩的一段人生。一套理想的求职材料，必然会不失时机地为你的求职择业打开成功之门。无论是求职信还是个人简历都应是一幅最逼真的个人素描，要合理掌握繁简，剪去不必要的枝枝蔓蔓，从而准确、全面、有重点地反映出一个大学生的自然状况、专业技术水平、能力结构以及综合素质。

一、求职信的撰写

（一）带给你机会的求职信

写求职信的目的不是使你得到一份工作，而是获得一次面试的机会。求职信和个人简历一样，都是用来把自己当作一件商品推销出去的一种商业函件。招聘人只有在看了你的求职信和个人简历之后，才会决定是否让你参加面试。因此，写求职信的最低目标在于争取获得面试的机会。

虽然面试才是你把自己“推销”给雇主的行动，但当几名最后的候选人旗鼓相当时，求职信函可能是雇主对你做出评价的最后的机会，所以它对求职者而言非常重要。有人认为没必要花太多精力写求职信，因为很多大公司人力资源部会收到大量的求职信函，他们没时间去认真阅读，往往直奔简历。然而作为一种商业信函的形式，求职信仍被看作是对求职人员的第一印象。寄出的求职简历中不能没有求职信，一封没有求职信的简历摆在雇主面前会给人一种唐突的感觉，就像一份客观但冷漠的产品说明书摆在你面前，而求职信则能够把你—— 一位完完全全的陌生人热情地介绍给对方。

求职信正是以这样一种求职者与雇主在心理上缓冲的方式，使求职者可以尽量表达自己对这份工作的热情和渴望，强调自己可以胜任这份工作的理由。求职信给你自己一个机会，以最佳的候选人形象应聘一个具体的职位。求职信的用途在于让招聘单位了解你与应聘岗位要求之间的共同点，给招聘方留下深刻的印象，使你在众多求职者中脱颖而出，从而获得面试的机会。并且在应聘者的简历通过之后，招聘方将会认真地重新阅读求职信，以获取更多的信息。

(二)求职信的格式

求职信的格式一般由标题、称呼、开头、正文、结尾、致敬语和落款等部分组成。

标题 标题写在正文正中上方。可直接写“求职信”或“自荐信”,也可在这三个字之前加说明中心意思的定语。

称呼 即对接收并阅看信件的人的称呼。一般来说,收信人应该是单位里有实权录用你的人。要特别注意此人的姓名和职务,书写要准确,万万马虎不得。假如对用人单位有关人员的姓名不熟悉,那么在求职信中可以直接称阅信人的职务头衔。称谓后的问候语一般应为“您好”,而非“你好”。另外,一定要注意,称呼之后用冒号,而不能用句号,这是中文书信最基本的要求。

开头 开头部分主要说明写信缘由,表达求职愿望。求职信要有吸引对方的开头语,力争在几秒钟之内抓住对方的注意力,使他读下去。招聘单位可能同时收到几百封求职信,不醒目或过于烦琐的开头会使对方感到厌烦,切忌离题万里,让对方产生厌恶情绪。如“我是××大学××专业即将毕业的学生,想在贵公司找一份工作”,一目了然,要言不烦。

正文 正文部分是求职信的重点,要简洁而有针对性。一般写法是先谈自己求职的理由、目标,说明你愿意来所选单位效力的理由,理由要充分、合乎情理、可信,目标要具体明确。接着要重点介绍自己应聘工作的条件,这是求职信最核心的部分。要参考用人单位的招聘条件,突出自己的重要成绩、特长、优势,强调自己会为用人单位做些什么,阐明对该单位的特殊价值。若了解用人单位情况,还可以简单谈谈如被录用后准备如何开展工作,借以表明自己的工作态度和工作设想。总之,正文部分要做到告知情况,重点突出,理由充分,言简意赅,语气自然。

结尾 结尾部分主要是进一步强调求职的愿望。就其愿望而言,希望明确答复;或者请求同意,前往面谈;或者希望试用,以供单位进一步考察;等等。语言表达应注意用语恰当、得体,以免造成不良印象。

致敬语和落款 致敬语一般指向对方致敬的词语,即在正文结束后,紧接着在下一行空两格写上“此致”二字,后面不加标点;再在“此致”的下一行顶格书写“敬礼”二字,后面用感叹号即可。这种方式表示对对方的尊敬,致敬语写得贴切,可以显示你的礼貌和文化修养,不可忽视。同时在致敬语右下写下落款,即签署求职者的姓名及具体日期。署名时要注意两点:一是不要过分谦恭,有意识地贬低自己;二是字迹工整,切不可用署名炫耀自己的书法,引起对方不快。

(三)求职信的主要内容

你不可能把个人的全部资料都写进一封信,但求职信必须提供足够的信息,使雇主想见你、和你谈话、更多地了解你。虽然要求得一份好工作,光写一封好的求职信是不够的,还需要个人的能力、具体经验和好的性格,但是求职信为你打开了大门,给你提供了推销自己的机会。那么怎样才能写好求职信呢?除了具有规范的写信格式外,求职信应包括下面几项主要内容。

求职目标 求职信写作的最终目的是要实现求职者所追求的目标,因此,这一点必须明确,不能含糊其辞、模棱两可。所谓求职目标就是要讲明求职者要到什么单位任职,任什么职。要写好这一点,最好在明确目标之前,对求职的单位、想干的工作、想任的职务有比较深入的了解。只有这样,才能在求职信中有的放矢,提高“命中率”。

求职理由 在明确求职目标的前提下,求职信中必须充分地阐明自己之所以选中这一目标的理由。理由是否真实、充足,是决定你能否被录用的关键,所以一定要既实事求是,又机智灵活。所谓实事求是,就是要从符合自己的专业、特长、未来发展出发,同时也从满足用人单位需求入手来说明理由。所谓机智灵活,就是避免讲一些可能引起对方反感的话语,适当迎合对方的优越、自豪、自尊的情绪,争取收到"正效应"。假如你要到颇有名望的公司求职,求职信中则应表示对该公司"唯才是举""知人善任""人尽其才"的管理作风表示钦佩,绝不能大谈什么薪金、福利之类的理由。相反,在一个比较困难的公司求职,则应表示对该公司的关切,有一试身手、助其起死回生的决心和方略。

求职条件 求职条件是求职的关键。热切的求职目标、真挚的求职动机,都不能取代必需的求职条件。一旦条件不能满足用人单位的要求,求职就只能成为泡影了。因此,在求职信中,必须特别重视这一内容的写作。要针对自己求职的目标,扬长避短,具体陈述自己的主要成绩、专业优势、技术特长、年龄优势,还可以讲明自己的有关爱好、业余兴趣,也不妨提及自己已取得的成果及所受奖励,对某些问题和难题的看法、解决办法或方案,等等。对于应届大学毕业生来讲,也可写上与求职有关的其他有利条件,如参加过辩论赛或演讲比赛,参加过文艺汇演,当过家教,当过业余编辑、记者或通讯员等。如果你曾经是学生会主席、班长,荣获过奖励,参加过计算机或外语培训,等等,都可以写出来。总之,要力求"立体展示",突出能力、创造性、积极性、毅力等,引起用人单位的注意和考虑,促进求职目标的实现。当然,应该注意在陈述自己的求职条件时要实事求是、恰如其分,既不夸夸其谈、漫无边际,也不卑怯谦恭、唯唯诺诺,否则都不会起到好效果,甚至适得其反。

(四)求职信的撰写要点

完美的求职信,能使自己的实力得到淋漓尽致的展现,能使招聘工作人员拆阅你的求职信时感到眼前一亮,引起重视,从而使你有可能获得面试的机会,迈出求职成功之路的第一步。在撰写求职信时应当注意以下方面。

实事求是,扬长避短 诚实,是各个招聘单位、各个考官都重视的一项品质。求职信应该实事求是,扬长避短。在求职信中,对自己的优点应充分展示,但绝不要说大话、假话,不能让人感到是自我吹嘘,最好的办法是用具体的事实和成绩恰如其分地介绍自己,不用华而不实的辞藻。例如,你可以说明自己从事过什么工作、担任过什么职务、组织过什么活动、取得过什么业绩,让考官从事实中感到你有组织、管理能力,而不要在求职信上出现"有很高的组织能力"之类空洞无物的自我表扬性言辞。又如,求职者可以介绍自己利用业余时间又进修了什么课程、取得了哪些证书,但不要使用"有远大理想""好学上进"之类的修饰语,要让招聘单位从你摆出的事实中得到结论。对自己的缺点、弱点可以不写,但不能用与此缺点相反的优点来欺骗招聘单位。

文字简练,重点突出 篇幅过长的求职信,容易让对方厌烦,而过短的求职信,会让考官感到求职心意不诚。专家研究指出,求职信的篇幅以800字左右为宜。重点突出,就是对自己的知识、技术、能力、特长、个性、经验要有所取舍,主要内容应当写自己从事某岗位工作的条件和潜力,与职位无关的内容不要写。例如,谋求档案管理员岗位,在求职信中就不应表现"活泼好动、性格开朗、能歌善舞",因为这些特点与档案管理工作的要求相悖,使招聘方认为求职者不适合这个岗位。

针对性强,一信一投 求职信针对某个用人单位的岗位及其他情况而写,比泛泛而写的效果要好。信中的内容，最好有你对该用人单位和需求岗位的描述，即使这是该单位招聘广告说过的情况，也会让对方产生亲切感。

有的求职者为了省事，打印多份抬头空白的求职信，再手写上抬头，让对方一看就知道是"天女散花""一稿多投"，缺乏到本单位求职的诚意。而且，内容空泛、千篇一律的求职信缺乏针对性，在求职信众多的情况下，很难引起招聘者的兴趣。

讲求语言，避免反感 求职信有三忌：一忌抬高身价。如"现有几家公司与我联系聘用问题，所以请贵公司从速答复"，这很容易使招聘者认为你心不诚甚至是用别的单位来压本单位。二忌为对方规定义务。如信中说"本人愿应聘贵公司的推销员，盼望得到贵公司的考虑和尊重"，这里的"尊重"二字，易使对方反感，它有"不聘我就是对我不尊重"之嫌。三忌限定时间。如"本人将赴外地探亲，敬请×月×日前复信或回电为盼"，文字貌似客气，但限定了联系时间，还指定了联系方式，有咄咄逼人、"最后通牒"的味道，这往往会适得其反。

文字流畅，字迹整洁 招聘单位读求职信，可以说是对应聘者的第一次"考核"，可能形成对其的第一印象，成为招聘初期筛选的主要依据。因此，求职信应当做到语言通顺、文字流畅、段落分明，让招聘者读着舒服。

如果求职信字迹潦草、杂乱无章，必然面临被淘汰的结果；字迹清楚、书写整洁则是写好求职信的基本要求。能写一手好字，亲笔书写求职信，正是求职者展示自己文化素养的好机会。心理学认为，笔迹可以反映人的个性、态度甚至能力。通过一个人求职信的书写状况，招聘单位还可能对求职者的个性心理特征、做事的风格、为人的态度等方面形成一定印象，做出一些判断。

如果求职者的字写得不好，则应当打印求职信，打印求职信时要使用一些排版技巧。

(五)求职信范例

下面是两位学生写的求职信。显然，打动招聘单位人事部经理的一定是第二封信。

第一封求职信

负责同志：

您好！我很想到贵单位从事会计工作，我的具体情况如下。

性别：女

年龄：18

出生年月：××××年×月

政治面貌：共青团员

毕业学校：××职业技术学院

所学专业：财会(三年制)

主要学习课程：基础会计、财务会计、会计电算化、财经法规与会计职业道德、企业 ERP 信息管理、成本核算与管理、财务管理实务、企业纳税实务、会计综合技能等

受过何种奖励：优秀学生干部、三好学生

特长：会弹吉他

家庭主要成员：父亲，刘××，××纺织机械厂高级会计师

母亲，王××，××商店售货员

通讯地址：××省××市××路××号

邮编:××××-××××××

电话:×××××××××(住宅)

此致

敬礼!

刘 冰

2018 年 4 月 28 日

第二封求职信

尊敬的徐××先生:

您好!去年众多新闻媒体曾报道过贵公司上属公司股票上市的消息,得知贵公司正筹备扩大业务,招聘员工。昨天,我在市《经济生活报》第七版读到贵公司的招聘广告,获悉贵公司招聘会计人员,特冒昧写信自荐。

两个月后,我将从××职业技术学院财会专业毕业。在校三年学习期间,我曾学过会计原理、商业会计、工业会计、成本会计、经济法和会计法规等专业课以及计算机、英语等文化课,各科学习成绩优秀,连续两年被评为校级三好学生,并已取得珠算一级证、会计上岗证和财会电算化证。我参加过计算机培训,取得了计算机文字处理员初级证书。我认为,从事会计工作还应当懂一些金融知识,这有利于公司与银行之间的业务来往,因此还参加了高教自考金融专业的学习,已经通过三门高教自考课程的考试。现冒昧地寄上自荐信及英文副本,请您指正。我的英文水平有限,但有幸在××公司实习期间受到注册会计师陆××先生的点拨,曾学习使用英文进行财务处理,并使用过该公司的财务管理软件。

我举止稳重,办事认真,喜爱硬笔书法,由我负责的班级板报曾多次受到学校表扬。父亲、母亲的工作均与财务有关,我从小就喜欢会计工作。欣闻贵公司招聘会计人员,为我提供了难得的机会。我十分渴望参加贵公司的面试,希望您能给我这个机会。如果会计工作已有其他合适人选,我还愿意从事贵公司招聘广告中提到的出纳员工作。

兹奉上履历表,毕业证书,会计上岗证,财会电算化证,计算机文字处理员证,高等教育自学考试××、××课程单科合格证与成绩单,获奖证明和注册会计师陆××先生的推荐信,等等。如蒙约期面谈,请惠告时间、地点,我将准时拜见。如还需其他证明材料,请您赐告,我将迅速寄上。

我的联系方式是:

通讯地址:××省××市××路××号

邮　　编:××××××

电　　话:××××-×××××××××(我母亲的工作电话,她的姓名是×××)

此致

敬礼!

向 萍

2018 年 4 月 28 日

比较与评价 读过这两封求职信后,不难得出谁能获得面试机会的结论。比较这两封求职信,可以看出刘冰的求职信存在着明显的缺点:

第一,刘冰的信针对性不强,给人的感觉是一封投寄多处的求职信。这种求职信往往是不受欢迎的,其效果不会理想。而向萍的信不但在抬头上写明了招聘者的姓名(招聘广告一般都有联系人姓名),而且信的起始部分提到了该公司上属公司股票上市的情况以及刊登该公司招聘广告的报纸，这会让徐先生感到向萍一直关心本公司业绩。徐先生作为人事部门负责人，在通常情况下会是广告的起草者，看到有人如此重视自己的劳动成果，自然会高兴，向萍的信一开篇就有可能打动了招聘者。

第二，刘冰的信全文300字左右，篇幅过短，而且在有限的篇幅中有重复之处，让招聘者感到刘冰求职不够严肃认真。而向萍的信千字左右，篇幅适中，内容充实，并有相应的附件。

第三，刘冰的信重点不突出，没有按照会计岗位的实际要求展示自己，没有写上有关职业资格的内容。刘冰在求职信中，把学习过的课程一一罗列，这不仅没有必要，还冲淡了主题；刘冰是职业技术学院财会专业毕业生，而且是三好学生，学校肯定组织过参加财会上岗证之类的考核，她不可能没取得这些证书，但求职信中恰恰忘了写这方面的内容。而向萍重点突出了主干专业课程，还巧妙地把属于文化课的英语和计算机表述为专业特长，给人的感觉是整体素质较高。

第四，刘冰的信没有根据用人单位的需要介绍自己的潜力。该信的大部分内容可以用于任何一个职业技术学院财会专业毕业生，缺乏个性，缺乏吸引用人单位的材料。其本人是三好学生和优秀学生干部，父亲是高级会计师，等等，这种条件应该能挖掘出不少能吸引用人单位注意的内容，但是她却把求职信写成了千人一面的干巴巴的文字。而向萍从性格、爱好、社会工作、家庭、业余学习等多方位展示了自己，并且紧紧地围绕会计岗位的素质需要，摆出自己的有力证据。向萍的信空话很少，材料充实，内涵丰富，让招聘单位看过后感到会计岗位录用她确实合适。

第五，刘冰的信求职意向单一。她只对一个岗位提出了求职意向，这在求职竞争激烈的情况下是不明智的。而向萍不但将求职范围扩大到出纳岗位，而且也摆出了能胜任其他岗位的证据，即使求职信紧紧围绕“主攻”方向，也照顾了“退一步”的情况。

第六，按照刘冰的求职信进行联系，存在着不方便之处。求职信中提供的联系方式，一定要把“方便”交给招聘者，把“不方便”留给自己。虽然，刘冰既写了邮编和地址，也写了电话，但仍然让招聘者感到麻烦，即使原来有意让她来面试，也可能把其暂时搁置一边。而向萍的联系方式，使招聘者能在看信后立即拿起电话通知约见面谈。

第七，刘冰的信反映了她不会借助外力。向萍本不认识注册会计师陆先生，但她是有心人，在实习期间不但向注册会计师陆先生学本领，还以自己的谦虚好学赢得了其好感，使陆先生为她写了推荐信。这封由具有执业资格的注册会计师写的推荐信，起到了比“实习鉴定”还大的作用，对招聘单位决定让向萍来参加面试能起到积极作用。其实，刘冰在实习期间只要有心，也应当能结识会计界的前辈并请他们出具证明或推荐。

第八，刘冰没有用附件强化求职信。刘冰的求职信不但太简单，而且没有用附件来加以补充和证明，这就大大降低了求职信的吸引力和说服力。向萍则不但把许多内容放到履历表中，腾出求职信的篇幅，使不过千字的求职信内容十分充实，而且用附件证明求职信所述的情况皆真实有据，毫无夸张之处，让人感到可信。一些内容用履历表来补充，还可以起到扩大篇幅、增加有效信息的作用。

二、简历的制作

简历，又称履历或自荐书，是概括介绍个人情况，如出生年月、学习和成长经历等需要说明的文字材料，是对求职者的技能、成就、经验、教育程度、求职意向做一个简洁的概述。简历的直接目的是为求职者获得面试机会，它是求职过程中一个非常重要的工具。

(一)个人简历的种类

大学毕业生的简历有两种类型,即教育或教育管理机构编制的就业协议书和毕业生自己编撰的自荐材料,两类简历的格式有较大差别。

教育或教育管理机构编制的就业协议书 教育部编制的就业协议书,结构固定、统一,其格式包括题目、正文和附文等三大部分。题目为《全国普通高等学校毕业生就业协议书》,封面的题目下方分设毕业生、系部及专业、用人单位和学校名称等四栏。后附一个简单协议,由学校、用人单位和择业学生共做当事人,须各自履行自己的义务。正文部分包括本人简历、家庭主要成员、在校主要成绩情况、在校期间奖惩情况、学生自荐书和毕业生情况及意见等六个部分。“毕业生情况及意见”包括应聘意见(指是否遵守协议)、照片等。

各大中专院校自制的推荐表与国家统一编制的就业协议书在结构上大同小异,其总体结构也包括题目、正文和附文等三个部分。

毕业生自己编撰的自荐材料 总的说来,自己编写的自荐材料,其格式是灵活多样的,大体可以分为以下四种类型。

完全表格式简历。完全表格式简历综述了许多种资料,易于阅读。这一格式通常适用于年轻、缺乏工作经历,但是有各种诸如所学课程、课外活动、业余爱好和临时工作等信息的求职者。

半文章式简历。这种格式使用表格设计较少,多使用几项较长的文字记载,表格的数量和文字记载的长短可随自己的主攻目标和具体条件而变化。资历丰富的应聘者也许会发现半文章式简历更有利。

小册子式简历。小册子式简历是一种多页的、半文章格式的活页格式简历。其主要优点是,提供一种可呈现两页或更多资料的便利工具。小册子式简历的封面上容纳了一份专门设计的求职信。

时序式简历。这种简历按时间先后顺序编写学历和工作经历。按以往的习惯通常由远及近、由过去到现在顺着写,也可以由近及远、由现在到过去分阶段倒推排列介绍。这种方法的缺点是,有时不免令人觉得累赘。尤其是有些不太重要的内容如果不列出,则在时间上出现了断裂;如果全部列出,则可能使人看不出重点。

(二)个人简历的格式

一般说来,个人简历包括五个部分,即标题、导语、正文、附文和附件。

标题 标题在封面上占有显著的位置,起着主导的作用,它和直接表明材料内容和材料所属情况的文字一起构成统一的封面格式。有的并不需要主题式的标题,而是直接标题;格式略有变化,但只要清晰美观,也是可以的。

导语 它是简历正文之前的导引部分。

正文 正文包括毕业生基本情况、学业成绩与知识结构、科研成果、社会工作与实践活动、获奖情况等项目。既可用表格形式来反映,也可用叙述形式来表现。

附文 附文包括班主任意见、系组织意见、院(校)组织意见以及通信地址、联系电话、联系人姓名、邮政编码、电子邮箱等。

附件 附件包括各种奖励证书、发表的各种论文、剪报、各种实物性图片、影像资料等。

(三)个人简历的主要内容

一份完整的简历,一般包括如下内容:个人资料、求职目标、任职资格、学历、工作经历、专长与成就、学术论著、参与课外活动情况、外语技能、计算机技能、职业资格证书、社团职务、推荐人等。就特定的大学生个人简历而言，包括哪些内容，应视求职者个人实际情况及简历用途酌情选用，或详或略，应因人因事而异。

个人资料 个人简历的第一部分是个人资料。列出姓名、性别、年龄、政治面貌、学校、院（系）别及专业、获得何种资格证书及自己的愿望等。

学校及专业状况 现在的教育体制改革下，高职学院及专业名称变化很大，可适当地介绍学院，便于用人单位能够尽快地了解你的学历背景。专业介绍，包括自己所学的专业和业余所学的专业及特长、具体所学的课程等。学习背景的陈述，包括所受教育的阶段，要突出与招聘工作密切相关的论文、证书与培训课程等。

学习和工作经历 学习包括所学主要知识体系（课程）、学习成绩，在校期间所获得的各种奖励和荣誉。工作经历，可以说明工作经验，说明与求职目标相关的工作经历；一定要说出最主要、最有说服力的资历、能力和工作经历，说明的语气要坚定、积极、有力，具体的工作、能力、关系等最好有证明材料。写工作经验时，一般是先写近期的，然后按照年代的逆顺序依次写出，最近的工作经验是很重要的；在每一项工作经历中先写工作日期，接着是工作单位和职务。在这个部分需要注意的一点是，陈述了个人的资格和能力经历之后，不要太多提及个人的需求、理想等，适可而止。

其他情况 简历的第四部分可简述自己上学期间的社会实践、专业实习、其他经历和适宜从事的工作等。简历的第五部分是推荐人姓名、通讯地址和邮政编码等内容。为了证明你简历的真实性，宜加进院校意见的内容，提供证明自己资历、能力以及工作经历的证明材料，其中也包括自己的一些补充，例如学历证明、学术论文、获奖证明证书、专业技术职业证书、专家教授推荐信等。

（四）英文简历的要点

对许多人来讲，一份简约明快的英文简历是进入外企的“敲门砖”。那么，如何写好英文简历呢？

英文简历的写作首要一点是语言简练、目的明确，语言简练是简历“投之有效”的基础。如在教育背景中写相关课程，不要为了拼凑篇幅，把所有的课程一股脑儿地都写上，如体育等。这样既不能说明什么，别人也没耐心看。英文简历一般分四部分。

个人资料部分（personal data） 包括求职者的姓名、性别、出生年月等，与中文简历大体一致。

教育背景（education） 必须注意的是在英文简历中，求职者受教育的时间排列顺序应是从求职者的最高教育层次（学历）写起。至于低至何时，则无一定之规，可根据个人实际情况安排。

社会工作（social work） 在时间排列顺序上亦遵循由后至前这一规则，即从当前的工作岗位写起，直至求职者的第一个工作岗位为止。求职者要将所服务单位的名称、自身的职位、技能写清楚。可以把社会工作细节放在工作经历中，这样会填补工作经验少的缺陷，例如，你在做团支书、学生会主席等社会工作时组织过什么、联系过什么、参与过什么都可以一一罗列。而作为大学生，雇主通常并不指望你在寒暑假工作期间会有什么惊天动地的成就，当然如果有就更好了。

所获奖励和作品（prize & publication） 将自己所获奖项及所发表过的作品列举一二，可以从另一方面证实自己的工作能力和取得的成绩。

另外，大多数外企对英语（或其他语种）及计算机水平都有一定的要求，个人的语言水平、程度可在此单列说明。

(五)网上简历的要点

注明申请的职位 在发简历的时候,应该注明申请何职位,并清楚你能否胜任这个工作。这样对方会认为你认真了解了公司,对自己也有一个较准确的认识,而不是病急乱投医的一类。不要用对公司无法打开的附件格式,因为不少求职者把简历用附件的形式发送电子邮件给公司,但收件人有时却无法打开附件,最好提前知道这家公司接受哪些形式的附件。

格式简洁明了 不少人事管理者抱怨收到的许多简历在格式上都很糟糕。用电子邮件发出的简历在格式上应该简洁明了、重点突出,因为公司通常只看他们最感兴趣的部分。另外还有一个好办法就是把你制作精美的简历放到网上,再把网址告诉给公司。

求职信不可省略 为了使公司了解你申请的是哪个职位,并对你有更多的印象,发简历的时候,应该写一封求职信并同时发出。发任何简历都应该写求职信,这是被许多求职者忽略的原则。求职信应该有足够的内容推销自己,但要控制长度,不要让别人为了看信及简历把屏幕翻好几遍。

关键词很重要 求职信中有关键词也是很重要的,有些公司会通过搜索关键词来寻找符合他们条件的人选。可以在你的电脑里创建并保存一个求职信样式。这样,稍加修改你就可以用它来申请其他的职位。

发送后要跟踪 大量地、无目的地向公司发送个人简历是没头脑的表现,你的主要目标应是拥有人才数据库的招聘网站,要把你的简历放到他们的数据库中,因为用人公司会来这些网站浏览或要人。有些求职者在发送简历给公司后总是不断询问结果,其实这是不受欢迎的,因为许多公司每天都会收到一百封甚至更多的个人简历。一般来讲,每隔三四周询问一次是比较合适的。询问的时候,你还应该表示你对他们公司职位仍然感兴趣,并可以再简短介绍一下自己的专业特长和工作经验。

三、成就动人简历的技巧

(一)人力资源部经理谈怎样写简历

"不少公司都避开见面,而是要求先看简历,简历已经成为求职的第一块敲门砖。"爱立信人力资源部副总裁牛艳娜指着桌上成堆的简历笑着说。用人单位到高校抢毕业生的黄金季节已经过去,几乎每一家跨国公司都收到了雪片般的简历及求职信。她一边翻阅简历,一边挑出一些"抒情"的句子:"'给我一个支点,我将撬起地球''让我们风雨同舟''给我一个机会,我会还你一个惊喜'……这样煽情的话,就像谈恋爱时,第一次见面就冲上来做肉麻的表白,结果只会适得其反。"牛艳娜说:"好的简历,目的性要强,用人单位需要什么,你就提供什么。对于你的职务要求,表述要简洁平实有力,语言要清晰,逻辑性要强,这些是基本的要求。你还应该是个有心人,针对招聘单位的特点和要求,'量体裁衣'特制一份简历,表明你对用人单位的重视和热爱。很多人的求职信就像公文,千篇一律,送给哪家单位只需换个称呼就行,让人感觉他对应聘的公司一无所知,诚心不够,自然很容易被拒之门外。"

圣戈班集团中方人力资源经理陈美城进一步解释,在简历中,溢美之词一定要用到"坎儿"上,大话、空话不能有。也许你是个很优秀的人,但你的表达或材料中的某个细节,如果让人感到不舒服,你就可能错失良机。写简历的原则是,突出你的能力与应聘的职位相称,不是漫天说好。最聪明的做法是告诉别人,我能做好这件工作,而不是能做所有的工作。陈美城用一句话概括了集团的取人之道:"我们不要最好的,而是要最合适的。"

西门子中国有限公司每天都能收到两三百份纸质简历，还有大量的网上求职简历。据统计，西门子网上招聘启事的点击量每天高达8000次。公司人事经理谢克海向求职者建议：简历一定要简单明了。“我们首先选择看上去让人感到舒服的简历。有的人为了求新，在封面上用了‘大美人头’，用很怪异的文字。有的简历写得像‘病历’，很乱，揉得很糟。这样的简历，西门子一般看都不看，就直接淘汰。”第一轮筛选出的简历，西门子看什么呢？谢经理说，看求职者的专业、有无工作经验、公司有没有适合的职位提供给他。他透露，西门子对工作经验的要求是弹性的，有时在招聘启事上要求应聘者有5年工作经验，但只要其他方面合格，有两三年相关经验也可以。经过两轮的选择，两三百份简历就只剩下100份了。对这100名求职者，公司开始进行面试。面试后，公司只录取两三人。

联邦快递公司负责人力资源管理的亚太区副总裁陈嘉良以其多年的工作经验坦言：“简历不能太夸张，也不能太平淡。”他拿出一份多达60页的简历，简历一开头就写得“火辣辣”的，比如对公司如何仰慕，如何关注该公司。翻了3页了，求职者还在“表态”，没说一句自己究竟有何德何能何愿。“这样的简历并不少，恐怕求职者都没想清楚要说些什么。再有耐心的人读了也会生厌啊，何况是极讲效率和务实的跨国公司！”陈嘉良先生说，简历和求职信最好只用一张纸，不要翻页，同时要回答好3个问题，一是你为什么申请这份工作；二是为什么说你适合这个工作；三是未来你怎样为公司做贡献。陈先生说，简历中要费一些心思突出自己与别人的不同。有的学生花很多功夫罗列课程表，强调自己涉猎广泛、兴趣多多、无所不通，但效果并不好，因为几乎所有的人都在这样做。相反，有的人只写他成长过程中的一个故事或一段经历，隐含了他与众不同的性格和才能，就使招聘者感到好奇，留给他一个面试的机会。

(二)动人简历十大要求

简历是求职时给人的第一印象，第一印象的好坏当然直接影响到求职是否能够成功。编制不当，会给求职造成麻烦。那么我们该如何写好自己的求职简历，走出确保求职成功的第一步呢？其实，我们不一定非要追求与众不同，只要能注意以下几个细节，就能够写出一份能打动招聘者的简历出来。

内容要真实 简历最首要、最基本的要求就是真实。诚实的记录和描述，能够首先使阅读者对你产生信任感，而企业对求职应聘者最基本的要求就是诚实。企业阅历丰富的人事经理，对简历有敏锐的分析能力，遮遮掩掩或夸大其词终究会漏出破绽，何况还有面试的考验。有许多求职者，为了能让公司对自己有一个好的印象，往往会给自己的简历造假。目前简历的造假，比较典型的有：假成绩、假证书。这里要告诫那些造假者们，不要得意太早，可能短期内未被识破，但总归有水落石出的那一天，到那时，你失去的将会更多。

重点要明确 由于时间的关系，招聘人员可能只会花不到1分钟时间来审阅你的简历，因此简历一定要重点明确。一般来说，对于不同的企业、不同的职位、不同的要求，求职者应当事先进行必要的分析，有针对性地设计准备简历。盲目地将一份标准版本大量拷贝，效果会大打折扣。求职者应根据企业和职位的要求，巧妙突出自己的优势，给人留下鲜明深刻的印象，但注意不能简单重复。这方面是整份简历的点睛之笔，也是最能表现个性的地方，应当深思熟虑，不落俗套，写得精彩、有说服力，而又合乎情理。

信息要有效 在写简历的过程中，作为一名求职者，你应该向用人单位传递一些有效的信息，这些信息包括：①明确自己的奋斗目标。对自己的前途有长期、明确目标的人，更易为单位赏识和任用;具有积极自我成长概念的人,对工作能积极投入,努力进取,并充满旺盛的事业心与斗志,能迅速进入工作状态。②体现自己的工作意愿很强烈。③有团队协作精神。进入单位后,须与领导、同事们配合工作,一个容易与人沟通协调的求职者可以说已有一半获胜的希望。如果你曾有社团活动的丰富经验,可尽量举例说明。④掌握诚恳原则。在录用标准上,才能是首要的、永恒不变的第一原则,诚恳则是重要的、辅助的机动因素。

技能要突现 高职生的技能往往有胜人一筹的地方,因此要列出所有与求职有关的技能。回顾以往取得的成绩,对自己从中获得的体会与经验加以总结、归纳,展现你学历和工作经历以外的天赋与才华。你的选择标准只有一个,即这一项能否给你的求职带来帮助。你也可以附加一些成绩与经历的叙述,但必须牢记:经历本身不具说服力,关键是经历中体现出的能力。

经验要强调 仅有漂亮的外表而无具体内容的简历是不会吸引人的,招聘工作人员想要你用证据证明你的实力。要证明你以前的成就,还要重点说明你所具有的创新能力等。强调以前的成功事件,然后一定要写上结果。记住:别平铺直叙自己的过去,短短一份"成就记录",远胜于长长的"文字叙述"。

语言要精练 招聘人员每天要面对大量的求职简历,工作非常忙,一般在粗略地进行第一次阅读和筛选时,每份简历所用时间不会超过1分钟。如果简历写得很长,会使人缺乏耐心完整细致地读完,部分内容难免会被遗漏,这当然对求职者是很不利的。有许多求职者觉得简历越长越好,以为这样易于引起注意,其实适得其反,反而会淡化了阅读者对主要内容的印象。冗长啰唆的简历不但让人觉得你在浪费他的时间,还会得出求职者做事不干练的结论。言简意赅、流畅简练、令人一目了然的简历,在哪里都是最受欢迎的,也是对求职者的工作能力最直接的反映。所以,简历应在重点突出、内容完整的前提下,尽可能简明扼要,不要陷入无关紧要的说明。可多用短句,每段只表达一个意思。

术语要精选 引用应聘职位所需的主要技能和经验术语,使简历突出重点。例如,你要应聘办公室人员,招聘单位就会要求你熟悉文字处理系统;应聘专业技术人员,需要你懂绘图和设计软件。总之,招聘广告会对不同的职位有相应的具体的素质和技能要求说明。如果你符合要求,可以引用这些专业术语在你的简历中描述你的优点。如果广告未提出具体要求,你更要在简历中把你的优势具体反映出来。

评价要客观 简历中通常都会涉及对自己的评价,应当力求客观公正,包括行文中所表现出的语气,要做到8个字:诚恳、谦虚、自信、礼貌。这样会令招聘者对你的人品和素质留下良好的印象,而现在已经有越来越多的企业比起技能和学历更加重视一个人的品行、开拓与合作精神等基本素质。

错误要消除 很多求职者忽视了简历中的错误,如印刷错误、语法错误及标点符号错误。要记住简历是求职者的第二张面孔,雇主从简历上了解求职者的性格、做事的认真程度和个人文化素养等,所以不要低估雇主的眼力。对简历文案要仔细推敲每一个词,写个长一点的初稿,然后删改、删改、再删改。对于不能很好证明你工作能力的词语,删掉它。不要使用拗口的语句和生僻字词,更不要有病句、错别字。写外文简历时要特别注意不要出现拼写和语法错误,一般招聘人员考察应聘者的外语能力就是从一份简历开始的。许多负责招聘的工作人员都说他们最讨厌错字别字,他们说:"当我发现错别字时我就会停止阅读。"因为他们总认为错别字说明人的素质不够高。同时行文也要注意准确、规范。大多数情况下,作为实用型文体，句式以简明的短句为好，文风要平实、沉稳、严肃，以叙述、说明为主，动辄引经据典、抒情议论是不可取的。

制作要美观 一份好的简历，除了以上对内容方面的要求之外，版面设计也是一个非常重要的因素，是真正的“第一印象”。要条理清楚、标识明显，段落不要过长，字体大小适中，排版端庄美观，疏密得当。既不要为了节省纸张，字排得密集而局促，令阅读者感到吃力，也不要出现一页纸上面只有几行字，留下大片空白的情况。

建议使用电脑打印的文稿。如果你的字写得不错，不妨再附上一篇工整漂亮、简短的手书求职信，效果会更好。

(三)自制简历范例

<table>
<tr><td colspan="5">唐××个人简历</td></tr>
<tr><td>电话</td><td colspan="4">13800138000</td></tr>
<tr><td>邮件</td><td colspan="4">service@qiaobutang. com</td></tr>
<tr><td>地址</td><td colspan="4">杭州市莫干山路×××号</td></tr>
<tr><td>邮编</td><td colspan="4">310000</td></tr>
<tr><td colspan="5">求职意向</td></tr>
<tr><td colspan="5">单证员、业务员</td></tr>
<tr><td colspan="5">教育经历</td></tr>
<tr><td>××职业技术学院</td><td>物流学院</td><td>物流管理</td><td>高职</td><td>2013. 09—2016. 06</td></tr>
<tr><td>××大学</td><td>外语学院</td><td>英语</td><td>辅修</td><td>2013. 09—2016. 06</td></tr>
<tr><td colspan="5">业务员相关经历</td></tr>
<tr><td colspan="2">家乐福全球采购亚洲总部(外销总部)</td><td colspan="2">业务跟单员</td><td>2017. 09—2018. 07</td></tr>
<tr><td>•</td><td colspan="4">全程帮助跟单员跟进业务，完成日常各种琐碎事务，熟练用英语与国外工作人员通过电子邮件或电话沟通</td></tr>
<tr><td>•</td><td colspan="4">熟悉供货商、买手、业务员三者之间从供货到出货的整个业务流程(包括买手会议，Offer Sheet 和 Order 的出具、打样、测试，查货，出货等)</td></tr>
<tr><td colspan="2">上海民生轮船公司</td><td colspan="2">业务助理</td><td>2016. 07—2017. 09</td></tr>
<tr><td>•</td><td colspan="4">学习货代、报关、配船等各类业务知识，熟悉公司流程、集装箱部出口操作流程</td></tr>
<tr><td>•</td><td colspan="4">到外高桥实践报关流程：制作报关单，核对报关单；海关电子报关单输入；现场报关</td></tr>
<tr><td>•</td><td colspan="4">熟练掌握各类办公室技能，如打印、复印、填单等简单操作</td></tr>
<tr><td colspan="2">×××包装材料有限公司</td><td colspan="2">实习生</td><td>2015. 07—2015. 09</td></tr>
<tr><td>•</td><td colspan="4">帮助拟订生产计划，协助管理供应商、编制采购计划和报表等文档处理工作</td></tr>
<tr><td>•</td><td colspan="4">与潜在客户进行价格磋商，整理客户资料，与物流外包沟通协调</td></tr>
<tr><td colspan="5">语言和计算机能力</td></tr>
<tr><td>英语技能</td><td colspan="3">大学英语四级(CET4)</td><td>通过</td></tr>
<tr><td rowspan="2">IT 技能</td><td colspan="3">计算机等级考试三级(数据库)</td><td>通过</td></tr>
<tr><td colspan="3">计算机软件：MS Office 办公套件、Photoshop、Dreamweaver</td><td>熟练使用</td></tr>
<tr><td colspan="5">特长和爱好</td></tr>
<tr><td colspan="5">钢琴 7 级</td></tr>
<tr><td colspan="5">爱好音乐、摄影、计算机技术</td></tr>
</table>

思考题：

1. 求职信的基本内容有哪些?
2. 简历写作时应注意遵循哪些基本原则?
3. 如何结合个人实际制作一份精彩的简历?

【案例一】

法拉第的求职信[①]

在科学史上,法拉第之所以能成为名震全球的科学家,得益于他给戴维写的别具一格的"求职信"。戴维是19世纪初英国著名化学家,23岁便被聘为英国皇家化学学院主讲。法拉第原来是一名订书工,但他有志于科学,特别崇拜戴维,为得到戴维的指教,他渴望能当戴维的助手。1813年,法拉第冒昧地给戴维写了一封信,随信寄去了一份整理好的自己旁听戴维演讲的记录,以表示自己对科学的热爱和求师的诚意。他是想碰碰运气,谁知,戴维很快回了信,并约法拉第面谈。因为戴维看到法拉第的自荐信和那份演讲记录,看出这个青年是个很有前途的科技新苗,并且被他的诚意所感动。见面后戴维毅然决定请法拉第做自己的助手,安排其在皇家化学学院实验室工作。法拉第最终成了英国的物理学家和化学家。

点评：求职信作为一种专用书信有一套特殊的写法,它既要有吸引力,又不能落于俗套,更要突出自己的个性和特长。试想,若不是有一封这样别致的求职信,科学史上将不会留下法拉第的名字,可见求职信是何等重要了。在现代社会,求职信依旧发挥着不可忽视的作用,扮演着不可或缺的角色。"信如其人",求职信以书面的形式显示了你是怎样的一个人。只有掌握了,才能成功地"先声夺人"。

【案例二】

百度前副总裁俞军的"雷人"求职简历[②]

搜索引擎9238,男,26岁,上海籍,同济大学化学系五年制,览群书,多游历。

1997年7月起在一个国营单位筹备进口生产项目。

1999年4月起在一个代理公司销售进口化工原料兼报关跟单。

2000年1月起在一个垂直网络公司做分析仪器资料采编。

2000年7月起去一个网络公司应聘搜索引擎产品经理,却被派去做数据库策划,9月起任数据中心经理。

长期想踏入搜索引擎业,无奈欲投无门,心下甚急,故有此文。

如有公司想做最好的中文搜索,诚意乞一参与机会。

本人热爱搜索成痴,只要是做搜索,不计较地域(无论天南海北、刀山火海),不计较职位(无论高低贵贱一线二线,与搜索相关即可),不计较薪水(可维持个人当地衣食住行即是底

---

① 案例来源:洁瀚.实话实说:与大学生谈求职技巧.赤峰:内蒙古科学技术出版社,2003:63.

② 案例来源:https://blog.csdn.net/chineselly/article/details/83874497.

线)，不计较工作强度(反正已习惯了每日 14 小时工作制)。

点评:俞军，网名“搜索引擎 9238”，这份求职简历是 2000 年为了寻找搜索引擎行业工作制作的。在求职简历里，他突出了“热爱搜索成痴，只要是做搜索”的浓厚职业兴趣，追求着“想做最好的中文搜索”职业理想，清晰地表达了“不计较地域、不计较职位、不计较薪水、不计较工作强度”的工作决心，成功地被百度发现并录用。之后，俞军因为业绩出色晋升到百度副总裁，有“百度贴吧之父”之称。在这份简短的简历中，浸透在俞军骨子里的职业爱好、职业追求和职业态度，具有独特魅力。特别是“四不”求职决心，对于职业兴趣清晰的“90”“00”后毕业生求职来说，应该会有特别的启示与借鉴意义。

【案例三】

带给你机会的求职材料①

广州某报社某年曾准备招聘一批新闻专业的毕业生，报社人事处两名同志奉命赴上海高校选人。他们刚到上海，报社领导即电话通知他们速到南京大学面试某毕业生。他们起初以为是人际关系方面的原因，以为有人走了后门。但当他们到了南京，面试过这名毕业生后他们才知道这名学生确实是他们所急需的人才，当即决定录用这名毕业生。造成这一插曲的原因是报社领导收到了这名南大毕业生寄去的求职材料，而他的求职材料清晰地反映出了这名学生个人的自然状况、专业知识水平、能力结构以及综合素质。

点评:一套完整的求职材料，必然会不失时机地为毕业生求职择业打开成功的大门。这名南京大学的毕业生靠的就是一份求职材料，获得了广州某报社的好岗位。

【案例四】

展示与求职岗位有关的特长②

说实话，当年读硕士，也是迫于无奈。本科毕业后，很长时间都没找到工作。那段时间找工作好像特别不顺利，凡是投出去的简历，十有八九是石沉大海，就算是有几次接到面试通知，也都会不了了之。在读硕士期间，我也努力地想过为什么会这么惨兮兮地来读硕士。难道是我的能力比别人差？还是有自己都没发现的缺点，让我在初出校门、职场征战的第一回合就如此狼狈？

反思之后，所有过往得失全都一清二楚了。我以硕士的身份再次来到人才市场，重新开始了投递简历的过程。我一直想在现今热热闹闹的网络大潮中找到自己的一席之地。虽然知道所学的经济专业和网络公司要求的计算机专业相去甚远，可是这次，我相信自己不会再有什么闪失了！

我清楚地知道自己这么多年都是在学校的象牙塔里度过的，最缺的就是工作经验。所

① 案例来源：孙江林.大学生择业智典.北京：中国国际广播出版社，2001：191.
② 案例来源：中华简历网，http://www.jianli86.com.

以，当我去应聘一家网络公司时，在递出简历后，我对自己的教育情况只用了一句话概括，甚至把硕士教育略去不提，反而花了很多篇幅来描述自己在读书时参加学校网页设计大赛的情况。我详细叙述了自己确定创意、收集素材、进行设计的过程，强调自己具有扎实的设计功底，能熟练使用各种网络软件，最后还附上了获奖作品，结果我获得了就职的机会。

点评：这是某大学经济学硕士李菊云的求职经历。也许别人都会说她傻，其实她这样苦心地委屈自己，是有自己的打算的。她最怕的是以经济学硕士身份进入网络公司，既有人会说"隔行如隔山"，又有人会说"小庙容不下大菩萨"。虽说她以一个硕士生的身份进入公司要从最底层做起，但是她觉得没什么，因为她本来就是要从最基本的学起啊！

正式到那家网络公司上班后，才知道那时是因为她递交的作品得到了公司老总的赏识，她这个外行方得以过关。后来，老总得知她是硕士，惊叹她居然肯从底层做起，没有半点高学历人才的架子，越发器重她了，她的网络梦也越来越接近现实了。

第六章
推销自我——掌握你的求职秘诀

在这个世界上取得成功的人，都会努力去寻找他们想要的机会，如果找不到时，他们就会自己创造机会。

——[爱]萧伯纳

在决定推销自我的时候，应该做好充分的心理准备。保持自信，去除畏惧，一个人就能够表达他所要表达的任何想法。在这种情况之下，整个人就能致力于实现自己所想实现的目标。当然，求职过程还必须注意技巧的运用。无论从语言的表达、行为的规范，还是衣着的适宜、临场的机智等方面，都应努力通过各种形式和途径，展示自己最完美的部分，去实现良好的就业愿望。

一、审时度势，扬长避短

（一）求职择业五原则

符合社会需要原则　大学生在选择职业岗位时，要把社会需要作为出发点和归宿，以社会对自己的要求为准绳，去观察、认识社会，进而决定自己的职业岗位。虽然大学生就业实行双向选择、自主择业，但自主择业是相对的、有条件的，并非可以不顾社会需要，一味地追求“自我设计”。社会的发展、科技的进步、经济的繁荣，也都期望着合格的大学生为之去奋斗。从另一方面看，社会是由人构成的，社会需要本质上就是人类个体的需要。在现实生活中，个人需要的内容无论怎样多，个人需要的结构无论怎样复杂，它总是受现实社会要求的制约。人们正是通过不同的职业活动，在满足社会需要的同时，也在满足着个体的需要。

发挥个人优势原则　在选择职业岗位时，要综合考虑自己的素质情况，根据自身的特长和优势选择职业岗位，以利于在职业岗位上能够顺利、出色地完成本职工作。一是发挥专业所长。毕业生经过大学阶段的学习，已经具有了较好的职业技能素养。因此在选择职业岗位时，要从所学专业特点出发，做到专业基本对口，这样就可以在职业岗位上发挥所长。二是发挥能力所长。同一专业的同届毕业生，由于各人的情况不同，能力也有差异，根据不同的能力选择不同的职业岗位，是充分发挥个人素质优势的最佳体现。三是适当考虑性格特点。在选择职业岗位时，适当考虑自己的性格特点，充分发挥性格所长是十分必要的。比如在职业活动中，有的人总是用理智去衡量一切并配合行动，这样的人就适合从事基础理论研究工作；有的人很有主见，并善于发现问题和解决问题，这样的人就较适合从事科学研究或领导工作。

主动出击原则 大学毕业生在职业选择中不能消极等待,而应主动出击、积极参与。一是主动参与职业岗位竞争。竞争机制的引入冲击着各行各业,也冲击着人才就业市场,竞争使人们增加了紧迫感和危机感,也增加了责任感。从某种意义上说,职业岗位的竞争,就是靠才华、靠良好的素质去争得一份比较理想的职业。二是主动地了解人才供求信息和素质要求。由于社会对大学生的要求在不断发生着变化,因此主动了解用人单位对人才素质的要求和需求信息,对有的放矢地选择职业岗位有着重要的意义。三是主动地完善自己。大学生应根据社会需要,加强学习,主动提高、完善自己,以尽快适应新的工作岗位。

分清主次原则 在求职过程中,摆在毕业生面前的选择是多方面的。比如单位性质、工作地点、工作条件、生活待遇、岗位作用、发展方向等诸多方面,不可能每项都满足其心愿,重要的是在择业过程中怎样权衡利弊、分清主次。在目前社会条件下,很少有单位是十全十美的。大学毕业生应从是否有利于自己才智的发挥、是否符合社会的需要出发,分清主次,做出抉择,切不可因一味求全、急功近利、好高骛远而失去良机。

面向未来原则 毕业生在选择职业时,不能只看眼前实惠,而不看企业发展前景;不能只看暂时困难,而不看企业的未来;不能只图生活安逸,而不顾自我能力的成长;等等。选择职业时,要站得高,看得远,放开视野,理清思路,找到自己的最佳位置,牢牢地把握职业选择的主动权。

(二)认真做好求职的心理准备

要想在择业竞争中保持良好的竞技状态,自如地应付各种问题,必须做好各种思想准备、心理准备,增强心理承受力,不要一遇到挫折就心灰意冷、自暴自弃。在择业中遇到挫折是很正常的事情,应该把挫折看成是锻炼意志、增强能力的机会,放下思想包袱,认真找寻失败的原因。

在竞争中要能审时度势,扬长避短。一个人的需求、兴趣和才能是多方面的,如果在实战中注意挖掘,那么,很可能会打开"柳暗花明又一村"的新局面。这样不仅能增加成功的机会,减少挫折,而且会打下进一步发展和取胜的好基础。

有这样一个故事:一头老驴掉到了一个很深的废弃的陷阱里,根本爬不上来,主人看它是老驴,懒得去救它了,让它在那里自生自灭。那头驴一开始也放弃了求生的希望。后来,每天还不断地有人往陷阱里面倒垃圾。按理说老驴应该很生气,应该天天去抱怨,自己倒霉掉进了陷阱里,它的主人不要它也就算了;但就算死也不能死得舒服点,每天还有那么多垃圾扔在它旁边。可是有一天,它决定改变它的"驴"生态度。它每天都把垃圾踩到自己的脚下,从垃圾中找到残羹来维持自己的生命,而不是被垃圾所淹没。终于有一天,它重新回到了地面上。

不要抱怨你的专业不好,不要抱怨你的学校不好,不要抱怨你的老师差,不要抱怨你住在破宿舍里,不要抱怨你的父母穷、你的相貌差,不要抱怨你没有一个好爸爸,不要抱怨你空怀一身绝技没人赏识你,现实有太多的不如意,就算生活给你的是垃圾,你同样也能把垃圾踩在脚底下,登上世界之巅。

(三)客观地评价自我

世界上每个人都有其存在的价值,要相信自己也具有自身的优势。人无完人,金无足赤。尺有所短,寸有所长。每个人身上都会有别人不具备同时自己没太注意的特长。关键在于对自己要有一个客观的恰如其分的评估,努力发现、发挥自己的优势,展示自己的才华,把握机会，选择适合自己的行业和单位，努力缩小“理想我”和“现实我”的差距，从而获得择业成功。

有一位挑水夫，有两个水桶，分别吊在扁担的两头，其中一个桶有裂缝，另一个则完好无缺。在每趟长途的挑运之后，完好无缺的桶，总是能将满满一桶水从溪边送到主人家中，但是有裂缝的桶到达主人家时，却剩下半桶水。两年来，挑水夫就这样每天挑一桶半的水到主人家。当然了，好水桶对自己能够送满整桶水很感自傲。破水桶呢，对于自己的缺陷则非常羞愧，它为只能负起责任的一半，感到非常难过。饱尝了两年失败的苦楚，它终于忍不住，在小溪旁对挑水夫说：“我很惭愧，必须向你道歉。”“为什么呢？”挑水夫问道，“你为什么觉得惭愧？”“过去两年，因为水从我这边一路地漏，我只能送半桶水到你主人家，我的缺陷，使你做了全部的工，却只收到一半的成果。”破水桶说。挑水夫替破水桶感到难过，但是他满怀爱心地说：“我们回到主人家的路上，我要你留意路旁盛开的花朵。”果真，他们走在山坡上，破水桶眼前一亮，看到缤纷的花朵，开满路的一旁，沐浴在温暖的阳光之下，这景象使它开心很多！但是，走到小路的尽头，它又难受了，因为一半的水又在路上漏掉了！破水桶再次向挑水夫道歉，挑水夫说：“你有没有注意到小路两旁，只有你的那一边有花，好水桶的那一边却没有开花呢？我明白你有缺陷，因此我善加利用，在你那边的路旁撒了花种，每回我从溪边来，你就替我一路浇了花！两年来，这些美丽的花朵装饰了主人的餐桌。如果你不是这个样子，主人的桌上也没有这么好看的花朵了！”

自然和人生的规律就是如此，长处和短处、优势和劣势只是相对而言，如果善加利用，短处恰是长处，劣势也会转化为优势。

(四)勇敢地展示自己

求职择业的过程，是一个全面展示自己的过程，要保证做到充分地展示自己，要坚持自尊、自信、自立。不要因为一次碰壁就灰心丧气，不要因为一次失败就因噎废食。

有一个自认为是全才的年轻人，毕业以后屡次碰壁，一直找不到理想的工作。他觉得自己怀才不遇，对社会感到非常失望。多次的碰壁，让他伤心而绝望，他感到没有伯乐来赏识他这匹“千里马”。痛苦绝望之下，有一天，他来到大海边，打算就此结束自己的生命。在他正要自杀的时候，正好有一位老人从附近走过，看见了他，并且救了他。老人问他为什么要走绝路，他说自己得不到别人和社会的承认，没有人欣赏并且重用他。老人从脚下的沙滩上捡起一粒沙子，让年轻人看了看，然后就随便地扔在了地上，对年轻人说：“请你把我刚才扔在地上的那粒沙子捡起来。”“这根本不可能！”年轻人说。老人没有说话，从自己的口袋里掏出一颗晶莹剔透的珍珠，也是随便地扔在了地上，然后对年轻人说：“你能不能把这颗珍珠捡起来呢？”“当然可以！”年轻人说。老人说：“那你就应该明白是为什么了吧？你应该知道，现在你自己还不是一颗珍珠，所以你不能苛求别人立即承认你。如果要别人承认，那你就要想办法使自己成为一颗珍珠才行。”年轻人蹙眉低首，一时无语。

有的时候，你必须知道自己是普通的沙粒，而不是光彩夺目的珍珠。你要卓尔不群，那也要有鹤立鸡群的资本才行。所以忍受不了忽视和平淡，承受不住打击和挫折，就很难达到辉煌。若要自己卓然出众，那就要努力使自己成为一颗珍珠。

然而作为初出茅庐的应届毕业生，没有相关职业的丰富工作经历，这是你的欠缺所在，所以你应该尽力扬你所长以盖所短，重点强调你最近几年所受的教育和实习、实训情况，包括那些与应聘的工作最有直接关系的特别的课程或社会实践活动。其中，实习工作应作为相应的工作经验来写,因为这期间的工作性质和内容与许多工作相似,它们往往需要实习者自主完成多项任务。此外,如果你在校时早已学过许多与你应聘的工作有直接关联的知识,则有必要在技术栏目中体现出来。如果你熟悉某一领域最新的趋势与技术,也应毫不谦虚地写出来,以提升你的人才价值。当然,如果你有其他行业的工作技巧也不要省略,这些虽然与应聘工作关系不大或没有直接的关系,但其工作经验同样可用于转移支持你的能力,至少能够证明你有学习、研究并尽快适应各种工作的能力。一般来说企业会针对下列五个方面的能力(简称职场 5C)对应聘者进行考量。

信心(confidence)。信心代表着一个人对自己能力的正确认知以及在事业中的精神状态和把握工作的热忱。在任何困难和挑战面前都要相信自己。

能力(competence)。能力的培养是和真正不断地吸收新知识、新经验密不可分的,只有充实自己,才能赢在各个起跑点上。

沟通(communication)。在工作中掌握交流与交谈的技巧是至关重要的。如何有效沟通,表达自己的理想与见解,是一个很大的学问,也是决定我们在社会上是否能够成功的重点。

创造(creation)。在这个不断进步的时代,我们不能没有创造性的思维。我们应该紧跟市场和现代社会发展的节奏,不断在工作中注入新的想法和提出合乎逻辑的有创造性的建议。

合作(cooperation)。在社会上做事情,如果只是单枪匹马地战斗,不靠集体或团队的力量,是不可能取得真正的成功的。每一个想获得成功的人都应该学会与别人合作。现代社会的分工非常细致,团队合作精神是每一家企业都非常重视的个人基本素质。

二、把握技巧,推销自我

面试是一场智力的较量。在这场较量中,只有真正具有实力而又深谙面试技巧和策略的人才能获胜。面试没有一个固定的模式,也没有完美的标准答案,但却有一个检验答案的共同标准——你是否进行了理智的谈话。面试是推销自我的一系列行动中最重要的一个环节,也是具有决定性意义的一个环节。有些求职者具备用人单位所要求的一切条件,可是往往在面试时发挥失常,导致前功尽弃。那么,在接到面试通知时我们该如何准备与发挥呢?

(一)善于运用各种语言

第一印象是永久的印象　面试能不能成功,也许在你踏进大门后的最初 3 秒钟就被决定了。面试首先考核的就是应聘者的外在气质。应聘者的衣着、发型、走姿,以及与面试人员打招呼、接送文件的举止,这些不经意间完成的动作,正是公司对应聘者外在气质的考察过程。第一印象是永久的印象,所以我们应该知道面试是从递交简历、打询问电话或者从踏进大门那一刻开始的。个别求职者由于某些不拘小节的不良习惯,破坏了自己的形象,使面试的效果大打折扣,导致求职失败,如嚼着口香糖、衣冠不整、对非面试人员无礼(保安、总台接待员等)。面试从进门开始,但是到出门也不一定结束。因此,我们应该从平时就注重培养并提高自己的个人修养,对任何人都要以礼相待,同时也要学会日常的社交礼仪规范。

怎样问候　语音要清晰,音调亲切自然,面带微笑;态度热情大方,不卑不亢;姓名中如有冷僻字,要介绍发音,可以解释其意思,以便让对方记住,同时也可营造一个轻松的氛围。

身体语言

站姿：双目平视前方，面带微笑；挺胸，收腹；双手自然垂直放下，或两手相握，尽量避免倒背、交叉、抱拢护胸或插在衣袋里；双腿自然分开、与肩平行，避免用脚拍打地面。

坐姿：应该在对方的邀请下就座，要坐在面试者指定的座位上，切勿毫无顾忌地坐了面试者的座位；坐下时动作要轻；双目平视前方，面带微笑；上身要挺直，双腿要垂直自然并拢，如上下交叠，不要不停地抖动；女士就座时，如果穿裙装，在坐下时要用手把裙后部抚平，以免起身时裙摆太皱，影响自己的形象。

走姿：双目平视前方，面带微笑；挺胸，收腹；双手自然摆动，尽量避免倒背、交叉、抱拢护胸或插在衣袋里；行走速度应该不急不缓；在狭窄的走道上遇见反向行走者应该略微侧身相让，发生碰撞时应该主动道歉。

手势：多用大拇指，它是称赞、肯定的象征；少用小指，它是贬低、否定和拒绝的象征；避免用食指，它是指责、鄙视、挑衅的开端。

其他身体语言：多微笑，少皱眉；多点头，少摇头；多拍肩，少指点；多以正面对人，少以背面对人；注视对方的眼睛，不东张西望。

忌讳的身体语言

手：这个部位最易出毛病。如双手总是不安稳，忙个不停，做些玩弄领带、挖鼻、抚弄头发、掰关节、玩弄面试者递过来的名片等动作。

脚：神经质般不停晃动、前伸、翘起等，不仅人为地制造紧张气氛，而且显得心不在焉，相当不礼貌。

背：哈着腰，弓着背，似一个“刘罗锅”，面试者如何对你有信心？

眼：或惊慌失措，或躲躲闪闪，该正视时却目光游移不定，给人缺乏自信或者隐藏着不可告人秘密的印象，极易使人反感。另外，死盯着面试者的话，又难免给人压迫感，招致不满。

脸：或呆滞死板，或冷漠无生气，如此僵尸般的表情怎么能打动人？一张活泼动人的脸很重要。

行：有的手足无措，慌里慌张，明显缺乏自信；有的反应迟钝，不知所措。这会自贬身价，面试者不将你看“扁”才怪呢！

大多数应聘者，尤其是应届毕业生在准备面试时，过多地把精力放在猜面试可能问到的问题上，花许多时间准备答案，却忽略了言谈举止等“小事”。然而，公司的面试人员是不会放过任何一个可以考察应聘者的机会的。另外，应聘者的穿着打扮要整洁、大方、得体，并不一定穿西服、打领带，可以穿得休闲些，但是一些另类夸张的服饰，如有破洞的牛仔裤，女生的低胸或袒胸露背的着装等肯定是不受欢迎的。

总之，面试时，这些坏习惯一定要改掉，并自始至终保持斯文有礼、不卑不亢、大方得体、生动活泼的言谈举止。这样，不仅可以大大提升你的形象，而且往往使成功机会大增。

然而，在竞争激烈的就业市场中，在特殊情况下，也可以用别具一格的方式来彰显自己。

一名走读大学即将毕业的学生，在剃光的头上写下 5 个字“寻找实验地”出现在人才招聘会上，希望吸引招聘公司的眼球。虽然到场的学生们不停地穿梭于各个招聘摊位之间，但还是有不少女生看见这个写着字的光头后会发出感慨：“这个人真酷！”他坦率地说：“我这样做就是要吸引大家的注意力。”自己在走读大学读了两年的自考广告学，即将毕业，只有专科毕业证书的他对参加招聘会还是心里没底。但学广告出身的他很明白什么是另类，于是想出了这样一个主意。"'寻找实验地',什么意思呢?"对于头上的5个字,他的说法是,他将自己比做一粒广告文案的种子,现在就是在寻找实验的沃土。"我一出现,场面轰动极了。"他自己认为效果不错。他穿梭于各个摊位之间时,每到一处总会吸引周围的目光,大家都会伸头观看。某广告公司的招聘人员对他简单面试后对同行说:"这个人很另类,而广告本身就是在追求另类。我们会再找他谈一次的。"

现在是个追求个性的时代,在激烈的就业市场中要能彰显出自己,可以根据具体情况采取特别的做法。但要注意掌握分寸,运用不好,会适得其反。

(二)如何在小组面试中"出彩"?大胆秀出自己!

许多公司为考察应聘者的领导能力、语言能力及合作能力,会采用小组面试法,即将应聘者组织在一起就某个选题进行自由讨论,借以观察应聘者的综合素质及良好技能。如何在小组面试中"出彩"呢?

放下包袱,大胆开口,抢先发言 中国人的传统美德"谦虚礼让"在这里要适时摒弃,并且要抓住机会充分表现。因为,对于每个小组成员来说,机会都只有一次,如果胆小怯场、沉默不语,那就等于失去了表现的机会,结局自然不妙。如果能在组织好表达材料的基础上,做到第一个发言,效果会非常好,给人的印象也最深。

逻辑严密,论证充分,辩驳有力 考官是借小组讨论考察一个人的语言能力、思维能力及业务能力,夸夸其谈,不着边际,胡言乱语,只会将自己的缺点暴露无遗。语不多而在于精,观点鲜明,论证严密,一语中的,可起到一鸣惊人的作用。

尊重队友,友善待人,不恶语相向 为过分表露自己,对其他人横加指责、恶语相向,往往只会导致自己最早出局。哪个公司愿意聘用一个不重视团队而为满足自己私利不择手段的人呢?

掏出纸笔,记录要点 别人在滔滔不绝,你却掏出纸笔,将其观点记下并做分析,会使自己"鹤立鸡群",让主考人员眼睛一亮,很快记住你的名字。

逐一点评,最后总结,充当领导者 在讨论结束之前,你将各成员交谈要点一一点评,分析优劣,点评不足,并适时拿出自己令人信服的观点,使自己处于讨论的中心,无形中充当了领导者的角色,自然就为自己的成功增加了筹码。

上交讨论提纲,再露一手 将最后讨论纪要迅速整理成文,一目了然,上交主考官,既展示了自己流畅的文字功底,又给人办事得力、精明能干的好印象,这样的人才谁不爱?

(三)面试十忌

面试是与招聘单位面对面地互相了解、互相展示的时机,有许多细节应该注意。尤其是对应届毕业生来说,第一次面试会六神无主、手足无措或者不敢单独前往。有些人会呼朋唤友,为自己打气或壮胆;有些人甚至带上父母,或者让父母为自己探听虚实、实地考察,甚至跟在左右忙前忙后。这只会给招聘单位留下不良印象。

某公司人力资源部经理曾经遇到这么一位应聘者的父亲。他的儿子各方面的条件应该还不错,也已经安排了一次面试。因为该岗位要求到位的时间还为时太早,因此,人力资源部还在继续进行对其他候选人的面试。他的父亲等不及了,就迫不及待地跑到公司来打听情况。第一次,人力资源部热情地接待了他,并且向他说明了暂时不能够确定录取人员名单的情况,让他转告其儿子耐心等待。结果,没过几天,他又跑来了。当受到保安人员的阻拦时,他大声地与保安争执起来。当人力资源部经理试图了解情况时,他还不依不饶地数落着保安。其实,他的过分热心以及不当的行为只会成事不足,败事有余。

像此类的问题各式各样,下面就列举十大常见的禁忌。

忌迟到或失约 迟到和失约是面试中的大忌。这不但会表现出求职者没有时间观念和责任感,更会令面试者觉得求职者对这份工作没有热忱,印象分自然大减。守时不但是美德,更是面试时必须做到的事。因此,应提前5～10分钟或准时到达。如因有要事迟到或缺席,一定要尽早打电话通知该公司,并预约另一个面试时间。另外,匆匆忙忙到公司,心情还未平静便要进行面试,自然表现也会大失水准。但是太早到达也会影响面试单位的工作安排。

忌说谎邀功 面试时说谎,伪造"历史",或将不属于自己的功劳"据为己有",后果可大可小。即使现在能瞒天过海,也难保谎言将来不会有被揭穿的一日。因此,面试时应实话实说,虽可扬长避短,却也不能以谎话代替事实。

小李是一名应届毕业生,他在递交的应聘申请表和简历中,都提到自己曾经主持策划过一次本校大型广场联欢晚会活动。用人单位的人就此话题向他提问,他支支吾吾答不上来,用人单位最终确定他不是活动的主要策划和负责人,而只是外围的参与者之一。虽然他的专业成绩比较出色,但由于他不诚实,最终被一票否决,没有被录用。这种做法对于应聘者来说,等于是搬起石头砸自己的脚,有害无益。

忌准备不足 无论学历如何高,资历如何好,工作经验如何丰富,当面试者发现求职者对申请的职位知之不多,甚至连最基本的问题也回答不好时,印象分自然大打折扣。面试者不但会觉得求职者准备不足,甚至会认为他根本无志于在这方面发展。面试前应做好充分的准备工作。

忌长篇大论 虽说面试是推销自己的机会,不过,切勿滔滔不绝、喋喋不休,面试者最怕求职者长篇大论,说个没完没了。来应聘的人不止一个,招聘人员一般会在同一天内安排几个人面试,分配给每个人的时间是有限的。如果你没完没了,只会让招聘人员反感。

其实,回答问题只需针对问题重点回答,没必要高谈阔论。相反,有些人十分害羞,不懂得把握机会表现自己,无论回答什么问题,答案往往只有一两句,甚至只回答"是""有""好""可以"等,这也是不可取的。如果性格胆小害羞,则应多加练习,以做到谈吐自如。面试过程中的交流应该是互动的。无论是面试前还是面试中,应试者都应善于寻找合适的话题打破沉默,这是一种自信的表现,也是一种能力。

忌语气词过多 使用太多如"呢""啦""吧""大概""可能""也许""好像"等语气词或口头禅会让面试者感觉心烦意乱。语气词或口头禅太多会让面试者误以为求职者自信心和准备不足。有些男生在口若悬河地说话时,尤其是发觉与面试者有些共同语言时,会在不经意间带出一些不文明的口头禅。还有一些女生说话语气过于"嗲声嗲气",让人感觉不够成熟,或者太娇气。这些都会给面试者留下坏印象。

忌欠缺目标 面试时,千万不要给面试者留下没有明确事业目标的印象,如当问及对什么工作岗位感兴趣时,只是回答:"随便什么岗位都可以,只要能够进入公司就行。"虽然一些求职者的其他条件不错,但无事业目标就会缺少主动性和创造性,给企业带来损失。面试者反倒情愿聘用一个各方面表现虽较逊色,但具有事业目标和热忱的求职者。

在选择职业时,要根据性格和个性,选择合适的发展方向,而不能单纯考虑收入的高低。有人选择了销售员的职业,可是口才不佳,自己都说服不了自己,怎么能推销产品?有人选择了文秘职业，但下笔迟钝，半年拿不出一个像样的文字材料来。这样不仅会误了用人单位的事，更会耽误自己的前程。如果你是理智型性格，喜欢周密思考，善于权衡利弊得失，你可以考虑选择管理、研究和教育型的职业；如果你是情绪型性格，情感反应比较强烈和丰富，行为方式带有浓厚的情绪色彩，则适宜从事艺术和服务型的职业；如果你属于意志型性格，行为目标明确，行为方式积极主动、坚决果断，应考虑从事经营或决策型的职业。

忌过于谦虚 职场中，如果一味地谦虚，明明自己能够胜任，却说“恐怕力不能及”，明明是自己的长处，却说“水平一般”，一心想给对方留下谦虚谨慎的好印象，结果只会适得其反，给人造成无能的错觉。有些人为了拿到面试官手里的 offer，对面试官极尽阿谀奉承之能事，卑躬屈膝，唯唯诺诺，甚至对无理的要求也都照单全收。不要以为这样就会让面试官对你另眼相看，公司是在招人才，而不是招奴才。奴才总是不讨人喜欢的，而且还让人增加了警惕性：这人会不会当面一套背后一套，乘人不备捅人一刀？

一位女大学生去一家合资公司应聘，通过了一道道笔试、面试关卡，最后只剩下她和另一位男性求职者。经理是外国人，他在闲聊中，极为随便地问了句话：“会打球吗？”男的说：“会。”女的答道：“打得不好。”(其实她在大学校园里是个不错的羽毛球选手)经理又问：“给你俩一部小轿车，限在一星期的时间内，有没有把握学会驾驶这辆小轿车？”男的说：“有。”女的说：“我试试看吧。”(其实她曾考过驾照)经理再问：“厨房里有的是蔬菜，你俩能不能给我做几样拿手好菜？我这人不挑剔。”男的说：“没问题。”而她却腼腆地说：“做得不好。”(其实她的烹调技术不亚于一个三级厨师)最终，女大学生被淘汰。

这位女大学生墨守“谦虚是最大美德”的古训，不敢表白自己的工作能力。如果从更深一层来讲，她的身上有着自卑心理，不敢面对机遇、迎接挑战。如果招聘人员是中国人，他们或许会理解她的谦虚心理。可当招聘者来自历史文化背景截然不同的西方国家时，就会出现上述结果。具体而言，大学生在应聘时的谈吐，应根据用人单位的性质而定。在应聘国有企业、民营企业时，谈话应谦虚一些；而面对一些外资企业、合资企业及许多管理方式较为现代、西化的单位，则可大胆表现，灵活随意。这与国内企业和外企在理念及管理方式上的本质差异有关。

忌抬出大人物压人 有的人面试时开口就说“我认识你们王总经理，我和他儿子是同学，关系不错”等等，这种以上压下的话谁听了都会反感。面试者会认为你是抬出大人物压人，这不但会使他产生反感，还会一脚将你踢出。因为，如果与你这样的人做了同事，他以后就会难以管理。另外，也有可能给人的感觉是，你缺乏自信，想以拉关系的方式混进来。

忌见面就打探薪酬福利 那种一开口就问“工资报酬多少，福利待遇如何”的求职者最令面试者反感。求职者关心收入和待遇的心情是可以理解的，但八字未见一撇，一开口就讨价还价，是不成熟的表现。求职毕竟不是谈生意做买卖，“金钱第一”怎么说也容易让人产生反感。如果在对方询问你对薪水的要求时狮子大开口，会让对方觉得即使想录用你，也怕你因为薪水达不到要求而不愿意来，所以，面试后可能经过考虑而不发给你录取通知书。有些求职者在经过初次面试后已经接到复试通知，这时招聘人员可能会主动告诉你薪酬福利。而此时你如果表现出“斤斤计较”，也会让招聘人员对你的印象大打折扣，甚至会在最后决定不录取。

有一著名五星级酒店人力资源部经理曾经亲历过这么一次事情。酒店在报纸上发布招聘信息后，来了一名应聘者。开始是人力资源部的招聘助理接待他，按照酒店的惯例，先请求职者填写表格，然后审核书面材料，再根据需要安排面试。因此，招聘助理离开办公室去接待室请他填写表格。可是，招聘助理很快就急匆匆地回来了。她告诉人力资源部经理说："那个人不肯与我交谈，他张口就说请你们经理过来。"虽然人力资源部经理对他这种不礼貌行为感觉不好，但出于职业规范还是放下手中的工作赶快过去了，并且笑容可掬而且礼貌地问："您好！请问您让我过来有什么需要我帮忙的吗？"当时他站在接待室的窗前东张西望（一般应聘者会安安静静地坐着等待），听到人力资源部经理的问候声，他转过身来说："我来应聘××岗位。我想先问问你们这个岗位工资给多少。有没有××××元？如果没有我就不想浪费时间填表了。"其实酒店的工资能够达到他希望的数字，但是他的无理态度以及短视行为让人力资源部经理决定不录用他，即使他有天大的本事。因此，人力资源部经理马上接着他的话说："对不起，我们要在面试后再与合格的人选具体讨论工资福利。您如果不填表，我们无法给您安排面试，也就不能进入讨论工资福利阶段。"当他犹豫着是否填表时，人力资源部经理马上话锋一转说："这样吧，为了节省彼此的时间，我先告诉您本岗位的具体要求，您自己先对照一下是否合适再填表。我们的酒店是由国际五星级酒店管理集团管理的，内部沟通及管理文件都是用英文，因此，对管理岗位人员都要求具有良好的英语沟通能力。而该岗位的工作要与一位澳大利亚籍老板每天在一起工作，日常沟通只能用英语。所以请问您的英文怎么样？"他含糊其词地说："我……还可以吧。"人力资源部经理马上改用英文问了他一个问题，可是他根本听不懂，只好尴尬地说："那就算了吧。"人力资源部经理也就顺势跟他说了再见。

忌将自己包装成完美的人　金无足赤，人无完人。说自己是最完美的人，不但没人相信，还会弄巧成拙地让人怀疑你是自命不凡、目中无人的人。一些学生，特别是一些在学校读书时成绩比较优秀或者担任学生干部的学生，带着一种在学校里培养出的优越感，却眼高手低。他们有时连面试者都不放在眼里，说话的口气大得能撑破天。这样的人只会让面试者讨厌——"您厉害，那您就另谋高就吧。"

（四）面试时要问清楚的几个问题

对于求职者来说，向面试官提问本就是一种推销自己的方式，一个好的提问，会让面试官刮目相看。可是有些应试者缺少发问的技巧，要么问一些与工作无关的愚蠢问题，或者在不该提问时突然打断面试官的话发问，要么面试前没有足够的准备，轮到有提问机会时，张口结舌提不出问题。也有一些人不分场合、不看时机，提出一些对方忌讳或不好回答的问题。如，有求职者问面试官："听说贵公司经济效益下降，具体原因是什么？"这是一个可以在场外探讨的问题，可是将其搬到面试时来讲显然不合时宜。当公司有意留用你时，你也千万别忘了问一些跟你工作密切相关的问题，不然正式上班后，后悔就来不及了。

工作内容　是什么样的工作，一般在看到招聘岗位时就能明白的。但是现在的公司工作岗位越分越细，所以在面试时你一定要问好你的工作内容是什么，岗位职责和义务是什么，要向谁汇报工作，是否要管理什么人。这样一方面可以事先确定该岗位是否适合你，另一方面也可以在上岗前做好充分的思想准备和业务知识准备。

工作地点和小时数　在面试时，一定要问清工作地点。因为公司在各地有很多分公司的话，可能在不同的地方都会提供工作岗位。应试者最好能问清楚上班和下班的时间、加班的时数限度、节假日及年休假等。这样，你就可以根据自身的条件考虑是否能承受。一般来讲，在面试时，应聘者提出类似的适当的问题，对方都会做出解答。需要注意的是，有许多大集团公司在各地都有分公司，但是招聘工作是由总部统一进行。如果你对工作地点或时间不满意，千万不要抱着侥幸心理，先进去再说，等以后要求调动到心仪的城市或岗位。除非招聘单位事先跟你说明有此类安排，或者你事先问清楚以后的安排，而你也做好各种准备等到那天。如果抱着侥幸心理，工作一段时间后，没到公司原来计划的日期就提出调动，只会令公司对你产生反感。一方面，你不一定能达到目的并且浪费了时间和精力；另外一方面，也会给你在公司以后的发展留下阴影。

某公司于夏季招了一名应届毕业生，面试时说好是外派到深圳分公司工作1～2年，她也表示同意。可是工作四个月后，她就口头提出要回公司总部，公司没有同意。第五个月时，她与总部说身体不好，生肝炎，要请病假。当时，人力资源部还觉得奇怪，因为所有新员工进来时，都统一安排体检，为什么当时没查出来？离体检时间也不久，而且当时也不是该病流行期，不可能突然生此病。因此，人力资源部让她按公司操作程序提供医院病假证明，填写请假单。但是她没做任何反应，只是说自己感觉筋疲力尽，想回总部休养一段时间。第六个月恰逢春节，她与深圳分公司的主管说，她回总部过完春节就不回去了，既没有与深圳分公司总经理请假，也没有与总部其业务主管经理请假，就没有回去上班。然后，节后一周左右，她回到公司要请病假，人力资源部依然告诉她要按公司制度操作。她只是口口声声地说："医院开不出病假条，也没查出病，我真是太累了，我想请个长假，好好休息。"当人力资源部有关人员告诉她，公司的制度规定一定要有医院出具的病假条，否则按旷工处理，她又闷声不响走了。后来人力资源部与相关部门讨论决定辞退了她。

试用期限和培训机会 不管你是不是刚毕业的学生，公司招聘新人时都会提出一定的试用期限，根据有关劳动法规定，试用期最长不得超过6个月。应聘者可用较委婉的方式询问，如："有些公司有新进员工的试用期限和培训机会的相关规定，不知贵公司是否亦有此规定？"如果公司有这些规定的话，应聘者应确认其试用期限及待遇。一方面可以避免不讲信用的公司欺骗新人，另一方面也可以避免彼此因为沟通的不畅而引起尴尬。

薪水及福利 薪水的多少对任何求职者来说，都是很值得关心的事情。一般来讲，在面试时，招聘人员都会主动给应聘者说明试用期、正式聘用期的薪水及福利情况，但也有工作人员忘了的时候。面对这种情况，应聘者可以在得到录用通知时直截了当地问薪水以及福利奖金的政策。

(五)面试常会提的问题

面试要提的问题因人而异，也因单位的性质而有所区别，甚至大相径庭。我们这里只是就普遍的规律性而言，概括出以下几方面，供读者参考。

请你介绍一下自己吧。

你是怎么知道我们公司的？

你有什么爱好？

你有什么特长？

你的学业成绩怎么样？

说说你的学校。

说说你做得最成功的事。

说说你失败的事。

你为什么认为自己能做好这份工作？

你对这个职位有何理解/了解？

你认为自己有哪些优点？

你的长期目标是什么？

你未来3～5年的发展计划是什么？

(六)面试时可能遇到的挑战

学历或学位低于应聘要求 现实生活中，有很多人具有丰富的工作经验和超常的实干能力，却没有相应的高等学历和学位，以致在“一审”时便被淘汰，实在太可惜，也太不公平。虽然人们常用典型人物作例子来阐明能力的重要性，但在社会上普遍盲目追求“人才高消费”的今天，理论剖析和实际落实还是有很大差距的。这就要求有这方面弱势的求职者（包括高职生）在求职简历中的教育和经验部分慎重行文，扬长避短。如果你具备应聘工作所要求的专业技能条件，但却没有良好的教育背景，最聪明也是最简单的办法就是，只列出你曾经受到过的教育和实习、实训的内容，以及受训后取得的成绩和应用到工作实践中的实绩，而故意不表明你是否具备或不具备相关的学历和学位。这样做既无不诚实之嫌，又可以避免你的个人简历在第一关时便被否决。如果你能顺利通过初审，在面试中一旦被招聘人员认可，他们将会忽略你的学历而认同你的能力，甚至或许会帮助你向老板申请破格录用。

太年轻，工作经历短 每个人都有成熟的时候，同样，每个成熟的人也都有年轻的时候。年轻人缺少工作经历这本是很平常的事，但却难以被所有的用人单位认同，因为有很多用人单位更喜欢站在自身的角度考虑员工的眼前效能。他们希望录用一些有更多实际工作经验的人，在这些人的眼里，太年轻、工作经历短就成了弱势。年轻求职者可以在求职简历中更多地强调自己的优势，以引起招聘者的重视。如：你虽然没有工作经历，但你可以着重强调你能适应的技术岗位，来弥补所欠缺的工作经验；你可以在简历的工作技能部分强调你的勤奋苦干，能迅速掌握新技能；对于男性求职者来说，你还可表明你愿意接受困难条件以增加工作经验，或者愿意在周末或平时晚上值班，或者主动承担出差或外派任务。这样，当你充分展示了你的优势之后，年龄和工作经历上的劣势将被冲淡，用人单位很可能会对你放宽要求，使你得到获取工作的机会。

(七)怎样应对面试时一些刁钻古怪的问题

优秀的企业必有独特的选择人才的方式，他们并不是真的需要你弄明白，并在面试时给出答案，他们只是想让你思考！你可能已经读过求职方面的书，并在心里反复温习了面试标准问题的答案。但是面试官提的是其他问题，一些你没有想到的问题，这时该怎么办？这样的问题可能是最难的，因为它们会表明你的思维敏捷程度。它们可能非常有迷惑性，让你戒备心全无，从而中了面试官的圈套，展现出自己的方方面面，包括你原本不打算暴露出来的某些个性。所以，有些问题根本没有标准答案，只是招聘者想对你的思维方式以及个性等方面进行测试，以便能够为你提供适合你本人的岗位。

除了具备优秀的人品、出色的才干，如今一些用人单位对个人的意志也非常重视。一家用人单位在招一名销售总监。招聘负责人开始面试时，不是先问求职者毕业于什么大学，有什么工作经验，而是先询问对方遇到打击时将以什么方式面对。“在遇到很大的打击时，你有没有想到过轻生?”这仿佛是在做心理测试。像这样的单位并不在少数，他们大多青睐那些具有坚强意志的求职者，他们乐观向上，遇事冷静，不会被一时的压力所吓倒，遭遇打击时，他们不气馁，而是努力地去解决困难和战胜挫折。一个人的个人意志很重要，有时也许一个人很有才干,但他如果是个十分脆弱的人,那么在公司的发展前景也不会太好,有时会给公司带来不良的后果。

下面列举一些范例以及建议以供参考。

一家投资银行的面试官所问的问题 如果此时外面有一艘宇宙飞船着陆,你会走进去吗?如果它可以去任何一个地方,你会要求它把你带到哪里?

建议:宇宙飞船这个问题问的是你有多大的冒险精神,要回答这个问题,需要根据你对自己所应聘的工作的了解好好组织自己的语言。假如这项工作要求你具有创新精神,那么你可以说:"是的,我会上去,去见见曾经在这个星球走过的那些最具有创新精神的人,问问他们最喜欢用什么方式来让自己尽可能保持创造力。"

你今天为什么来这里 建议:"你今天为什么来这里"这样的问题给你提供了一个阐述自己对这份工作的热情的机会。如果你不是从这句话的表面意思去看,那么这就是一个刁钻的问题。在接受面试时,很重要的一点是让自己轻松一点,不要分析每个问题到底是什么意思。应想方设法让你的回答能够拉近你与面试官之间的关系,并表明你作为这个职位的应聘者,有着自己的优势。你可以说:"我来这里是要和您讨论一下我应聘某某工作的问题。您愿意向我介绍一下公司的情况吗?"

下水道的井盖为什么是圆的 这可不是真的算算术!请看下面的对话。

面试官:现在我们要问一个问题,看看你的创造性思维能力。不要想得太多,运用日常生活中的常识,描述一下你的想法。这个问题是,下水道的井盖为什么是圆的?

应聘者:它们并不都是圆的,有些是方的。的确有些圆井盖,但我也看过方的、长方的。

面试官:不过我们只考虑圆形的井盖,它们为什么是圆的?

应聘者:如果我们只考虑圆的,那么它们自然是圆的。

面试官:我的意思是,为什么会存在圆的井盖?把井盖设计成圆形的有什么特殊的意义吗?

应聘者:是有特殊意义。当需要覆盖的洞是圆形时,通常盖子也是圆的。用一个圆形的盖子盖一个圆形的洞,这是最简单的办法。

面试官:你能想到一个圆形的井盖比方形的井盖有哪些优点吗?

应聘者:在回答这个问题之前,我们先看看盖子下面是什么。盖子下面的洞是圆的,因为圆柱形最能承受周围土地的压力。而且,下水道出孔要留出足够一个人通过的空间,而一个顺着梯子爬下去的人的横截面基本是圆的,所以圆形自然而然地成为下水道出入孔的形状。圆形的井盖只是为了覆盖圆形的洞口。

面试官:你认为存在安全方面的考虑吗?我的意思是,方形的井盖会不会掉进去,因此造成人身伤害?

应聘者:不大可能。有时在一些方形洞口上也会看到方形的盖子。这种盖子比入口大,周围有横档,通常这种盖子是金属质地,非常重。我们可以想象一下,0.6米宽的方形洞口,三四厘米宽的横档。为了让井盖掉进去,需要抬起一端,然后旋转30度,这样它就不受横档的妨碍了;然后再将井盖与地平线成45度角,这时转移的重心才足以让井盖掉下去。是的,方形的井盖的确存在掉下去的可能,但可能性很小,只要对负责开井盖的人稍加培训,他就不会犯这样的错误。从工程学来看,井盖的形状完全取决于它要覆盖的洞口的形状。

面试官:请稍候,我要与其他人讨论点事情。(离开了房间)

(10分钟后,面试官回来了。)

面试官:我们推荐你立刻去销售部工作。

某公司的招聘考题 某公司准备招聘既懂业务又头脑灵活、看问题全面的总经理助理一名,广告见报后仅仅一天时间,应聘材料便如雪片般飞来。公司人力资源部经理斟酌挑选后,近30人有幸被通知参加笔试。

笔试那天,众考生个个踌躇满志、胸有成竹,都显出志在必得的信心。很快,考试开始了,人力资源部经理把试卷发给每一位考生,只见试卷上试题是这样写的:综合能力测试题(限时两分钟答完),请认真阅读试卷。

在试卷的左上角写上姓名。

写出三种热带植物的名称。

写出三座中国历史文化名城。

写出三座外国历史文化名城。

以上四题都回答好后,就请摸摸你的鼻子。

写出三位外国科学家的姓名。

写出三本中国古典文学名著。

大声拍桌子三次。

写出三位中国科学家的姓名。

写出三本外国古典文学名著。

对你旁边的人翘起大拇指说:"我肯定得第一!"

……

不少考生眼睛匆忙扫了扫试卷,看到"限时两分钟"马上就动笔"沙沙沙"地在试卷上写了起来。一开始,考场上的空气因紧张而显得有些凝固。

一分钟、两分钟,时间很快就到了,除了有四五个人在规定的时间之内答完起身交试卷外,绝大多数人都还忙着在试卷上答题。过一会,摸鼻子、拍桌子声此起彼伏,还有人左顾右盼寻找合适的邻居并翘起大拇指说:"我肯定得第一!"现场的气氛非常有趣,紧张而又异常热闹。

两分钟到了,人力资源部经理宣布考试结束,未按时交试卷的一律作废。考场上顿时像炸开了锅,未交卷的考生纷纷抱怨:"时间这么短,题目又那么多,怎么可能按时交卷呢?""对啊,试题又出得很偏!"只见人力资源部经理面带微笑地说:"非常遗憾,虽然在座的各位不能进入本公司接下来的面试,但不妨把你们手上的试卷带走,做个纪念。再认真看看,或许会对你们今后有所帮助。"言毕,人力资源部经理很有礼貌地告辞了。听完人力资源部经理的话,不少人拿起手中的试卷继续往下看,只见最后的试题是这样的:

"如果阁下看完了题目,请只做第一题。"

看到这,刚才牢骚满腹的应聘者们只好面面相觑地离去。

总经理助理一职主要是协助总经理对内协调各部门的工作,对外进行沟通的工作,总经理不在时还有可能要代行使一些决策工作。因而,要具有统观全局的意识,不能"只见树木,不见森林",而那个考题恰恰是对应聘者这方面的能力进行考核的。

三、女生面试,巧妙应对

(一)女生面试时怎样巧对敏感话题

女性求职面试时常会遇到用人单位问及一些他们想知道、应聘者不太好回答而又必须回答好的敏感问题。对这些问题回答得是否妥帖,会直接影响到求职的成败。用人单位一般会针对女性的特点,问及以下几个方面的问题。

你推崇晚婚晚育的观点吗 小心,可别以为这个问题与工作没有多大关联!回答是否得体,可能会直接关系到你的应聘能否通过。他们最想知道的是你在工作与生育之间的关系处理上将是一种什么样的态度。女性求职为什么普遍比较难?这是症结之一。为了工作晚婚晚育,当然是用人单位所希望的。可以这么答:"谁都希望鱼和熊掌能够兼得,当二者不能同时得到的时候,在一段时间内我会选择工作,因为拥有了一份好的工作,将来培养孩子就会有更为坚实的基础。我想总会有合适的时候让我二者兼得,至于什么时候是合适的时候,相信上司一定会帮我考虑的。"这样的回答或许能提醒上司在你生孩子休息时,还会把原来的位置给你留着,而不会让别人取而代之。

你喜欢出差吗 "只要公司需要出差,我义无反顾。这两年因忙于求学和谋职几乎没出过远门。出差很可能会成为我今后工作的一部分,这一点在我来应聘前,早就有思想准备了。"

你认为家庭与事业之间存在着难以克服的矛盾吗 这是一个老问题,也是一个近乎两难推理的老难题。招聘单位自然非常希望你以事业为重,但也希望你拥有一个幸福美满的家庭。"后院不失火",才会使人无后顾之忧,集中精力工作,才会极大地发挥出应有的聪明才干。很显然,直接回答事业与家庭之间存在难以克服的矛盾或根本不存在矛盾,都是不合适的。

不妨这样回答:"我以为无论在工作上,还是在家庭中,女性的最大目标都是要使自己活得有价值。虽然我是一个很想通过工作来证实自己的能力、来体现活着的意义的人,但谁能说那些相夫教子培养出大学生、博士生的农家妇女活着就没有价值呢?何况'一个成功男人的背后往往站着一位伟大的女性'的说法早已被世人所认同。"

这样回答,乍一听似乎有些答非所问,其实这类回答是人们最希望听到的。因为言外之意是说我这个人如果在工作岗位上,我会竭尽全力;如果在家中,我会经营好自己的"小天地"。这种回答恰到好处地体现出女性特有的刚柔相济的特征。

当然,女性应聘要面对的敏感问题形形色色,不可能千篇一律。女性应聘者在回答问题时应该做到:机智灵活,把准脉搏,沉着应答。不要轻视鸡毛蒜皮的小问题,正是在这些小问题上,很多应聘者失去了机会。所以不仅要有好的口才,还要善用口才。

(二)谨防居心叵测的面试者或者用人单位

现在的企业性质多样,除了正规的国有企业、民营企业和外资企业,也有一些小型的个体经营企业。当然,这并不是指所有的小公司都不正规,或者所有小公司的老板都有歹心。在泥沙俱下、鱼龙混杂的情况下,不可避免地存在着一些居心不良者利用招聘图谋不轨。这就要求应聘者尤其是女生擦亮眼睛,有所防范。在得到面试通知时,应聘者可以首先通过各种途径全方位了解该公司的经营方式以及经营产品,甚至该公司老板的为人。

面试场所与时间 正规企业的面试一般都安排在白天及工作时间,除非应聘者因为工作或者学习的安排主动提出晚上或者周末面试。当然,现在有些民营企业也会安排晚上或者周末面试,因为有些老板认为面试不是工作。如果招聘单位是很小的公司,又是毫不商量地通知你面试时间安排在周末或者晚上,面试地点也不是在公司,而是在休闲娱乐场所,假如你不想放弃这个机会,那一定要多加小心。面试前可以打听该场所的具体位置,它的经营情况,以及主要的消费群体都是什么层次的人员。在面试时,可以邀请同学或者好友陪同前往,最好请陪同者在附近等候,一直保持联系,约定出来的大约时间以及如果过了约定时间再联系的方式或者其他应对办法。

面试形式及内容 在面试过程中,如果发现面试者过于关心你本人的生活,而非你的业务能力,即使该公司承诺的各种条件非常诱人,也一定要擦亮眼睛,慎重考虑是否接受。女生要有完整独立的人格,在经济上,决不依靠任何人;在精神上,决不依赖任何人。面试时如果发现面试者表情或动作粗俗,或者态度暧昧,就应该保持警惕,不要食用对方提供的任何饮料或食物。一旦发现有人图谋不轨,千万不要慌张,而要沉着机智地想方法脱身。下面是一个幽默的故事,大家可以在笑声之余学习那位绅士以机智和幽默的方式给自己脱身的办法。

英国绅士与法国女人在火车上同乘一个包厢,女人想引诱这个英国人,她脱衣躺下后就抱怨身上发冷。先生把自己的被子给了她,她还是不停地说冷。“我还能怎么帮助你呢?”先生沮丧地问道。“我小时候妈妈总是用自己的身体给我取暖。”“小姐,这我就爱莫能助了。我总不能跳下火车去找你的妈妈吧!”

思考题:

1. 在进行自我推销前应该做好哪些准备?
2. 面试时应该做到哪些事项?
3. 面试十忌的主要内容有哪些?

【案例一】

幼鹰的故事

一个人在高山之巅的鹰巢里,捉到一只幼鹰。他把幼鹰带回家,养在鸡笼里。这只幼鹰和鸡一起啄食、散步、嬉闹和休息,它以为自己是一只鸡。这只鹰渐渐长大,羽翼丰满了,主人想把它训练成猎鹰。可是由于终日和鸡混在一起,它已经变得完全和鸡一样胆小,根本没有飞的意愿了。

主人试了各种办法,都毫无效果,最后把它带到山崖顶,一把把它扔了出去。

这只鹰像块石头似的直掉下去,慌乱之中它拼命地扑打翅膀,就这样它居然飞了起来!这时,它终于认识到生命的力量,发现了自己的能力,成为一只真正的鹰。

点评:有些毕业生在就业求职之前可能会有恐惧心理,不敢去迎接挑战。就像寓言中的幼鹰由于起初混在一群小鸡中,没有正确地认识到自己的能力,因而缺乏自信。而有些毕业生在开始时虽然敢于面对挑战,可是如果中途遇到挫折却又心灰意懒或者手忙脚乱。就像幼鹰在被主人扔出去后像块石头似的直掉下去,慌乱之中它拼命地扑打翅膀。其实,只要不丧失信心,经过调整,一定会像幼鹰一样自由地翱翔。

【案例二】

有目标的人生是航行，没有目标的人生就是流浪！

任经理拿到小杜的求职简历，简历上表明毕业时间是两年前。简历的内容除了个人信息之外，就是大学期间所修的课程及成绩，还提到参加过什么招聘会。工作经历一栏竟然是空白。可是小杜已经毕业两年了呀！

任经理把招聘助理叫到办公室问是怎么回事。助理解释说，因为业务部门急需，又没收到几份简历，看此人的简历觉得专业对口，只是没有写工作经历，估计是该候选人可能工作忙，编辑简历的时候不小心删除了或者是希望保密现在的工作单位。所以助理抱着完成招聘任务的心理，也想给双方一个机会，就安排面试了。

任经理听了助理的解释，觉得既然小杜已经到了，那就先安排他做个笔试再面试。助理就去安排了。可是一会儿工夫，助理就匆忙回到任经理的办公室说，小杜的笔试没做，他自己说都不会做，还一定要求直接见经理。任经理蹙起眉头，心想此人有点怪，但出于礼貌还是邀请他进了办公室，于是有了以下的对话。

任经理：你好！请坐！

小杜：……（闷声不响地坐下）

任经理：请问你为何不愿意做笔试？

小杜：一题不会。

任经理：你大学是学××专业吗？

小杜：是的。

任经理：那怎么会一题都不会呢？

小杜：题目与大学课堂老师讲的内容不同。

任经理：（小心翼翼地）你简历里面的工作经历是空白，你毕业两年来都没有工作吗？

小杜：我有过一个工作，感觉与应聘的岗位无关就懒得写了。

任经理：那请简单地介绍一下那个工作经历吧，我们面试总要对你的过往经历进行了解的。

小杜：没啥好说的，就是通过我的亲戚进了一家事业单位，我觉得好无聊，没有意思。

任经理：具体负责什么工作呢？

小杜：就是打打字，送送文件，跑跑腿。

任经理：事业单位一般都不容易进去，你怎么舍得辞职了呢？

小杜：不是我辞职的，是我亲戚告诉我作为年轻人应该出去锻炼锻炼。

任经理：（若有所思地）嗯，是应该多锻炼锻炼。

在请助理送客之后，任经理斩钉截铁地在简历上写了几个字：不予录用！

点评：作为一位已经走向社会的大学生，对自己的职业发展至少该有一个大概的方向，哪怕是路径可能有几条，或者走一点弯路。小杜第一份工作做了两年，如果感到不适合自己，想回到自己的专业领域来，也该先充分地了解该行业，积极补上自己的不足。求职中，小杜感觉工作经历与应聘岗位无关就懒得写，容易给人留下这人居然如此懒惰，简历都不愿意更新的印象。应聘的时候，他更是笔试题一题不会，交流也显得很被动，缺乏年轻人应有的激情，给人感觉就是浑浑噩噩地在混日子。哪家企业愿意录用这样的人？

【案例三】

妈宝型巨婴

某公司计划招聘几位应届生培训后给几个部门经理做秘书。经过简历筛选,挑出来10位候选人做初试。

面试那天,人力资源部吴经理上班时经过接待室的门口,感觉今天接待室里的情况与往日大不相同。平日有安排面试时,候选人都是静静地坐着等待,招聘助理逐一安排进入经理办公室一对一面试,整个过程有条不紊。今天的接待室里居然三三两两的,或站着或坐着交头接耳的,甚至还有五个人围成一圈在窃窃私语。吴经理担心是由于接待不周而影响了公司的声誉,就急忙走进去问怎么回事。招聘助理说,有好几位候选人都是带着父母一起来面试的,还有一位候选人不仅带着父母,还跟来了爷爷奶奶!吴经理摇摇头,叹口气走了。

面试按照安排的程序进行中,轮到一位叫沙婷婷的女生时,迟迟不见人进来。吴经理听到门外的吵嚷声。他透过门缝看到一位女生被她妈妈拉着要冲进来,就大声叫助理进来。助理红着脸解释说,"吴经理,我实在受不了这位候选人的家长们了,他们要求一家五口人进来一起面试。我费尽口舌跟他们解释,最后他们说一定要妈妈作为代表陪同孩子一起进来面试。"吴经理正要说"这怎么行啊?",只见那位妈妈已经拉着沙婷婷冲进办公室,还大声地说,"经理,我最了解自己家的女儿!"

为了不耽误时间,吴经理无可奈何地默许了。按照惯例,吴经理要求沙婷婷先做个简单的自我介绍。她害羞得都不敢抬头,只是回头看着她妈。此时,她妈一个箭步冲到吴经理面前说:"我家女儿在学校和家里都很乖的,学习成绩也好。我了解她的所有情况。你想了解什么情况直接问我吧。"吴经理皱着眉头说,"请让她本人说吧,我们面试就是要当面了解本人的情况。"沙婷婷此时怯生生地抬起头来,刚打算张嘴,她妈妈又抢答说:"我女儿有点怕生人,还不太会说话,我怕她回答错了,把面试搞砸了。她的简历里写得很清楚,你没有看过吗?"此刻,吴经理忍无可忍地说:"那好吧!我们再仔细地看看她的简历。我没有问题了,请你们回去等通知吧。"

看着沙婷婷与她妈妈手拉手离开的背影,吴经理真想大声告诉她:"恭喜你!你妈成功地帮你搞砸了面试!"

点评:父母给予我们生命并且哺育我们成长,我们应该感恩。但是任何父母都不可能陪着子女一辈子!年满18岁进入大学,我们就已经是成人,应该学会慢慢独立地面对生活,毕业季就应该是心理断奶的时刻。从毕业那一刻起,我们就算正式地进入社会了,需要正式独立面对一切。如果面试都带着父母,这就暴露出我们缺乏独立性及自主性。企业不是幼儿园!试问,哪家公司愿意招聘一个妈宝型的巨婴?

【案例四】

乞丐的小狗①

一个沿街流浪的乞丐每天总在想,假如我手头有两万元钱就好了。一天,这个乞丐无意

---

① 案例来源:中华网读书频道:http://culture.china.com.

中发现了一只跑丢的很可爱的小狗。乞丐看看四周没人,便把小狗抱回了他住的窑洞里,拴了起来。

这只小狗的主人是本市有名的大富翁。这位富翁丢狗后十分着急,因为这是一只血统纯正的进口名犬。于是,当天晚上他就在当地电视台发了一则寻狗启事:如有拾到者请速还,付酬金两万元。

第二天,乞丐沿街行乞时,看到这则启事,便迫不及待地抱着小狗准备去领那两万元酬金,可当他匆匆忙忙抱着小狗跑在路上时,发现启事上的酬金已变成了3万元。原来,大富翁寻狗不着,又电话通知电视台把酬金提高了1万元。乞丐停下脚步,想了想,又转身将小狗抱回了窑洞,重新拴了起来。考虑到可能有人看到他抱着小狗准备去领酬金的样子,他决定先躲几天,连窑洞也不回了。

第三天,酬金果然涨了。第四天又涨了……直到第七天,酬金涨到了20万元,乞丐这才跑回窑洞去抱狗。可想不到的是那只可爱的小狗已被饿死了,乞丐还是乞丐。

点评:其实在求职时,好多合适的岗位并不是我们无缘得到,而是我们的期望太高。或者我们往往在刚要接近一个目标时,又突然转向另一个更高的目标。西方一位哲人曾说过这样一句话:“人的欲望是座火山,如不控制就会害人伤己。”我们应该根据自己的实际情况,找准自己的定位。

第七章

签订合同——维护你的合法权益

法律不能使人人平等，但是在法律面前人人是平等的。

——[英]波洛克

市场经济内含法制特质，市场化就业作为市场配置劳动力资源的有效形式，其诸多环节都闪烁着法制的光芒。其中最为耀眼的光芒就是用人单位和劳动者通过人力资源市场实现就业行为的契约化。我们都知道，普通商品的买卖，买主和卖主通过契约的形式即民事合同得以确立，而在人力资源市场上，劳动者实现就业的契约形式就是劳动合同。由于当前人力资源市场供需双方存在较为失衡的供大于求的情况，加之劳动者和用人单位之间存在着严重的信息不对称，致使用人单位在人力资源市场上处于普遍的强势地位。如何切实保障劳动者就业过程中的合法权益不被侵害，签订一份合法、公正、公平的劳动合同就显得至关重要。这份劳动合同是劳动者与用人单位在平等协商一致基础上形成权利义务关系的法律依据，合同一旦签订就具有法律效力，在合同期内双方都必须依法履行，一旦谁违法单方解除劳动合同或者变更劳动合同规定的劳动条件，均将依法被追究相应的法律责任。因此，劳动合同是劳动者维权的尚方宝剑，即使遇到不良老板，劳动者也可以以此为据通过法律渠道讨回公道。

一、挺直腰杆——平等协商订合同

(一)了解人力资源市场行情

我们买东西时会货比三家，这是为了了解市场行情，免得交易时吃亏。同样道理，订立劳动合同前我们要了解人力资源市场的行情，使自己在向用人单位求职报价时心中有底，既不会漫天要价吓坏企业负责人而使劳动合同签订泡汤，也可以避免报价太低委屈了自己。了解人力资源市场行情主要注意以下几方面的内容：一是要具体了解你所学的专业和技能在人力资源市场上的供求状况。如果你所学的专业和技能在人力资源市场上供大于求，属于供给饱和状态，在向用人单位要价时要适当降低要求；如果你所学专业和技能在人力资源市场上求大于供，属“抢手货”，你不妨在向用人单位要价时适当提高。二是要及时了解你将从事的工种或职位的工资指导价位。每年浙江省 11 个地市人力资源社会保障部门都会出台当地的人力资源市场工资指导价位，为劳动者求职和用人单位招工时提供一个市场薪酬的参考依据。如杭州市的人力资源市场工资指导价位有：分工种企业工资价位，分国民经济行业企业工资价位，分登记注册类型企业工资价位，分岗位等级企业工资价位和分工种分学历企业工资价位。这些工资指导价位有高位数、中位数和低位数,均为年工资标准。劳动者要及时了解自己从事职位或工种在当地的工资指导价位,使自己在订立劳动合同向用人单位要价时既符合当地的人力资源市场行情,也符合用人单位招用员工时的心理承受价位,同时也满足自己所期望的劳动报酬。

(二)正确评估自身的价值

正确评估自身的价值,对初入职场的大学毕业生来说,具有十分重要的作用,它是签订一份好劳动合同的基础。一方面,签订劳动合同是劳动者与用人单位就双方在劳动关系存续期间的权利和义务进行协商的过程。由于劳动者和用人单位在利益取向上的背向差异,劳动者追求的是收入报酬的最大化及职业空间的拓展,而用人单位追求的是利润的最大化,这种利益取向的差异往往会以用人单位侵害劳动者的合法权益形态出现。用人单位追求利润最大化的单一性,导致其会凭借人力资源市场的买方优势地位尽可能地压低劳动者的工资报酬,尽可能地延长劳动时间和增强劳动强度,尽可能地减少对劳动安全卫生和劳动保护的投入,以及逃避法定的参加和缴纳社会保险费的义务。另一方面,用人单位对劳动者的侵权行为时常见诸报纸、电视、网络等新闻媒体。签订一份能有效保护自身合法权益的劳动合同,通过法律的形式来约束用人单位按合同办事是劳动者维权的关键。而要签订一份能有效保护自身权益的劳动合同,劳动者必须正确评估自身价值,把实力和长处亮出来,使用人单位摆正自己的位置平等地与劳动者协商。正确评估自身价值,是劳动者在签订劳动合同时向用人单位合理要价的基础。古话说,“没有金刚钻,不揽瓷器活。”劳动者通过正确评估自身的价值,如果自己的综合素质获得较高的评价,在确定劳动合同的工资报酬时,可以把价格喊高一些,用人单位也容易接受。当然,如果自身素质并不高而漫天要价,你就会成为劳动力市场上的“弃儿”。

(三)劳动合同签订时应遵循的原则

订立劳动合同的原则,是指在劳动合同订立过程中双方当事人应当遵循的基本法律准则。根据《劳动合同法》第三条规定,订立劳动合同,应当遵循合法、公平、平等自愿、协商一致、诚实信用的原则。因此,订立劳动合同时应遵循的原则具体为以下五条。

合法原则 这个原则是保证劳动合同有效并受到法律保护的前提条件。在实践中主要包括以下三方面的要求:首先是主体合法,也就是说劳动合同双方当事人必须具备订立劳动合同的主体资格。对用人单位而言,必须具有法人资格或者经国家有关机关批准依法成立,必须有被批准的经营范围和能履行劳动合同的权利义务能力,以及承担经济责任的能力。如果用人单位没有经过工商登记或者依法批准,属于非法经营,就不具备与劳动者签订劳动合同的用工主体资格。对求职者而言,必须达到法定的劳动年龄以及具备劳动行为能力和劳动权利能力。如《劳动法》和国务院《禁止使用童工规定》均规定,禁止用人单位招用未满16 周岁的未成年人,文艺、体育和特种工艺单位招用未满 16 周岁的未成年人,应当依照国家有关规定,履行审批手续,并保障其接受义务教育的权利。如果用人单位招用的是未满 16 周岁的童工,与其签订的劳动合同显然主体不合法。其次是目的和内容合法,指的是双方当事人在劳动合同中设立的权利和义务条款必须符合法律法规和政策的规定,不得损害国家、社会和集体的利益。如《劳动法》第四十八条规定,用人单位支付劳动者的工资不得低于当地最低工资标准,如果劳动合同有关条款与这一规定相抵触,会导致劳动合同条款甚至整个劳动合同因违法而无效。最后是订立的程序和形式要合法。根据《劳动合同法》第十条规定，建立劳动关系，应当订立书面劳动合同。因此，劳动合同必须以书面形式签订，同时合同书要全面、完整。这一点需要十分注意和警惕。在现实生活中，许多用人单位特别是一些小微型的非公有制企业，用工往往不签订劳动合同，工资待遇只在口头上加以承诺，一旦发生纠纷，处理起来就十分棘手，往往用人单位会存在抵赖不认账的不良行为。由于没有订立书面劳动合同，给劳动者维护自身合法权益带来了不必要的麻烦。

公平原则 公平原则要求在劳动合同订立过程及劳动合同内容的确定上应当体现公平。公平原则强调了劳动合同当事人在订立劳动合同时，对劳动合同内容的约定，双方承担的权利义务中不能要求一方承担不公平的义务。如果双方订立的劳动合同内容显失公平，那么劳动合同中显失公平的条款无效，如因重大误解导致的权利义务不对等，对同岗位职工提出不一样的工作要求，对劳动者一些个人行为做出限制性的规定，等等。对于劳动者而言，显失公平的合同违背了劳动者的真实意愿。对此，《劳动合同法》第二十六条明确规定，用人单位免除自己的法定责任、排除劳动者权利的，劳动合同无效。

平等自愿原则 平等是指订立劳动合同的双方当事人具有相同的法律地位，即用人单位和劳动者在表达自己意愿方面享有法律赋予的同等地位，不存在命令与服从的关系。也就是说，劳动者与用人单位都有平等发表自己意见的权利，如劳动者可以对合同的条款包括工资待遇提出自己的意见，用人单位也可以对劳动者提出的工资价位发表不同的意见。劳动者在签订劳动合同时切不可因害怕失去工作而忍气吞声不敢发表自己的意见。自愿是指订立劳动合同必须出自双方当事人自己的意愿，是在充分表达各自意见的基础上，经过平等协商而达成的协议。采取暴力、强迫、威胁、欺诈等非法手段，在非自愿情况下订立的劳动合同无效。如用人单位在招聘时向求职者描绘办公场所、工资待遇如何好，企业规模如何大，而等求职者到了单位才知道纯属欺骗，可以不与用人单位签订劳动合同。即使签订了劳动合同，根据《劳动合同法》第二十六条规定，也可主张该合同无效。

协商一致原则 协商一致是指劳动关系双方当事人在各自意思表示的基础上，通过相互协商，取得一致意见。也就是说，只有劳动者和用人单位对存在的分歧意见采取充分协商的方式，达成完全统一时，才能订立劳动合同。如用人单位对求职者提出的薪资水平觉得过高时，可以向求职者说明自己不能接受的意见，同时提出用人单位可以接受的薪资水平。而求职者可以就用人单位提出的薪资水平表示接受或不接受，若接受就表示协商达成一致意见，否则进行进一步的讨价还价，直到达成一致意见为止。其实，“平等自愿”原则和“协商一致”原则是相辅相成的，“平等自愿”是“协商一致”的前提条件，“协商一致”是“平等自愿”的表现形式和结果。只有在平等自愿的基础上才能有协商的基础，也才有可能达成一致意见。

诚实信用原则 诚实信用是合同订立和履行过程中都应遵循的原则。劳动者和用人单位在订立与履行劳动合同时，必须以自己的实际行动体现诚实信用，互相如实陈述有关情况，并忠实履行劳动合同。当事人一方不得强制或者欺骗对方，也不能采取其他诱导方式使对方违背自己的真实意思表示而接受另一方的条件。在国外，如果雇员隐瞒重要事实，即使双方已经签订劳动合同，雇主也可以直接解除劳动合同。根据《劳动合同法》第二十六条、第三十八条和第三十九条的规定，明确了以欺诈手段签订的劳动合同无效或者部分无效的同时，对当事人存在这种情形的，允许另一方当事人解除劳动合同。

(四)劳动合同要及时签订

劳动合同订立的程序 劳动合同订立与其他民事合同订立一样，都经过要约和承诺两个阶段。要约阶段中,是用人单位发布招工简章,向社会公开发布招用信息,求职者看到招工信息后自愿报名,用人单位对报名人员进行全面考核,在择优录用的基础上确定要约人,这些被用人单位确定的要约人,就是经过用人单位面试合格的人。然后进入承诺阶段,即签订劳动合同,通过劳动合同的签订用人单位和劳动者就双方的权利和义务进行协商一致后做出承诺,以法律约束力来维护双方的合法权益。签订劳动合同一般先由用人单位提供劳动合同文本草案,征求并吸收被招用劳动者的意见;或者由被招用劳动者与用人单位的代表,如法定代表人、人事行政经理或其他经委托的有关人员直接协商,共同起草;也可以使用人力资源社会保障部门提供的统一规范的格式劳动合同文本。劳动者可以对劳动合同草案提出修改意见或增加新的内容,劳动者也可以与用人单位就格式劳动合同文本中双方感兴趣的问题进行协商约定。合同双方当事人在反复讨论、充分协商的基础上最终达成一致意见,然后由用人单位的法定代表人或其书面委托代理人与劳动者签字盖章,并注明日期。根据《劳动合同法》第十六条、第八十一条的规定,劳动合同由用人单位与劳动者协商一致,并经用人单位与劳动者在劳动合同文本上签字或者盖章生效。劳动合同文本由用人单位和劳动者各执一份。用人单位未将劳动合同文本交付劳动者的,由劳动行政部门责令改正;给劳动者造成损害的,应当承担赔偿责任。

仔细审读和推敲劳动合同及相关文本内容 求职者在与用人单位签订劳动合同前,一是要仔细审读劳动合同及相关文本内容,如关于岗位的工作说明书、岗位责任制度以及用人单位劳动纪律、工资支付、绩效考核、职工奖惩、劳动合同管理等规章制度。这些制度文件都关系到劳动者的切身利益,即使这些文件不作为劳动合同的附件,劳动者也要遵守用人单位的劳动纪律和规章制度;假如这些文件作为劳动合同的附本,其具有与劳动合同同等的法律效力。因此,劳动者在签订劳动合同前要仔细审读这些文本内容,做到心中有数。二是对劳动合同及相关文本的有些字句要仔细推敲。一方面,劳动者一定要仔细推敲合同中有关劳动条件的设定和违反劳动合同责任的规定,避免含糊其辞的合同文字,以免发生劳动争议时双方说不清楚,导致劳动者维权困难。另一方面,劳动合同中一些具体性的字句要准确、完整、明白易懂,不能用缩写、替代词或含糊不清的文字表达,特别是合同中涉及数字,一定要使用大写文字。如工资数额的书写一定要符合财务惯例,以免劳动合同履行时发生不必要的麻烦。如遇到不甚清楚的条款,可以大胆地向用人单位提出来,要其解释清楚,若你有不同意见,可以与用人单位协商后加以修改。

及时签订劳动合同 现实中,往往会发生许多不及时签订劳动合同的现象。主要有两种情况:一是用人单位往往会提出等试用过一段时间看看情况再说,好就签不好就不签劳动合同。这种做法是违法的,根据《劳动合同法》第十条的规定,用人单位应当在建立用工关系之日起一个月内与劳动者订立书面劳动合同,而不是试用合格后。劳动者可以理直气壮地向用人单位提出及时签订劳动合同。二是一些求职者是通过熟人关系获得工作的,由于碍于情面不好说出口,用人单位没提签订书面劳动合同,只是简单地达成口头协议,有的口头协议也很简单,只说了一下工资多少。其实,劳动者完全可以大胆地向用人单位提出签订劳动合同的要求。俗话说,“亲兄弟还要明算账”,情面归情面,按照市场经济规律办事,保护的是双方的合法权益。签订劳动合同对用人单位和劳动者都有利,可避免一旦发生劳动争议时说不清道不明,从而降低解决纠纷的难度。

二、正确界分——不同用工形式

随着经济全球化和信息化的不断推进，传统的就业安定观念受到根本的动摇，劳动者就业形式越来越呈多样化趋势，非全日制就业、劳动力派遣用工、季节工、小时工、兼职就业、自由职业等灵活就业形态大量涌现。据有关资料显示，我国目前的灵活就业人员已占城镇从业人员的40%左右，总人数在1亿人以上。由于工作的灵活性较强等特点，这些就业形态下劳动者的劳动权益更容易受到侵害，这给立法和执法带来了新的挑战。对此，《劳动合同法》顺应了实践的需要，分别开辟专节对劳务派遣用工和非全日制用工形式进行了比较完备的规定，意义重大。作为初次就业的大学生群体，在求职的道路上，一定要注意不同的用工方式，尽量选择适合自己的用工形式。对标准劳动关系的用工将在后面详述，这里主要对典型的非标准劳动关系用工形态——劳务派遣和非全日制用工——进行阐释。

(一)劳务派遣

劳务派遣，在人力资源界一般称之为人力(才)派遣或者租赁，在德国、日本等国家以及我国台湾地区的劳动法学界一般称之为劳动派遣。劳务派遣的最大特点是劳动力雇用和使用相分离，形成"有关系没劳动，有劳动没关系"的特殊形态。劳务派遣用工方式自21世纪初以来在我国迅速发展，非常普遍，原因主要为：一是能降低企业成本(人力资源管理成本、税收成本、解约成本等)；二是符合一些企业弹性用工的需求，例如季节性强的企业业务需要灵活的短期用工，否则将会导致严重的加班行为；三是国有企业经过减员增效后，一些低层次岗位的替代性用工需要；四是行业性质和政策决定使用劳务派遣工，例如保安企业无法自己招用，必须由当地保安公司派遣；五是企业的理念是集中精力进行专业化生产，其他辅助性的工作或者业务，如后勤，进行外包或者使用劳务派遣工效率更高；六是有的企业只从事生产，不从事销售，只能通过使用劳务派遣工从事销售业务。虽然劳务派遣一定程度上促进了就业，但也带来很多问题，特别是劳动者权益保护方面的问题尤为突出。一是劳务派遣公司随意克扣劳务派遣工工资；二是劳务派遣工与用工单位职工同工不同酬问题；三是劳务派遣工的职位和劳动报酬得不到正常晋升和合理增长；四是为降低成本，滥用劳务派遣，把劳务派遣用工作为企业的主要用工形式；五是劳务派遣工的工伤法律责任不明确，造成劳务派遣单位和用工单位相互推诿；六是异地劳务派遣现象严重，往往侵害劳务派遣工的社会保险权益。随着《劳动合同法》的深入实施和《劳务派遣行政许可实施办法》(人力资源和社会保障部令第19号)、《劳务派遣暂行规定》(人力资源和社会保障部令第22号)的先后施行，劳务派遣用工中发生的侵害劳动者的权益问题得到了有效遏制和破解，但完全消除还尚需时日。因此，大学生就业时一定要认真审视自己的用工形式，依法保护自己的合法权益。根据劳动法律法规的规定，了解和实行劳务派遣用工需要注意以下主要问题。

劳务派遣单位必须符合法定的设立条件 经营劳务派遣业务应当具备下列条件：(1)注册资本不得少于人民币200万元；(2)有与开展业务相适应的固定的经营场所和设施；(3)有符合法律、行政法规规定的劳务派遣管理制度；(4)法律、行政法规规定的其他条件。同时，经营劳务派遣业务应当向劳动行政部门依法申请行政许可；经许可的，依法办理相应的公司登记。未经许可，任何单位和个人不得经营劳务派遣业务。

仔细理清劳务派遣三方当事人之间的法律关系 劳务派遣单位作为用人单位，应当履行用人单位对劳动者的义务。劳务派遣单位与劳动者形成劳动合同法意义上的劳动关系，劳务派遣单位要承担用人单位的全部权利义务,并对用工单位承担的义务负连带责任。劳务派遣单位与被派遣劳动者订立书面劳动合同。劳动合同除要有一般劳动合同的必备条款外,还要明确约定被派遣劳动者的用工单位以及派遣期限、工作岗位等情况,并且劳务派遣单位与被派遣劳动者至少要订立两年以上的固定期限劳动合同。劳务派遣三方法律关系具体如图 7-1 所示。

另外,劳务派遣单位派遣劳动者应当与用工单位订立劳务派遣协议,该协议在性质上属于民事合同。在劳务派遣协议中,应当约定派遣岗位和人员数量、派遣期限、劳动报酬和社会保险费的数额与支付方式以及违反协议的责任等内容。用工单位应当根据工作岗位的实际需要与劳务派遣单位确定派遣期限,不得将连续用工期限分割订立数个短期劳务派遣协议。在订立劳务派遣协议时,当事人应当遵循实际需要的原则来确定派遣期限。

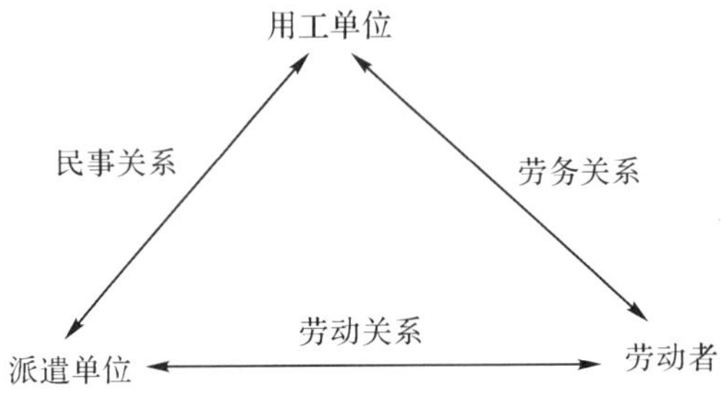

图 7-1 劳务派遣三方法律关系

准确把握同工同酬原则 被派遣劳动者享有与用工单位的劳动者同工同酬的权利。用工单位应当按照同工同酬原则,对被派遣劳动者与本单位同类岗位的劳动者实行相同的劳动报酬分配办法。用工单位无同类岗位劳动者的,参照用工单位所在地相同或者相近岗位劳动者的劳动报酬确定。劳务派遣单位与被派遣劳动者订立的劳动合同和与用工单位订立的劳务派遣协议,载明或者约定的向被派遣劳动者支付的劳动报酬应当符合同工同酬原则。

正确理解劳务派遣用工形式 劳动合同用工是我国的企业基本用工形式。劳务派遣用工是补充形式,只能在临时性、辅助性或者替代性的工作岗位上实施。临时性工作岗位是指存续时间不超过六个月的岗位;辅助性工作岗位是指为主营业务岗位提供的非主营业务岗位;替代性工作岗位是指用工单位的劳动者因脱产学习、休假等原因无法工作的一定时期内,可以由其他劳动者替代工作的岗位。用工单位应当严格控制劳务派遣用工数量,使用的被派遣劳动者数量不得超过其用工总量的 10%。用工总量是指用工单位订立劳动合同人数与使用的被派遣劳动者人数之和。计算劳务派遣用工比例的用工单位是指依照《劳动合同法》和《劳动合同法实施条例》可以与劳动者订立劳动合同的用人单位。

仔细掌握劳动者自己享有的权利 劳务派遣单位跨地区派遣劳动者的,被派遣劳动者享有的劳动报酬和劳动条件,按照用工单位所在地的标准执行,应当在用工单位所在地为被派遣劳动者参加社会保险,按照用工单位所在地的规定缴纳社会保险费,被派遣劳动者按照国家规定享受社会保险待遇;劳务派遣单位在用工单位所在地设立分支机构的,由分支机构为被派遣劳动者办理参保手续,缴纳社会保险费;劳务派遣单位未在用工单位所在地设立分支机构的,由用工单位代劳务派遣单位为被派遣劳动者办理参保手续,缴纳社会保险费。符合法律规定条件下,劳务派遣单位依法与被派遣劳动者解除或者终止劳动合同的,应当向被派遣劳动者支付经济补偿。被派遣劳动者有权在劳务派遣单位或者用工单位依法参加或者组织工会，维护自身的合法权益。

知道劳务派遣单位的法定义务　劳务派遣单位应当对被派遣劳动者履行下列义务：如实告知被派遣劳动者《劳动合同法》第八条规定的事项、应遵守的规章制度以及劳务派遣协议的内容；建立培训制度，对被派遣劳动者进行上岗知识、安全教育培训；按照国家规定和劳务派遣协议约定，依法支付被派遣劳动者的劳动报酬和相关待遇；按照国家规定和劳务派遣协议约定，依法为被派遣劳动者缴纳社会保险费，并办理社会保险相关手续；督促用工单位依法为被派遣劳动者提供劳动保护和劳动安全卫生条件；依法出具解除或者终止劳动合同的证明；协助处理被派遣劳动者与用工单位的纠纷；依法执行法律、法规和规章规定的其他事项。此外，劳务派遣单位不得克扣用工单位按照劳务派遣协议支付给被派遣劳动者的劳动报酬；劳务派遣单位和用工单位不得向被派遣劳动者收取费用。

明确用工单位的法定义务和责任　用工单位应当履行下列义务：执行国家劳动标准，提供相应的劳动条件和劳动保护；告知被派遣劳动者的工作要求和劳动报酬；支付加班费、绩效奖金，提供与工作岗位相关的福利待遇；对在岗被派遣劳动者进行工作岗位所必需的培训；连续用工的，实行正常的工资调整机制；向被派遣劳动者提供与工作岗位相关的福利待遇，不得歧视被派遣劳动者；应当协助工伤认定的调查核实工作。同时，用工单位不得将被派遣劳动者再派遣到其他用人单位；不得设立劳务派遣单位向本单位或者所属单位派遣劳动者。

了解解除劳动合同的法定条件　被派遣劳动者提前30日以书面形式通知劳务派遣单位，可以解除劳动合同。被派遣劳动者在试用期内提前3日通知劳务派遣单位，可以解除劳动合同。劳务派遣单位应当将被派遣劳动者通知解除劳动合同的情况及时告知用工单位。被派遣劳动者依法被用工单位退回，劳务派遣单位重新派遣时维持或者提高劳动合同约定条件，被派遣劳动者不同意的，劳务派遣单位可以解除劳动合同；劳务派遣单位重新派遣时降低劳动合同约定条件，被派遣劳动者不同意的，劳务派遣单位不得解除劳动合同，但被派遣劳动者提出解除劳动合同的除外。同时，被派遣劳动者可以依法通过即时解除方式与劳务派遣单位解除劳动合同。

(二)非全日制用工

非全日制用工是一种特殊的用工形式。本质上用人单位和劳动者之间形成的是劳动关系，而不是民事雇佣关系；双方达成的协议是劳动合同，而不是民事合同。当然，不是所有的非全日制工作形式都受《劳动合同法》调整，例如家庭和个人雇工中的“小时工”。相比全日制用工，非全日制用工的特殊性就在于“灵活性”，即形成相对宽松的劳动关系，具体包括：合同形式不拘书面性，允许订立口头协议；劳动关系存续时间有不确定性，任何一方都可以随时通知对方终止劳动关系，不必提前通知，用人单位无须支付经济补偿；劳动关系双重甚至多重性，允许同一劳动者同时存在两个或者两个以上的劳动关系。当然，除特别规定外，其也应遵循劳动法的一般原则和规定，如也需遵守劳动安全保护、职业危害防护等保护性的规定。根据《劳动合同法》的规定，以下问题值得大学毕业生求职就业时关注。

非全日制用工的含义和判断标准　非全日制用工，是指以小时计酬为主，劳动者在同一用人单位一般平均每日工作时间不超过4小时，每周工作时间累计不超过24小时的用工形式。判断标准：是在同　用人单位平均每日工作时间不超过4小时，每周工作时间累计不超过 24 小时;二是非全日制用工中工资支付形式以小时计酬为主;三是非全日制用工是一种特殊的用工形式。

非全日制用工的法律特征 非全日制用工存在以下法律特征:一是非全日制用工双方当事人可以订立口头协议。从事非全日制用工的劳动者可以与一个或者一个以上用人单位订立劳动合同;但是,后订立的劳动合同不得影响先订立的劳动合同的履行。二是非全日制用工双方当事人不得约定试用期。非全日制用工双方当事人任何一方都可以随时通知对方终止用工。终止用工,用人单位不向劳动者支付经济补偿。三是非全日制用工小时计酬标准不得低于用人单位所在地人民政府规定的最低小时工资标准。非全日制用工劳动报酬结算支付周期最长不得超过 15 日。

(三)新业态用工

随着"互联网+"、平台经济、分享经济等新业态经济的快速发展,外包用工、临时用工、碎片化用工等新型用工方式也随之出现,吸纳了包括高校毕业生在内的大批劳动力就业和创业,越来越引起政府和社会的关注。据统计,2017 年我国数字经济相关就业人数已达到 1.71 亿人,其中新业态从业者是增长最快的群体。2018 年,我国共享经济市场规模和就业人数保持了较快增长,平台员工数为 598 万人,带动就业约 7500 万人,已成为我国新时代新增就业的重要途径。与传统劳动用工相比,新业态用工存在以下典型特征:一是用工形式多元化。除传统的单位员工制和劳务派遣用工外,还存在劳务外包、人力资源共享、自我雇佣、承包合作等用工形式。二是用工关系灵活化。既存在劳动法规制的标准劳动关系和非标准劳动关系,也存在民事法律规制的劳务关系。与具有期限较长、稳定性较强的传统标准劳动关系相比,新业态大量的从业人员属于流动性大的临时性用工和碎片化用工群体。三是用工从属性弱。外卖骑士、专车司机、淘宝店主、快递小哥、网络主播等新业态从业群体,灵活就业和自由职业的特性比较强,与新技术平台单位之间的经济从属性、管理从属性和组织从属性非常弱,从业人员的自由化程度很高,组织化程度很低。以薪资为例,新业态从业人员的劳动报酬基本上以计件为主,平台接单后系统分配,完成工作任务后按一定比例提成,除员工制用工外,很少有保底薪资,也不存在单位的用工管理和绩效考核问题。为减少用工风险,保护自身合法权益,大学毕业生从事新业态用工时要关注以下问题。

明确用工性质 新业态用工灵活多样,大学毕业生就职就业时要事先了解用工性质,是建立劳动用工关系还是市场化的民事关系。如果是劳动用工关系的,根据《劳动法》《劳动合同法》等法律法规的规定,平台单位或劳务派遣单位应当与从业人员依法订立劳动合同,从业人员接受单位劳动规章制度管理和绩效考核,执行最低工资标准,依法参加社会保险,缴纳相关费用。如果是市场化的民事关系,从业人员是借助或依托单位信息或业务平台,开展经营性就业和创业,属于相对独立的自我雇佣行为或经济承包合作行为,市场经营个体的特征比较突出,与平台单位之间一般不存在从属性关系,难以认定为劳动法律法规规制的劳动用工关系。从业人员与平台单位之间应当在平等自愿、协商一致、诚实信用原则的基础上订立劳务合同、承包经营合同、合作经营合同等民事合同,特别要明确人身损害赔偿、经济赔偿等责任承担条款,依法保护自己的人力资源和民事权益。

了解维权渠道 从近年来新业态用工情况看,涉及劳动报酬、社会保险、工作时间、消费服务、人身权益等方面的纠纷越来越多,特别是一些用人单位以互联网平台为借口,规避劳动法律义务。一些平台单位利用市场强势地位规避市场经营风险,与从业人员签订不平等契约，破坏和扰乱市场经济秩序。大学毕业生成为新业态从业人员后，一旦发生纠纷，自身权益受到侵害，应当根据实际情况选择维权途径。履行劳动合同过程中产生纠纷，例如劳动报酬、社会保险、工作时间、休息休假等方面，可依法及时向劳动保障监察部门投诉举报，通过劳动行政救济渠道解决；也可直接向当地劳动争议调解组织、劳动争议仲裁委员会申请调解、仲裁，通过准司法或司法渠道解决。履行民事合同过程中产生纠纷，双方可先自行协商，协商不成的，可依法直接向有管辖权的人民法院提起民事诉讼，特别是涉及人身损害的，不公平、不合理的经济赔偿等，要及时通过司法渠道解决。

三、仔细掂量——完备合同条款

劳动者与用人单位签订劳动合同时，应仔细审查劳动合同的条款，不仅要完备劳动合同的必备条款，同时可以在国家法律法规规定的范围内，根据劳动关系当事人双方需要对合同中明确的内容进行协商，以更好地明确劳动者和用人单位的权利和义务，就是所谓的约定条款。劳动合同内容的必备条款是法定的，按照《劳动合同法》第十七条的规定，为以下 9 项：用人单位的名称、住所和法定代表人或者主要负责人；劳动者的姓名、住址和居民身份证或者其他有效身份证件号码；劳动合同期限；工作内容和工作地点；工作时间和休息休假；劳动报酬；社会保险；劳动保护、劳动条件和职业危害防护；法律、法规规定应当纳入劳动合同的其他事项。在约定条款问题上，用人单位与劳动者可以约定试用期、培训、保守秘密、补充保险和福利待遇等其他事项。在劳动合同内容必备条款和约定条款的审查中，主要把握好以下几个极易引起纠纷的条款。

（一）劳动合同期限的设定

劳动合同期限是指劳动合同的有效时间，是判定劳动合同是否有效、何时有效的重要依据，也是合同规定对劳动关系双方当事人具有约束力的时间范围。根据《劳动合同法》第十二条的规定，劳动合同的期限可以分为固定期限、无固定期限和以完成一定工作任务为期限等。

有固定期限劳动合同　固定期限劳动合同是指用人单位和劳动者约定合同终止时间的劳动合同。劳动合同期限可长可短，由双方当事人根据自身需要和实际情况协商确定，如 1 年、2 年、5 年、10 年等。如劳动合同期限为 3 年，时间为 2011 年 1 月 1 日至 2013 年 12 月 31 日，则劳动合同从 2011 年 1 月 1 日起生效，到 2013 年 12 月 31 日为止，其间合同的约定对劳动者和用人单位有效。实践中，往往出现这样一些情况：劳动者和用人单位双方一直没有签订书面的劳动合同或者劳动合同到期后，用人单位没有及时与劳动者就是否续签劳动合同进行协商确定，而劳动者仍在用人单位继续工作领取劳动报酬和享受用人单位的福利。对于这些情况，劳动者应及时督促用人单位就劳动合同的签订或者续签问题进行协商，从而明确用人单位和劳动者的权利和义务。对一直不签订劳动合同的事实劳动关系行为，传统上各地方性法规规章往往以行政处罚进行处理，而对合同期满后不及时续签劳动合同所形成的事实劳动关系，最高人民法院《关于审理劳动争议案件适用法律若干问题的解释》（法释〔2001〕14 号）第十六条对这种情况做出实务处理，即劳动合同期满后，劳动者仍在原用人单位工作，原用人单位未表示异议的，视为双方同意以原条件继续履行劳动合同。一方提出终止劳动关系的，人民法院应当支持。同时，原劳动保障部办公厅《关于对事实劳动关系解除是否应该支付经济补偿金问题的复函》（劳社厅函〔2001〕249 号）对该规定中的终止做出解释,规定劳动合同期满后,劳动者仍在原用人单位工作,用人单位未表示异议的,劳动者和原用人单位之间存在的是一种事实上的劳动关系而不等于双方按照原劳动合同约定的期限续签了一个新的劳动合同,一方提出终止劳动关系的,应认定为终止事实上的劳动关系。而《劳动合同法》和国务院《劳动合同法实施条例》则关于不管以何种形式所造成的事实劳动关系,对用人单位进行了更为严厉的规制,对劳动者是极其有利的。用人单位自用工之日起满一年不与劳动者订立书面劳动合同的,视为用人单位与劳动者已订立无固定期限劳动合同。用人单位自用工之日起超过一个月不满一年未与劳动者订立书面劳动合同的,应当向劳动者每月支付两倍的工资。用人单位违反《劳动合同法》规定不与劳动者订立无固定期限劳动合同的,自应当订立无固定期限劳动合同之日起向劳动者每月支付两倍的工资。

无固定期限劳动合同 无固定期限劳动合同是指用人单位和劳动者约定无确定终止时间的劳动合同。根据《劳动合同法》第十四条的规定,无固定期限劳动合同的订立主要有三种情况:一是双方协商签订。只要用人单位与劳动者协商一致,就可以签订无固定期限劳动合同。这种情况的产生,主要是企业为了留住一批业务、技术骨干或劳动力市场上比较稀缺的人才,以保证用人单位生产经营的正常开展。二是法定条件下劳动者要求签订。为了保护一些弱势群体如工作年限较长且年龄偏大的职工、退役军人等,传统上我国的劳动法律法规政策对弱势群体订立无固定期限劳动合同主要分为两类:一类是一次性政策,主要是针对固定工制转为合同制过程中发生的。根据原劳动部《关于实行劳动合同制度若干问题的通知》(劳部发〔1996〕354 号)第二条的规定:在固定工制度向劳动合同制度转变过程中,用人单位对符合下列条件之一的劳动者,如果其提出订立无固定期限的劳动合同,应当与其订立无固定期限的劳动合同:(1)按照《劳动法》的规定,在同一用人单位连续工作满 10 年以上,当事人双方同意续延劳动合同的;(2)工作年限较长,且距法定退休年龄 10 年以内的;(3)复员、转业军人初次就业的;(4)法律法规规定的其他情形。另一类是长期法律规定,可以随时适用。根据《劳动法》第二十条第二款的规定,劳动者在同一用人单位连续工作满 10 年以上,当事人双方同意续延劳动合同的,如果劳动者提出订立无固定期限的劳动合同,应当订立无固定期限的劳动合同。也就是说,劳动者同时具备以下三个条件时,用人单位须与之订立无固定期限劳动合同:一是劳动者在同一用人单位连续工作满 10 年以上;二是合同期满,双方当事人均同意续延劳动合同;三是劳动者提出订立无固定期限的劳动合同。三个条件缺一不可,缺少一个,用人单位就可不与劳动者订立无固定期限的劳动合同。为统一和完善适用无固定期限劳动合同制度,《劳动合同法》进行了非常明确的规定。一般情况下,有下列情形之一,劳动者提出或者同意续订、订立劳动合同的,除劳动者提出订立固定期限劳动合同外,应当订立无固定期限劳动合同:(1)劳动者在该用人单位连续工作满十年的;(2)用人单位初次实行劳动合同制度或者国有企业改制重新订立劳动合同时,劳动者在该用人单位连续工作满十年且距法定退休年龄不足十年的;(3)连续订立两次固定期限劳动合同,且劳动者不存在法定的特殊情形,续订劳动合同的。三是视作订立,主要根据《劳动合同法》第十四条第三款的规定。应该说,《劳动合同法》关于无固定期限劳动合同制度的规定是重大的制度变迁,须引起包括大学生求职者在内的全体劳动者的重视。

另外,我们要正确理解无固定期限劳动合同的解除条件问题。从《劳动合同法》立法本意上看,订立了无固定期限劳动合同,无法定的特殊情形,用人单位与劳动者的劳动关系可以存续至劳动者领取社会化的养老金为止。但是,无固定期限劳动合同毕竟是合同制,不能再是“终身制”和“铁饭碗”，否则就与固定工没有两样了。对于无固定期限劳动合同的解除，只要出现《劳动合同法》第三十六、三十九、四十、四十一条所规定的情况，作为用人单位都是可以解除劳动合同的。当然劳动者根据《劳动合同法》第三十六、三十七、三十八条规定的条件，也是可以解除的。因此，劳动者不要以为只要签订了无固定期限的劳动合同，就可以万事大吉，放松对自己的要求，丧失积极进取的精神。否则，你不仅会被你所在的用人单位淘汰，而且会被社会所淘汰。

以完成一定工作任务为期限的劳动合同 以完成一定工作任务为期限的劳动合同是指用人单位与劳动者约定以某项工作任务的完成为合同期限的劳动合同。用人单位与劳动者协商一致，可以订立以完成一定工作任务为期限的劳动合同。这类合同不以时间为尺度，而是依据劳动量的大小来确定，因此没有规定合同的具体终止时间，该项工作任务完成即为合同终止。这类合同往往与用人单位的承包责任制联系在一起，因而适用于承包某项工作任务，或者突击完成某项临时性的工作任务。

(二)试用期条款的设定

试用期是用人单位和劳动者在合同中约定的互相考察、互相熟悉对方的一段磨合期。根据《劳动合同法》的规定，在这个磨合期内，如果劳动者发现用人单位的条件不符合原先介绍的情况或发现自己不适应单位的工作环境，可以提前三日提出解除劳动合同；反之，用人单位如果发现劳动者不符合录用条件，也可以随时解除劳动合同。也就是说，试用期满前，劳动者和用人单位虽然都要按照劳动合同的约定行使各自的权利和履行各自的义务，但都有法定条件下解除合同的权利。试用期的长短，劳动者和用人单位可以协商确定，但《劳动合同法》对试用期的最长期限和与劳动合同期限之间的关系进行了细化的规定。根据《劳动合同法》第十九条的规定，劳动合同期限三个月以上不满一年的，试用期不得超过一个月；劳动合同期限一年以上不满三年的，试用期不得超过两个月；三年以上固定期限和无固定期限的劳动合同，试用期不得超过六个月。同时为保护劳动者的权益还规定，同一用人单位与同一劳动者只能约定一次试用期。以完成一定工作任务为期限的劳动合同或者劳动合同期限不满三个月的，不得约定试用期。试用期包含在劳动合同期限内。劳动合同仅约定试用期的，试用期不成立，该期限为劳动合同期限。用人单位确定劳动者试用期必须严格以此为标准，不得侵害劳动者权利。另外，根据《劳动合同法》第二十、二十一条的规定，劳动者在试用期的工资得到法律保障，不得低于本单位相同岗位最低档工资或者劳动合同约定工资的80%，并不得低于用人单位所在地的最低工资标准。在试用期中，除有法定情形外，严禁用人单位解除劳动合同。用人单位在试用期解除劳动合同的，应当向劳动者说明理由。

(三)服务期的约定

服务期是指由于用人单位提供专项培训费用，对劳动者进行专业技术培训，而由用人单位和劳动者双方在劳动合同中或者在服务期协议里约定的劳动者必须为该用人单位提供劳动的期间。法律层面上，《劳动合同法》第一次规定了服务期。在实践中，要注意以下问题。

服务期与劳动合同期限关系 劳动合同期限由双方在订约时约定，无须用人单位履行特别义务，而约定服务期，用人单位必须为劳动者履行了特别义务，提供了特别待遇。服务期与劳动合同期限未必一致，既可能长于也可能短于劳动合同期限。当服务期长于劳动合同期限时，应当优先适用服务期约定，即劳动合同期满服务期尚未到期的，劳动合同应当续延至服务期满，因为服务期是劳动合同双方当事人之间的特别约定。

约定服务期的条件 用人单位应当对劳动者进行培训,培训费用是用人单位提供的专项培训费用,包括用人单位为了对劳动者进行专业技术培训而支付的有凭证的培训费用、培训期间的差旅费用以及因培训产生的用于该劳动者的其他直接费用。同时,用人单位提供的培训必须是专业技术培训,是法定培训义务之外的培训。

服务期违约金及其限制 违约金的数额按照双方在服务期协议中的约定确定,但不得超过法律规定的最高数额,即用人单位提供的培训费用。劳动者违约时支付的违约金,不得超过服务期尚未履行部分所应分摊的培训费用。实行的是等分原则,适度保护用人单位的权益,实现劳资之间的平衡。

服务期工资保障 用人单位与劳动者约定服务期的,不影响按照正常的工资调整机制提高劳动者在服务期期间的劳动报酬。

(四)商业秘密和竞业限制条款的约定

借用《反不正当竞争法》的规定,商业秘密是指那些不为公众所知悉、具有商业价值并经用人单位采取相应保密措施的技术信息和经营信息等商业信息。具体来说,如用人单位对外不公开的核心技术、工艺、设备、图纸,以及企业的经营渠道、客户信息等。在市场经济逐渐成熟完善、市场竞争日趋激烈的今天,企业间的竞争就如同战场上的较量,知己知彼才能百战百胜,保护商业秘密就显得十分重要,关系到用人单位的兴衰成败。对于那些保密意识强的企业,与劳动者签订劳动合同时一般都会在劳动合同中涉及此条款,并会与劳动者就泄密责任进行协商。企业的商业秘密,单位的一般员工接触机会较少,而那些从事营销、技术、科研、人事、中高层管理等工作的劳动者接触的机会就多得多,用人单位更重视与这些关键岗位劳动者订立有关商业秘密的条款。根据《劳动合同法》第二十三、二十四条的规定,用人单位与劳动者可以在劳动合同中约定保守用人单位的商业秘密和与知识产权相关的保密事项。对负有保密义务的劳动者,用人单位可以在劳动合同或者保密协议中与劳动者约定竞业限制条款,并约定在解除或者终止劳动合同后,在竞业限制期限内按月给予劳动者经济补偿。劳动者违反竞业限制约定的,应当按照约定向用人单位支付违约金。同时,竞业限制的人员限于用人单位的高级管理人员、高级技术人员和其他负有保密义务的人员。竞业限制的范围、地域、期限由用人单位与劳动者约定,竞业限制的约定不得违反法律、法规的规定。在解除或者终止劳动合同后,竞业限制人员到与本单位生产或者经营同类产品、从事同类业务的有竞争关系的其他用人单位,或者自己开业生产或者经营同类产品、从事同类业务的竞业限制期限,不得超过两年。应该说,劳动法律对商业秘密和竞业限制条款的规定是比较完善的,劳动者和用人单位必须以此为准绳。

(五)劳动保护和劳动条件条款的设定

该条款的设定主要是为了给劳动者的劳动提供良好的劳动环境,切实保护劳动者在劳动过程中的身体健康和生命安全,主要包括四方面的内容:一是工作时间和休息休假的规定。这是从时间上来保护劳动者,避免用人单位通过加班加点延长劳动时间来实现利润的最大化,有效保护劳动者能够有充足的时间恢复体力和精力,也预防和减少工伤事故的发生对劳动者身心的伤害。二是各项劳动安全与职业卫生的措施和设施、物品等。这是从劳动场所和劳动条件方面来保护劳动者。在实践中,往往由用人单位生产经营的性质和劳动者的工种或岗位确定,同时根据这些特点,按照国家规定给劳动者发放劳动保护用品,提供必要的通风、采光、照明条件,提供必要的工作空间和防止有毒有害物质的各项设施。如劳动环境中的粉尘危害、噪声危害等都应按照国家劳动安全卫生法规的标准。三是女职工和未成年工的劳动保护。对于女职工和未成年工的特殊保护,《劳动法》等法规政策进行了专门的保护性规定,如女职工经期、孕期、哺乳期的特殊保护,如对未成年工不得安排从事矿山井下、有毒有害、国家规定的第四级体力劳动强度的劳动和其他禁止从事的劳动,同时规定应当对未成年工定期进行健康检查。在该条款的设定中,我们要特别注意职业病危害问题。根据《劳动合同法》第八条的规定,用人单位招用劳动者时,应当如实告知劳动者工作内容、工作条件、工作地点、职业危害、安全生产状况、劳动报酬,以及劳动者要求了解的其他情况;用人单位有权了解劳动者与劳动合同直接相关的基本情况,劳动者应当如实说明。因此,劳动者在签订劳动合同前就有权知道自己将从事的工作有哪些危害,从而决定是否要这份工作。根据《职业病防治法》第三十三条的规定:用人单位与劳动者订立劳动合同(含聘用合同)时,应当将工作过程中可能产生的职业病危害及其后果、职业病防护措施和待遇等如实告知劳动者,并在劳动合同中写明,不得隐瞒或者欺瞒。劳动者在已订立劳动合同期间因工作岗位或者工作内容变更,从事与所订立劳动合同中未告知的存在职业病危害的作业时,用人单位应当按照规定,向劳动者履行如实告知的义务,并协商变更原劳动合同相关条款。用人单位违反法律规定的,劳动者有权拒绝从事存在职业病危害的作业,用人单位不得因此解除或者终止与劳动者所订立的劳动合同。因此,企业有义务在与劳动者订立劳动合同时告知工作中可能产生的职业病及其危害,并在劳动合同中写明,如若用人单位拒不履行法定义务,劳动者可以在订立劳动合同时大胆地提出要求。四是工作地点的规定。根据《劳动合同法》第十七条的规定,工作地点是劳动合同的必备条款。工作地点成为用人单位必须告知劳动者的内容,在于其与劳动者的生活密切相关,直接关系到劳动者的切身利益,也是劳动者的社会性因素影响劳动合同订立的典型表现。

(六)违反劳动合同的责任条款设定

劳动合同一经签订,就具有法律效力,合同期内当事人双方都应认真履行。若一方在合同履行过程中违反合同规定,就必须承担违约责任。违反劳动合同的责任是指合同当事人由于不履行劳动合同或不适当履行而应承担的相关法律责任。违反劳动合同的责任一般分为行政责任、民事责任和刑事责任三种。行政责任,一般对用人单位而言,是指违反劳动法律法规规定的行为,如违反最低工资规定支付给劳动者的工资低于当地政府规定的最低标准,或者用人单位没有按照国家工作时间和休息休假规定,使劳动者超时加班加点,劳动行政部门可以根据国务院《劳动保障监察条例》的规定,追究其行政法律责任;对劳动者而言,传统上是指国有企业劳动者在劳动合同履行中违反用人单位内部劳动规则,用人单位可以对其处以行政处分。但随着 2008 年 1 月国务院废止原《企业职工奖惩条例》(国发〔1982〕59号),对劳动者的行政责任处罚已失去法律依据。民事责任,是指用人单位或者劳动者违反劳动合同,应当承担的经济补偿或经济赔偿的法律责任,也包括双方依法约定的合同违约金责任等。对此,《劳动法》《劳动合同法》等法律法规均做了十分详尽的规定,如对用人单位克扣或者无故拖欠劳动者工资以及拒不支付劳动者延长工作时间工资报酬的,除在规定的时间内全额支付劳动者工资报酬外,根据整改情况,决定是否加发应付金额 50%以上 100%以下的标准的赔偿金。对民事责任,当事人双方可以依法设定违约金,但为了均衡用人单位和劳动者的现实地位,保护劳动者的合法权益,劳动法律法规对用人单位的违约金设定没有做出限制性规定,而对于劳动者违约应承担的违约金进行了法律上的严格限制性规定。根据

《劳动合同法》第二十五条的规定，除存在服务期、商业秘密和竞业限制等情形外，用人单位不得与劳动者约定由劳动者承担违约金。因此，除特定情形外，用人单位在劳动合同中不得设定由劳动者承担违约金责任。刑事责任，是指触犯刑律的法律责任。在劳动法制上，用人单位或者劳动者均有可能被追究刑事责任。例如，用人单位严重侵犯劳动者人身权利的、使用童工情节严重并且拒不改正等的情况下，要被追究刑事责任。

四、擦亮眼睛——防范合同陷阱

劳动者在与用人单位签订劳动合同时，既要大胆，也要细心，要擦亮自己的眼睛，发现、察觉一些不法用人单位为求职者埋下的一个个陷阱，以免到时候发生劳动纠纷吃了大亏却找不到为自己讨回公道的证据。一般而言，实践中，主要会碰到以下几种常见的合同陷阱。

(一)“生死”合同

这类合同主要出现在当事人双方对劳动过程中出现的工伤事故的责任、赔偿等约定上。由于劳动力市场中买方普遍居于主导地位，劳动者往往急于寻求一份工作，对用人单位提出的苛刻要求委曲求全地应承，如用人单位提出如果在工作中发生事故造成死亡或伤害的，用人单位不负任何责任，也就是说，劳动者发生伤亡用人单位将不给予任何赔偿。这种生死合同严重侵害了劳动者的合法权益，是用人单位急功近利不管职工生死的恶劣行为，是法律所不容许的。《劳动法》规定，国家发展社会保险事业，建立社会保障制度，设立社会保险基金，使劳动者在生育、年老、生病、失业、发生工伤等情况下获得帮助和补偿。同时，用人单位和劳动者必须依法参加社会保险，缴纳社会保险费。更何况，国务院《工伤保险条例》规定工伤事故遵循的是“无责任补偿原则”，即无论事故的责任是不是职工本人造成的，劳动者都应得到应有的补偿。因此，用人单位提出签订生死合同是一种极不重视劳动者身体健康、不尊重劳动者尊严的不法行为，订立劳动合同时一旦发现这种情况，劳动者就应大胆坚决地向用人单位提出拒绝，要求用人单位收回不合理、不合法的要求。

(二)“虚假”合同

根据《劳动合同法》第二十六条的规定，下列劳动合同无效或者部分无效：(1)以欺诈、胁迫的手段或者乘人之危，使对方在违背真实意思的情况下订立或者变更劳动合同的；(2)用人单位免除自己的法定责任、排除劳动者权利的；(3)违反法律、行政法规强制性规定的。实践中，以胁迫、威胁和乘人之危手段签订劳动合同的往往比较少见，而采取欺诈的手段订立劳动合同的情况却较为常见。虚假劳动合同是指劳动合同当事人一方故意告知对方当事人虚假的情况或故意隐瞒真实情况，或者捏造事实，诱使对方当事人做出错误的意思表示。如用人单位在人力资源市场招工时告知求职者自己是一家大型企业，有漂亮的办公大楼，有一流的员工团队和很强的市场竞争力，还承诺以后有免费培训机会、办理补充社会保险的优厚条件，结果应聘者到实地一看或通过了解却发现事实与对方承诺的大相径庭，完全不是招聘者所说的那样；或者用人单位对劳动过程中存在的职业病危害进行隐瞒，对工作中劳动环境存在的有毒有害物质也未告知劳动者，使应聘者相信招聘者的话而签订了劳动合同。应聘者如果碰到这种虚假的劳动合同，可以向用人单位提出严正交涉，指出其不讲诚信的行为是为法律所不支持的，同时做出自己正确的决定，是留还是走。当然，应聘者自己也要讲诚信，不能为了谋到一份职业，就对用人单位瞎吹嘘，自己明明不会的说会，自己明明没有的特长却尽往脸上贴金，或者在应聘时向用人单位出示假证件。这种情况下签订的劳动合同也是虚假合同，这样做不仅会让劳动者在以后的工作中露出马脚而被用人单位依法解除劳动合同，而且也会给自己留下求职的不良记录，从而影响自己以后的谋职和职业升迁，也亵渎了自己的人格，非常要不得。

(三)"模糊工资"合同

用人单位与劳动者签订劳动合同时，往往会提出实行"模糊工资"的种种好处，介绍说"模糊工资"可以根据你的业绩以及单位的经营状况及时调整工资，可以消除员工之间的相互攀比而带来不必要的内耗，还告诉你"模糊工资"最大的好处是可以多发奖金——《劳动法》规定劳动者工资一个月发一次，而实行"模糊工资"可以以奖金的形式多发。求职者听了往往会掉入用人单位设立的陷阱，觉得用人单位真为我们考虑，为员工着想，十分感动也十分激动，于是没多考虑就匆匆签下了自己的大名，似乎签慢了就是不相信老板、对不起这样的好单位。"模糊工资"合同一般有以下几个特点：一是用人单位往往会提出一些冠冕堂皇的理由为实行"模糊工资"寻找借口；二是劳动合同中往往不明确劳动者每月的工资额；三是将工资和奖金混在一起，没有分层次对工资和奖金进行各自的设定，工资和奖金较为模糊；四是用人单位要么以计件工资表示劳动报酬，计件工资中不明确计件单价或劳动定额，要么规定劳动报酬根据劳动者的实际表现、业绩及企业经营状况调整。"模糊工资"做法为用人单位支付劳动报酬时降低额度设下了陷阱，为日后劳动者的权益保护带来麻烦。如某劳动者去一家私营企业工作，签合同时他认为要在劳动合同中明确每月的工资数额，企业老板告诉他工资收入条款还是不要写得太具体，太具体只会对他没好处，因为单位随时可能根据员工的业绩和实际表现为员工加薪。开始时每个月单位预付 1000 元工资，到年终至少按 3000 元每月的工资结清，假如员工不放心可以在劳动报酬条款中写上"甲方(企业)可根据乙方(员工)的实际表现、实际业绩及企业经营状况调整乙方(员工)的劳动报酬"。而且老板明确地告诉员工企业现在正如日中天，经营状况和企业利润一年好过一年。劳动者按照企业老板的意思签订了劳动合同，结果到年底结算全部工资时，老板只按每月 2000 元的工资结算。劳动者与老板理论，不是答应至少以每月 3000 元结算吗？老板说合同中又没有写明，合同中只规定员工的工资可以根据实际表现和业绩调整，不给 3000 元只给 2000 元正是因为劳动者表现欠佳。劳动者找到劳动保障监察部门投诉却由于合同中的"模糊工资"条款而无法讨回公道。劳动者要严格按照《劳动合同法》和《就业服务与就业管理规定》[劳动和社会保障部令第 28 号]的规定，明确工资标准。

(四)"无主体"合同

我国劳动法律规定，劳动合同的签订主体必须合法，不合法主体签订的劳动合同无效。但实践中往往还会出现一些主体不合法的劳动合同，劳动者在签订劳动合同之初还被蒙在鼓里不清楚，到了出现问题发生劳动争议才知道"自己干了这么长时间竟连老板是谁都不清楚"，维护自己的合法权益也无从下手。造成这种"无主体"合同的原因：一是企业没有经过工商登记而进行非法招工；二是有的企业是经过正常工商登记注册的，但由于种种原因注册的有效期已过却没有及时重新进行注册；三是有的企业的工商登记证件是假的，企业主体是假冒的。还有一种特殊的情形：与劳动者签订合同的只是某企业内部的一个承包者，不具有独自行使用工的权利能力，往往以某某工程部、某某承包人等形式、名义与劳动者签订合同，而且该承包者到了结清工资时常因为发包方拖欠工程款而不能及时支付工资，从而发生纠纷。这种情况比较多地发生在建筑业领域，我国每年到元旦、春节时就会出现大规模的工资拖欠,其中建筑业企业是大头。因此,应聘者与用人单位签订合同时,一方面要仔细察看企业是否经过正规的工商登记注册,要查看企业的营业执照有没有过期,检验企业出示的营业执照的真伪;另一方面,劳动者在签订合同后,一定要企业一式两份盖好公章,由用人单位法定代表人签字盖章,自己保存一份。这样才能避免掉入"无主体"合同的陷阱。

(五)"试用期"合同

按照《劳动合同法》第三十九条的规定,用人单位在试用期间证明劳动者不符合录用条件的,可以解除与劳动者订立的劳动合同。一些不良企业,主要是那些技术含量低、不需要经过培训就可以上岗的企业的老板,利用法律上的规定,以试用期表现不合格为由频繁更替员工来掠夺员工的劳动力。其表现形式为企业往往与劳动者签订短期的一年以内的劳动合同,而试用期则设定为六个月,试用期的工资较低,往往刚过最低工资标准。招聘一大批员工后,使用了五个多月快到试用期满却未满之时,企业与劳动者解除劳动合同,告诉劳动者他们不符合录用条件,等这些劳动者离开后,又一批劳动者被招进企业,同样的命运在等着他们。有的甚至不签订劳动合同,仅仅以口头形式约定试用期。企业老板就利用试用期不断地一批一批地更换员工来降低自己的经营成本。为了有效地规制用人单位的这种不良行为,《劳动合同法》第十九条做出了禁止性的规定,即试用期作为劳动合同的约定条款,其与劳动合同期限挂钩,且同一用人单位与同一劳动者只能约定一次试用期,试用期包含在劳动合同期限内。劳动合同仅约定试用期的,试用期不成立,该期限为劳动合同期限。当劳动者碰到这种情况,在签订劳动合同时,特别是企业老板要求签订短期劳动合同时,要多留意"试用期"合同所设下的陷阱,要求企业老板严格按照法律法规的规定订立劳动合同。

(六)"逆向"劳务派遣

在企业市场化用工中,劳务派遣"逆向选择"问题比较突出。按照传统的实践,不论是雇用型劳务派遣还是登录型劳务派遣,在劳动者就业入口上,劳务派遣单位是主体,其通过劳动力市场交易实现劳动力的有效配置。然而,现实中,用工单位为降低用工成本,又为招募到优秀的人才,往往采取与劳务派遣单位"合谋"的办法,由用工单位直接招工后,借劳务派遣单位之壳,形成所谓的劳务派遣关系。另外,企业以改制为借口随意变更劳动合同,变相强迫劳动者与劳务派遣单位建立所谓的劳动合同关系,结果人为地在企业内部形成身份差异的用工体制,从而达成收入分配失衡的局面,留下发生集体性劳资纠纷的隐患。《劳动合同法》对此尚没有明确的禁止规定,劳动者就业时一定要相当警惕。

五、理直气壮——维护自身合法权益

劳动者在与用人单位签订劳动合同以及劳动合同履行过程中,会出现种种用人单位侵害自身劳动保障权益的行为,劳动者应运用法律武器大胆勇敢、理直气壮地维护自己的合法权益。

(一)正确认识劳动者自身的权利和义务

这是切实维护劳动者合法权益的基础,也是有效、认真、全面履行劳动合同的前提。对于劳动合同当事人,合同中所规定的权利和义务是对等的,劳动者享有的权利就是用人单位所应承担的义务,而劳动者应承担的义务就是用人单位所享有的权利。因此,劳动者正确认识自己的权利,可以更好地享受国家法律赋予自己的权益,在自己合法权益受到侵害时更好地维权;劳动者正确认识自己的义务,可以使自己自觉地履行合同的规定,承担起自己应尽的义务。《劳动法》第三条对劳动者的权利和义务做出了严格的规定，具体而言：一是劳动者享有取得劳动报酬的权利、休息休假的权利、享受社会保险和福利的权利，但同时负有按照约定的时间、地点和要求，完成劳动任务的义务；二是劳动者享有接受职业技能培训的权利，同时负有按照工作岗位要求，接受职业技能培训，达到职业技能标准，努力提高职业技能水平的义务；三是劳动者享有获得劳动安全卫生保护的权利，同时负有按照要求在工作中执行劳动安全卫生规程的义务；四是劳动者享有提请劳动争议处理的权利和法律法规规定的其他权利，同时负有遵守用人单位劳动纪律和职业道德的义务。

(二)无效劳动合同的认定和正确处理

这是保护劳动者合法权益的重要环节。劳动者与用人单位签订的劳动合同无效却还在履行，不仅会侵害当事人双方的合法权益，同时也会为劳动纠纷的产生及解决埋下隐患。由于劳动者在劳动力市场中处于劣势地位，无效劳动合同带来的不利后果往往由劳动者承担。因此，及时认定和处理无效劳动合同，就显得十分重要。根据《劳动合同法》的规定，前面所提及的“生死”合同、“虚假”合同、“无主体”合同都是无效合同。无效合同从订立的时候起就没有法律约束力，但是如果劳动合同属于部分无效的并且无效部分不影响其余部分的效力，其余部分仍然有效。劳动合同的无效，经仲裁未引起诉讼的，由劳动争议仲裁委员会认定；经仲裁引起诉讼的，由人民法院认定。无效劳动合同经过劳动争议仲裁委员会或人民法院的认定，要及时做出处理，一方面，劳动合同被确定无效后，合同尚未履行的，应当责成当事人不得履行，正在履行的，应当责成当事人立即停止履行，并且就赔偿问题进行处理。按照《劳动合同法》的规定，劳动合同被确认无效，劳动者已付出劳动的，用人单位应当向劳动者支付劳动报酬。劳动报酬的数额，参照本单位相同或者相近岗位劳动者的劳动报酬确定。由于用人单位的原因订立的无效劳动合同，对劳动者造成损害的，应当承担赔偿责任。同时劳动者有权解除劳动合同。另一方面，假如签订无效劳动合同的主体是合法的，可以由劳动争议仲裁机构主持当事人双方自愿协商，按照法律法规的要求，纠正无效劳动合同，重新订立合法有效的劳动合同。

(三)劳动合同变更与解除(终止)中的权益保护

这是保护劳动者合法权益的主要内容。劳动者与用人单位签订劳动合同后，在履行劳动合同的过程中，由于种种原因会发生劳动合同变更、解除、终止的情况。在劳动合同的变更和解除(终止)行为中，劳动者要正确运用法律法规，维护自己的合法权益。

劳动合同变更中的权益保护　在劳动合同履行过程中，有时由于原来的劳动合同内容已经不能完全适应客观情况变化的需要，有必要对双方当事人的权利和义务加以更改，包括对工作内容、工作地点、劳动报酬等的变更。劳动合同变更虽然不是对劳动合同主体进行变更，而只是对劳动合同的内容进行变更，但变更所涉及的往往是关系劳动者切身利益的内容，因此，劳动者要慎重仔细地做好劳动合同的变更工作。根据《劳动合同法》第三十五条的规定，用人单位与劳动者协商一致，可以变更劳动合同约定的内容。变更劳动合同，应当采用书面形式。变更后的劳动合同文本由用人单位和劳动者各执一份。劳动者在与用人单位协商变更劳动合同时，与签订劳动合同时一样，要坚持平等自愿、协商一致的原则和合法的原则。在劳动合同履行过程中，如果没有经过在平等自愿基础上的协商一致，任何一方都无权变更劳动合同。因此，劳动者在用人单位提出变更劳动合同时，不要轻易答应用人单位的要求，而是要仔细分析用人单位提出变更的要求是否合理，以及变更后的条款自己是否认同,是否会侵害自己的合法权益,在此基础上再做出是否答应变更合同以及如何变更合同内容的决定。如果劳动者认为用人单位提出变更要求不合理,或者自己不同意变更劳动合同,劳动者应明确表示自己的意见。同时,劳动合同变更必须依法进行,并且应采取书面形式记载变更内容,注明变更的日期,在当事人双方签字盖章后成立。对于原劳动合同中未进行变更的内容仍然有效,应与变更后的内容一起履行。

劳动合同解除中的权益保护 劳动合同解除是劳动合同订立后,尚未全部履行完毕,由于某种原因劳动合同主体一方或双方提前消灭劳动关系的法律行为。劳动合同解除,主要分为两大类:一类是劳动合同的合意解除,是指劳动合同双方当事人协商同意解除劳动合同。这一类相对简单。根据《劳动法》第二十四条、《劳动合同法》第三十六条和第四十六条的规定,经劳动合同当事人协商一致,劳动合同可以解除。用人单位向劳动者提出解除劳动合同并与劳动者协商一致解除劳动合同的,用人单位应当依法向劳动者支付经济补偿。用人单位和劳动者双方协商解除劳动合同,只要不违背法律,在双方平等协商、一致同意且自愿的情况下,都是有效的。劳动合同的合意解除,劳动合同双方当事人应就解除劳动合同及经济补偿问题等达成一致意见,在处理完相关事宜后劳动合同即可解除。

另一类是劳动合同的法定解除。这一类比较复杂,有四种不同的情况:一是用人单位因劳动者过失解除劳动合同。根据《劳动合同法》第三十九条的规定,劳动者有下列情形之一的,用人单位可以单方解除劳动合同:(1)在试用期间被证明不符合录用条件的;(2)严重违反用人单位的规章制度的;(3)严重失职,营私舞弊,给用人单位造成重大损害的;(4)劳动者同时与其他用人单位建立劳动关系,对完成本单位的工作任务造成严重影响,或者经用人单位提出,拒不改正的;(5)因劳动者原因致使劳动合同无效的;(6)被依法追究刑事责任的。这种情况下,用人单位有权单方决定解除劳动合同,也不需提前通知劳动者。二是用人单位非因劳动者过失解除劳动合同。根据《劳动合同法》第四十、四十六条的规定,有下列情形之一的,用人单位可以解除劳动合同:(1)劳动者患病或者非因工负伤,在规定的医疗期满后不能从事原工作,也不能从事由用人单位另行安排的工作的;(2)劳动者不能胜任工作,经过培训或者调整工作岗位,仍不能胜任工作的;(3)劳动合同订立时所依据的客观情况发生重大变化,致使劳动合同无法履行,经用人单位与劳动者协商,未能就变更劳动合同内容达成协议的。这种情况下解除劳动合同,用人单位应当提前30日以书面形式通知劳动者本人或者额外支付劳动者一个月工资,并依法支付经济补偿。三是劳动者依法解除劳动合同。根据《劳动合同法》第三十七、三十八、四十六条的规定,劳动者提前30日以书面形式通知用人单位,可以解除劳动合同。劳动者在试用期内提前三日通知用人单位,可以解除劳动合同。同时,用人单位有下列情形之一的,劳动者可以单方解除劳动合同:(1)未按照劳动合同约定提供劳动保护或者劳动条件的;(2)未及时足额支付劳动报酬的;(3)未依法为劳动者缴纳社会保险费的;(4)用人单位的规章制度违反法律、法规的规定,损害劳动者权益的;(5)因用人单位原因致使劳动合同无效的;(6)法律、行政法规规定劳动者可以解除劳动合同的其他情形。用人单位以暴力、威胁或者非法限制人身自由的手段强迫劳动者劳动的,或者用人单位违章指挥、强令冒险作业危及劳动者人身安全的,劳动者可以立即解除劳动合同,不需事先告知用人单位。这种情况下,劳动者有权单方解除,决定解除劳动合同的通知可直接送达用人单位,并要求用人单位依法支付经济补偿。四是经济性裁员情形下的劳动合同解除。根据《劳动合同法》第四十一、四十六条的规定,有下列情形之一,需要裁减人员20人以上或者裁减不足20人但占企业职工总数10%以上的，用人单位提前30日向工会或者全体职工说明情况，听取工会或者职工的意见后，裁减人员方案经向劳动行政部门报告，可以裁减人员：(1)依照企业破产法规定进行重整的；(2)生产经营发生严重困难的；(3)企业转产、重大技术革新或者经营方式调整，经变更劳动合同后，仍需裁减人员的；(4)其他因劳动合同订立时所依据的客观经济情况发生重大变化，致使劳动合同无法履行的。这种情况下劳动合同解除，用人单位应当依法支付经济补偿。同时，应当优先留用下列人员：(1)与本单位订立较长期限的固定期限劳动合同的；(2)与本单位订立无固定期限劳动合同的；(3)家庭无其他就业人员，有需要扶养的老人或者未成年人的。若用人单位在六个月内重新招用人员的，应当通知被裁员的人员，并在同等条件下优先招用被裁减的人员。

另外，劳动者还可以依据法律对用人单位不得解除劳动合同情形的特殊规定，来保护自己的合法权益。根据《劳动合同法》第四十二条的规定，劳动者有下列情形之一的，用人单位不得依照《劳动合同法》以无过失性辞退和经济性裁员方式解除劳动合同：(1)从事接触职业病危害作业的劳动者未进行离岗前职业健康检查，或者疑似职业病病人在诊断或者医学观察期间的；(2)在本单位患职业病或者因工负伤并被确认丧失或者部分丧失劳动能力的；(3)患病或者非因工负伤，在规定的医疗期内的；(4)女职工在孕期、产期、哺乳期的；(5)在本单位连续工作满15年，且距法定退休年龄不足5年的；(6)法律、行政法规规定的其他情形。这种情况下，根据《劳动合同法》第四十五条的规定，劳动合同期满的，除劳动者工伤有特殊保护外，劳动合同应当续延至相应的情形消失时终止。但是如果劳动者存在《劳动合同法》第三十九条规定的情况，即使出现上述特殊情况，用人单位也可以解除劳动合同。

劳动合同终止中的权益保护　劳动合同终止是指劳动合同解除之外劳动合同法律效力终结的情形。根据《劳动合同法》第四十四、四十六条的规定，有下列情形之一的，劳动合同终止：(1)劳动合同期满的；(2)劳动者开始依法享受基本养老保险待遇的；(3)劳动者死亡，或者被人民法院宣告死亡或者宣告失踪的；(4)用人单位被依法宣告破产的；(5)用人单位被吊销营业执照、责令关闭、撤销或者用人单位决定提前解散的；(6)法律、行政法规规定的其他情形。同时，下列情形下，终止劳动合同，用人单位应当依法支付经济补偿：(1)除用人单位维持或者提高劳动合同约定条件续订劳动合同，劳动者不同意续订的情形外，劳动合同期满终止固定期限劳动合同的；(2)用人单位被依法宣告破产的；(3)用人单位被吊销营业执照、责令关闭、撤销或者用人单位决定提前解散的。

劳动关系终止后的权益保护　根据《劳动合同法》第五十条的规定，用人单位应当在解除或者终止劳动合同时出具解除或者终止劳动合同的证明，并在15日内为劳动者办理档案和社会保险关系转移手续。劳动者应当按照双方约定，办理工作交接。用人单位依照法律有关规定应当向劳动者支付经济补偿的，在办结工作交接时支付。用人单位对已经解除或者终止的劳动合同的文本，至少保存两年备查。因此，劳动合同解除或者终止后，劳动者可以根据规定要求用人单位做好后续遗留问题。首先，用人单位与职工解除或者终止劳动合同后，应及时将职工档案转到职工新的接收单位，无接收单位的，应转到职工本人户口所在地。其次，在劳动者履行了法律法规规定的有关义务后，解除或者终止劳动合同后用人单位应当出具解除或者终止劳动合同证明书，作为该劳动者享受失业保险待遇和失业登记、求职登记的凭证。劳动合同解除或者终止证明书应写明劳动合同期限、解除或者终止的日期、所担任的工作，劳动者还可以要求用人单位在证明书中客观地说明解除或者终止劳动合同的原因。同时,按照有关规定,劳动者还可以要求用人单位支付经济补偿金,用人单位不能因为劳动者领取了失业保险金而拒付或克扣经济补偿金,失业保险机构也不得以劳动者领取了经济补偿金为由,停发或减发失业保险金。

(四)合法权益受侵害如何保护

劳动者在劳动合同订立和履行过程中,发现用人单位存在违法违约行为,侵害到自身的合法权益时,首先要头脑冷静,千万不要意气用事,或者用非法的手段维权,不然就可能会有理在先却落了个违法进监的结局。全国各地都出现过许多类似案例:劳动者与用人单位矛盾激化,劳动者用暴力维权,却触犯了刑法而失去了自由。浙江省一些地方就曾发生老板不给工资,劳动者一把火烧了老板的厂房的事件,结果老板蒙受了巨大的经济损失,劳动者也因为触犯了法律被追究刑事责任。其次,劳动者要学法懂法,要用法律武器维护自己的合法权益。一般情况下,劳动者可以通过以下两条法律渠道为自己维权。

向劳动保障监察部门举报 《劳动法》《劳动合同法》《劳动保障监察条例》等劳动法律法规规定,任何组织和个人对于违反劳动法律、法规的行为有权检举和控告,县级以上各级人民政府劳动行政部门依法对用人单位遵守劳动法律法规的情况进行监督检查,对违反劳动法律法规的行为有权制止,并责令改正。劳动保障监察部门接到劳动者投诉举报后,应及时了解情况,并开展调查核实。目前全国各地包括浙江省各级劳动保障监察部门都建立了劳动保障监察投诉举报制度,向社会公布了投诉举报电话,同时设置了专门投诉举报信箱和设立了接待室。当劳动者发现用人单位有侵害自身合法权益的行为时,可以向用人单位用工行为所在地的劳动保障监察机构投诉举报。具体来说,根据《浙江省劳动保障监察条例》及省政府政策文件规定,涉及省级机关事业单位、行业单位和社会保险在省参保的用人单位劳动保障违法行为的由省级劳动保障监察机构(总队)进行监察;涉及中央、部队、省外驻该行政区域的单位、省属企业以及经省工商行政管理机关核准注册登记的外商投资企业的用人单位的劳动保障违法行为的由设区的市级劳动保障监察机构(支队)进行监察,涉及市属单位以及经授权的市工商行政管理机关核准注册登记的外商投资企业的用人单位劳动保障违法行为监察的授权由市级政府决定;县(市、区)劳动保障监察机构(大队)负责对本行政区域内除上述规定范围以外的用人单位劳动保障违法行为进行监察。实践中,上级劳动保障监察部门在必要时可以直接处理下级劳动保障监察部门的管辖案件,下级劳动保障监察部门必要时也可提请上级劳动保障监察部门进行查处。劳动者投诉举报时,可以采取电话、信函和现场当面口述等方式。劳动保障监察部门接到劳动者的投诉举报电话后,应当如实记录或录音;接到信函材料,应当及时登记;接待投诉举报人当面口述的,应当进行笔录,由投诉举报人核对无误后签名盖章,如投诉举报人拒签的,应当注明拒签情况。对劳动者实行电话投诉举报、口述投诉举报的,劳动保障监察部门会要求投诉举报人据实举报,还会向其了解投诉举报单位的名称、地址和单位违反劳动法律法规的情况。劳动保障监察部门接到投诉举报后,对不符合受理范围的,应当告知投诉人依照劳动争议处理或者诉讼程序办理;对符合下列条件的投诉,劳动保障监察部门应当在接到投诉之日起5个工作日内依法受理,并于受理之日起立案查处:(1)违反劳动保障法律的行为发生在两年内的;(2)有明确的被投诉用人单位,且投诉人的合法权益受到侵害是被投诉用人单位违反劳动保障法律的行为所造成的;(3)属于劳动保障监察职权范围并由受理投诉的劳动保障监察部门管辖的。对不符合第(1)项规定的投诉,劳动保障监察部门应当在接到投诉之日起5个工作日内决定不予受理,并书面通知投诉人。对不符合第(2)项规定的投诉,劳动保障监察机构应当告知投诉人补正投诉材料。对不符合第(3)项规定的投诉,即对不属于劳动保障监察职权范围的投诉,劳动保障监察机构应当告诉投诉人。劳动者向劳动保障监察部门投诉举报后,劳动保障监察部门对违反劳动保障法律的行为的调查,应当自立案之日起 60 个工作日内完成;情况复杂的,经劳动保障监察部门负责人批准,可以延长 30 个工作日。而且,劳动者可以要求监察部门告知查处结果。对于投诉举报后的保护问题,劳动者不用担忧,因为法律规定,劳动保障监察部门有责任保护举报人,为举报人保密,如采取切实可行的措施,防止投诉举报人在工作、工资和福利待遇及人身安全方面受到侵害。同时,对那些伤害、打击举报人的主要责任者,法律规定将对其严肃处理。

向当地劳动争议仲裁委员会申请仲裁 按照《劳动争议调解仲裁法》的规定,只要是我国境内的用人单位和与之形成劳动关系的劳动者之间发生的劳动争议,当事人之间可以和解、申请调解,也可以依法直接向劳动争议仲裁委员会申请仲裁;对裁决不服的,可以依法向人民法院提起诉讼。因此,劳动者对因确认劳动关系发生的争议;因订立、履行、变更、解除和终止劳动合同发生的争议;因除名、辞退和辞职、离职发生的争议;因工作时间、休息休假、社会保险、福利、培训以及劳动保护发生的争议;因劳动报酬、工伤医疗费、经济补偿或者赔偿金等发生的争议;法律、法规规定的其他劳动争议,可以提请争议处理。从处理程序上说,一般分为以下几种:一是和解。根据《劳动争议调解仲裁法》第四条的规定,发生劳动争议,劳动者可以与用人单位协商,也可以请工会或者第三方共同与用人单位协商,达成和解协议。二是调解。根据《劳动争议调解仲裁法》第五条和第十、十二、十四、十六条的规定,发生劳动争议,当事人不愿协商、协商不成或者达成和解协议后不履行的,可以向调解组织申请调解。调解组织包括:企业劳动争议调解委员会;依法设立的基层人民调解组织;在乡镇、街道设立的具有劳动争议调解职能的组织。当事人申请劳动争议调解可以书面申请,也可以口头申请。经调解达成协议的,应当制作调解协议书。调解协议书由双方当事人签名或者盖章,经调解员签名并加盖调解组织印章后生效,对双方当事人具有约束力,当事人应当履行。因支付拖欠劳动报酬、工伤医疗费、经济补偿或者赔偿金事项达成调解协议,用人单位在协议约定期限内不履行的,劳动者可以持调解协议书依法向人民法院申请支付令。人民法院应当依法发出支付令。因此,调解的功能正在增强。三是仲裁。根据《劳动争议调解仲裁法》第五条的规定,不愿调解、调解不成或者达成调解协议后不履行的,可以向劳动争议仲裁委员会申请仲裁;对仲裁裁决不服的,除法律有特殊规定的外,可以向人民法院提起诉讼。劳动者在向劳动争议仲裁委员会提起仲裁时,要注意以下问题。

(1)仲裁时效。根据《劳动争议调解仲裁法》第二十七条的规定,劳动争议申请仲裁的时效期间为一年。仲裁时效期间从当事人知道或者应当知道其权利被侵害之日起计算。以上仲裁时效,因当事人一方向对方当事人主张权利,或者向有关部门请求权利救济,或者对方当事人同意履行义务而中断。从中断时起,仲裁时效期间重新计算。因不可抗力或者有其他正当理由,当事人不能在普通的仲裁时效期间申请仲裁的,仲裁时效中止。从中止时效的原因消除之日起,仲裁时效期间继续计算。劳动关系存续期间因拖欠劳动报酬发生争议的,劳动者申请仲裁不受普通仲裁时效期间的限制;但是,劳动关系终止的,应当自劳动关系终止之日起一年内提出。相比《劳动法》的规定,《劳动争议调解仲裁法》在时效保护问题上更加有利于劳动者权益保障。

(2)管辖原则。根据《劳动争议调解仲裁法》第二十一条的规定,劳动争议仲裁委员会负责管辖本区域内发生的劳动争议。劳动争议由劳动合同履行地或者用人单位所在地的劳动争议仲裁委员会管辖。双方当事人分别向劳动合同履行地和用人单位所在地的劳动争议仲裁委员会申请仲裁的,由劳动合同履行地的劳动争议仲裁委员会管辖。这相比传统上的规定,更为科学合理。

(3)仲裁具体程序和规定。一是仲裁申请。申请人申请仲裁应当提交书面仲裁申请,并按照被申请人人数提交副本。仲裁申请书应当载明下列事项:劳动者的姓名、性别、年龄、职业、工作单位和住所,用人单位的名称、住所和法定代表人或者主要负责人的姓名、职务;仲裁请求和所根据的事实、理由;证据和证据来源、证人姓名和住所。书写仲裁申请确有困难的,可以口头申请,由劳动争议仲裁委员会记入笔录,并告知对方当事人。二是决定是否受理。劳动争议仲裁委员会收到仲裁申请之日起五日内,认为符合受理条件的,应当受理,并通知申请人;认为不符合受理条件的,应当书面通知申请人不予受理,并说明理由。对劳动争议仲裁委员会不予受理或者逾期未作出决定的,申请人可以就该劳动争议事项向人民法院提起诉讼。三是仲裁申请送达与仲裁答辩书提供。劳动争议仲裁委员会受理仲裁申请后,应当在5日内将仲裁申请书副本送达被申请人。被申请人收到仲裁申请书副本后,应当在10日内向劳动争议仲裁委员会提交答辩书。劳动争议仲裁委员会收到答辩书后,应当在5日内将答辩书副本送达申请人。被申请人未提交答辩书的,不影响仲裁程序的进行。四是仲裁审理时限。仲裁庭裁决劳动争议案件,应当自劳动争议仲裁委员会受理仲裁申请之日起45日内结束。案情复杂需要延期的,经劳动争议仲裁委员会主任批准,可以延期并书面通知当事人,但是延长期限不得超过15日。逾期未作出仲裁裁决的,当事人可以就该劳动争议事项向人民法院提起诉讼。仲裁庭裁决劳动争议案件时,其中一部分事实已经清楚,可以就该部分先行裁决。

(4)有利于劳动者的仲裁机制。一是裁决先予执行机制。根据《劳动争议调解仲裁法》第四十四条的规定,仲裁庭对追索劳动报酬、工伤医疗费、经济补偿或者赔偿金的案件,根据当事人的申请,可以裁决先予执行,移送人民法院执行。仲裁庭裁决先予执行的,应当符合下列条件:当事人之间权利义务关系明确;不先予执行将严重影响申请人的生活。劳动者申请先予执行的,可以不提供担保。二是有条件的一裁终局制。根据《劳动争议调解仲裁法》第四十七、四十八、四十九条的规定,下列劳动争议,除法律另有规定的外,仲裁裁决为终局裁决,裁决书自作出之日起发生法律效力:(1)追索劳动报酬、工伤医疗费、经济补偿或者赔偿金,不超过当地月最低工资标准12个月金额的争议;(2)因执行国家的劳动标准在工作时间、休息休假、社会保险等方面发生的争议。劳动者对仲裁裁决不服的,可以自收到仲裁裁决书之日起15日内向人民法院提起诉讼。而用人单位有证据证明仲裁裁决有法定情形之一的,可以自收到仲裁裁决书之日起30日内向劳动争议仲裁委员会所在地的中级人民法院申请撤销裁决。仲裁裁决被人民法院裁定撤销的,当事人可以自收到裁定书之日起15日内就该劳动争议事项向人民法院提起诉讼。三是仲裁不收费机制。根据《劳动争议调解仲裁法》第五十三条的规定,劳动争议仲裁不收费。劳动争议仲裁委员会的经费由财政予以保障。

思考题：

1. 劳动合同订立时应遵循哪些原则？
2. 如何防止合同陷阱？
3. 劳动者在自身合法权益受侵害时如何依法保护自己？

大学生就业权益保障典型问答

1. 毕业生就业协议书等于劳动合同吗？

问：您好！我是一名刚毕业的大学生，毕业时与一家用人单位签订了毕业生就业协议书。到单位报到后，单位一直没有与我签订劳动合同，认为就业协议书就是劳动合同。我想知道的是，大学毕业生就业协议书与劳动合同有什么区别？单位是否应当与我签订劳动合同？

答：您好！“毕业生就业协议书与劳动合同的关系问题”在实际工作中非常典型，实践中，由毕业生就业协议书而引发的纠纷时有发生。具体表现为，毕业生正式到用人单位上班后，用人单位改变原先约定的工作岗位，降低劳动报酬，以见习期为由不签订劳动合同、不缴纳社会保险费，毕业生则以无劳动合同为由“辞职”，等等。其实，毕业生就业协议书应当是毕业生在正式毕业之前，与用人单位签订的毕业后到用人单位工作的一种协议，其要解决的核心是毕业生正式毕业后到单位报到上班，单位在毕业生报到时无条件录用。同时，用人单位要提供就业协议书中约定的劳动报酬、工作岗位等劳动条件。它是将要建立劳动关系，以及建立劳动关系后双方劳动权利义务的事先约定。签订就业协议书后，双方并没有建立真正的劳动关系，在此过程中双方的行为不受劳动法律法规的调整。当毕业生毕业后，正式到用人单位报到上班开始，双方才开始建立起劳动关系，完成了从将要建立劳动关系的约定到实现劳动关系的过程。可以说，这时毕业生就业协议书重要、核心的问题已基本完成，而双方的权利义务应当严格按照劳动法律法规执行，就是用人单位应当依据劳动法律法规的规定与毕业生签订书面劳动合同。劳动合同约定的内容可以替代毕业生就业协议书中的内容，毕业生就业协议书中约定的权利和义务应当反映在劳动合同中。如果毕业生就业协议书的内容与劳动合同的内容不同，则应当以劳动合同的约定为准。虽然劳动法律法规明确规定建立劳动关系应当签订劳动合同，但目前还存在着大学毕业生到单位上班后，用人单位不及时与他们签订劳动合同的现象，以致形成事实劳动关系。这对大学毕业生合法权益的保障往往是不利的，用人单位的行为也是违反劳动法律法规的。因此，用人单位应当与大学毕业生签订劳动合同，而不能将毕业生就业协议书等同于劳动合同。

2. 就业协议书中约定的服务期和劳动合同约定的服务期不一致怎么办？

问：您好！我是一名今年刚刚从大学毕业的应届毕业生，3 月份通过应聘进入一家通信公司工作，4 月份公司出资派我到国外进行了一个月的新技术培训后，我马上与公司签订了就业协议书。就业协议书中规定，经公司出资培训后，我要为公司服务 3 年(服务期)；如违约，我要承担 3 万元的违约金。最近公司提出要与我签订正式劳动合同，但是合同里约定的服务期只有 1 年，和就业协议书不同。我想知道的是，该不该签订这份劳动合同？3 万元的违约金有法律根据吗？

答：您好！由于大学生就业形势越来越严峻，大学生没有正式毕业就进入用人单位工作越来越普遍,这时双方之间没有正式建立劳动关系,只有就业协议书来规范双方的权利义务关系。就业协议书作为转递大学毕业生人事关系的依据,对毕业生与用人单位有一定的约束力。就业协议书往往只规定毕业生定期服务的义务和违反约定时赔偿的条款,而对用人单位提供的工资标准、工作岗位和工作条件等在劳动合同中应必备的约束用人单位的条款则很少规定。从严格意义上说,就业协议书中关于服务期的规定与正式建立劳动关系后约定的服务期在内涵上有比较大的区别。就业协议书中关于服务期的规定最早来源于1989年3月2日国务院颁布由国家教育制定的《高等学校毕业生分配制度改革方案》第十四条的规定,即高等学校毕业生实行定期服务制度。服务期一般为5年,随着人事、劳动制度的改革,具体服务年限和办法也可以由用人单位与学生根据实际情况商定,形式上表现为《毕业生服务期协议书》。但是,1995年我国《劳动法》实施后,企业都实行了劳动合同制度,用人单位与劳动者的劳动关系应当由劳动法律和依法签订的劳动合同来调整。服务期也相应转变为劳动者因接受用人单位给予的特殊待遇(具体为《劳动合同法》第二十二条的规定内容)而承诺必须为用人单位服务的期限,在形式上一般表现为单独的服务协议或者劳动合同中的专门服务条款。在就业协议书中一般不约定关于服务期、保守商业秘密等内容,但双方已经履行相关义务达成这方面内容条款的,对双方还是具有法律约束力的,只是因就业协议书引发的争议不能适用劳动法律法规处理。大学毕业生正式毕业后不管其是以前就进入还是刚刚进入用人单位工作,根据劳动法律法规的规定,用人单位都应当在用工之日起30日内与毕业生签订劳动合同。合同中应当包括双方在就业协议书中约定的内容,除非双方就有关事项达成新的约定,则可以变更,如果任何一方不愿变更,则应将就业协议书中的内容原原本本地写进劳动合同中。因此,从反映的情况来看,大学毕业生应当根据劳动法律法规的规定依法及时与用人单位签订劳动合同。当然,在服务期的约定上,劳动者有权要求用人单位将就业协议书中的内容反映在劳动合同中,也可同用人单位重新协商这方面的约定。

3.用“见习期”还是用“试用期”?

问:您好!我是一家公司的人力资源管理人员,今年公司招用了一批大学毕业生,在签订劳动合同时,我不确定是用“见习期”还是用“试用期”。咨询了有关部门,有的说应用“见习期”,有的说应用“试用期”,使我感到很困惑。我想知道的是,“见习期”和“试用期”到底有什么区别?签订劳动合同时怎么使用它们?

答:您好!关于“见习期”和“试用期”之间的关系问题,实践中很典型,对此企业从事人力资源管理的人员疑惑比较多,不易搞清楚。根据有关规定,用人单位招收应届毕业生后,原则上都要安排见习,大专、本科见习期限为一年,研究生没有见习期。对入学之前已从事一年以上有关专业实际工作的,经所在单位批准,可免去见习期。根据见习期表现,用人单位对大学生做相应的处理。见习期制度是对应届毕业生进行业务适应及考核的一种制度,不是劳动合同制度下的概念,而是人事制度下的做法。“试用期”,又可称适应期或者考察期,根据1995年原劳动部发布的《关于贯彻执行〈中华人民共和国劳动法〉若干问题的意见》的规定,它指用人单位和劳动者为相互了解、选择而约定的不超过6个月的考察期。劳动法律规定,劳动合同双方当事人可以约定试用期。在实行劳动合同制度后,见习期制度并没有被废止,而是与试用期共同存在。这样就出现了有些用人单位要求毕业生有一年的见习期。还有一些用人单位,既规定了见习期,又规定了试用期,并且把试用期作为见习期的一部分。由于法律法规对见习期内的权利义务没有具体的规定,因此,见习期与现行的劳动合同制度确实有不适应之处。在废除见习期制度之前，如果用人单位仅仅规定了见习期，则见习期内的待遇及劳动关系，仍然按照国家人事行政部门及高等院校有关见习期的规定执行。如果用人单位既规定了见习期，又规定了试用期，则在试用期内执行劳动法律有关试用期的规定，试用期结束后的见习期，按人事行政部门及高等院校有关见习期的规定执行。不过，有的地方性劳动保障政策对此进行了规定，例如根据原浙江省劳动和社会保障厅发布的《转发劳动和社会保障部关于引导鼓励高校毕业生面向基层就业意见的通知》(浙劳社就〔2005〕139 号)的规定，企业招用高校毕业生要按劳动合同法律法规的规定确定试用期，不得实行见习期制度。当然，“试用期”的约定不可一概而论，简单地说是约定好还是不约定好，用人单位应该结合单位特点和实际情况来选择。正确的做法是在接收毕业生之前严格考察接收对象的综合素质，加强接收后的培训使用，尽量减少应届毕业生的流失。对于准备长期培养使用的应届毕业生，用人单位可不约定试用期，还可以在薪酬制度上做相关优惠规定。

4. 签订劳动合同时用人单位能扣押毕业证书原件吗？

问：您好！我于今年 7 月大学毕业后到一家药业公司报到，开始正式上班。在与用人单位签订劳动合同时，单位人力资源部人员告诉我，要把毕业证书原件押在单位，才能签订劳动合同。经向单位同事了解，发现这是该用人单位的“传统”。我想知道的是，公司在签订劳动合同时有没有权利扣押劳动者的毕业证书？

答：您好！有些用人单位在与劳动者建立劳动关系签订劳动合同时往往违法收取求职者押金、保证金或者扣押身份证等合法原始证件，以此制约劳动者流动，侵害劳动者权益。根据《劳动合同法》第八十四条和《就业服务与就业管理规定》第十四条、第六十七条的规定，禁止用人单位在招用人员时扣押被录用人员的居民身份证和其他证件。如果用人单位违法扣押劳动者居民身份证等证件的，由劳动行政部门责令限期退还劳动者本人，并依法给予行政处罚。毕业证书是毕业生的合法原始证件，用人单位无权收取并扣押。因此，当用人单位要求劳动者提供毕业证书时，劳动者可依据劳动保障法律法规的规定与其进行交涉，切不可盲目将自己的证件交给用人单位。当然，对用人单位已经违法扣押劳动者合法证件的，劳动者可以向当地劳动保障监察机构投诉或者举报，以维护自己的合法权益。

5. 没盖公章的劳动合同是否有效？

问：您好！我是一名应届毕业生，刚刚与一家招聘单位签订劳动合同。劳动合同书拿到手后，发现单位在劳动合同书上没有加盖公章，只有单位法定代表人的签名。我想知道的是，这样的劳动合同有效吗？

答：您好！根据《劳动合同法》第十六条的规定，劳动合同由用人单位与劳动者协商一致，并经用人单位与劳动者在劳动合同文本上签字或者盖章生效。一般情况下，用人单位在与包括大学毕业生在内的劳动者签订劳动合同时，应在劳动合同上签章，即由法定代表人(或者法人代表)签字，并加盖单位公章。虽然没有加盖用人单位公章的劳动合同是不完全符合法律法规规定的，但作为用人单位的法定代表人(法人代表)，有权代表用人单位订立合同。因此，即使劳动合同书未加盖用人单位公章，形式上有一定的缺陷，但有法定代表人的签名，是双方真实的意思表示，且没有违反法律法规的规定，应该说本质上不影响劳动合同书的法律效力。但没有加盖公章的过错在于用人单位，如果由此造成劳动者损害的，其应当承担赔偿责任。

6. 试用期内离职应否缴纳社会保险费？

问：您好！我是一名刚走出大学校门从事营销工作的社会新人，在用人单位规定的试用期内提出了辞职，但双方在试用期间没有签订劳动合同。我想知道的是，劳动者在用人单位试用期工作期间的社会保险费，用人单位是否有义务缴纳？

答：您好！根据《劳动法》《社会保险法》等劳动法律法规的规定，用人单位和劳动者必须依法参加社会保险，缴纳社会保险费。同时，根据《劳动合同法》第十九条的规定，试用期属于用人单位与劳动者建立劳动关系、订立劳动合同中的约定条款，属于劳动合同期限的组成部分。试用期内，用人单位有义务为包括大学毕业生在内的劳动者参加社会保险和缴纳社会保险费。至于用人单位在试用期内不与劳动者签订劳动合同、形成事实劳动关系，责任在用人单位。对用人单位在试用期内不与劳动者签订劳动合同，不依法缴纳社会保险费的违法行为，劳动者可依法向有管辖权的劳动保障监察机构投诉举报，通过行政救济途径维护自己的合法权益。

7. 大学生实习期权益受侵害是否受劳动法保护？

问：您好！我是一名今年即将毕业的大学生。毕业前，我到某公司实习了好几个月，双方约定实习期间按照不低于当地政府规定的最低工资标准支付我劳动报酬。但实习期间，公司完全不履行约定，每月支付的劳动报酬远远低于当地最低工资标准。同时，也没有与我签订劳动合同和参加社会保险。我想知道的是，大学生实习期间是否受劳动法保护？我能否向劳动保障监察机构投诉维权？

答：您好！大学生毕业前从事实（见）习非常普遍，实（见）习期间权益受侵害的现象也不时见诸新闻媒体。因此，大学生实（见）习期间是否受劳动法保护，密切关系到大学生的权益，具有很强的社会意义。根据原劳动部《关于贯彻执行〈中华人民共和国劳动法〉若干问题的意见》（劳部发〔1995〕309号）第十二条的规定，在校生利用业余时间勤工助学，不视为就业，未建立劳动关系，可以不签订劳动合同。同时，根据劳动法律法规的规定和立法精神，某一群体是否受劳动法保护，其中一个重要的因素是劳动者的身份认定，即是否属于职业劳动者。如果属于职业劳动者，原则上受劳动法调整；属于非职业劳动者的，原则上劳动法不予调整。大学生毕业前实（见）习期间虽然提供了程度不等的职业劳动，但主要身份还是在校大学生，而非社会性的职业劳动者，劳动法难以提供保护，权益受侵害的实（见）习大学生向劳动保障监察机构投诉也基本上很难得到受理。当然，广东省、上海市等地方对实（见）习期间大学生劳动权益提供程度不等的政策规定上的保障，应当是值得鼓励和提倡的。

第八章

融入社会——珍惜你的第一岗位

工作不单是一个做什么事和得多少报酬的问题，更是一个生命价值的问题。工作不是为了谋生才做的事，而是我们用生命去做的事。

——美国前教育部长　威廉·贝内特

完成学业终于有了一份工作，这是一件值得庆贺的大事。这份工作的获得，也许是你在人才市场中苦苦寻觅后的收获，也许是多家单位比较选择后的最优方案。尽管这个岗位并不是都尽如人意，但无论如何，这是你社会人生的开始，它为你提供了走向社会、成就事业的平台，值得每一个人好好珍惜。面对着新的人生，好奇、憧憬、向往、恐惧、焦虑……种种复杂的心态，让人无所适从。如何把握机遇、迎接挑战，迈好进入社会的第一步，成为每一个学子首要而必须解决的问题。俗话说："良好的开端是成功的一半。"第一个岗位就像是年轻人的"初恋情人"，是一种无法割舍而又难以忘怀的情愫，或多或少影响着以后的人生轨迹。当然，由于每个人的学识和个性特征的不同，再加上社会环境的千差万别，各自的人生经历呈现出异样的色彩，也同样绽放出缤纷的绚烂，并没有统一的定规。然而，通过对大多数成功人士的分析，我们还是可以找到一些共同的规律。现将它们提炼出来，供广大即将进入社会的同学参考研究，以期达到少走弯路、早出成效的目的。

一、调整心态，合理定位

（一）一丝不苟的责任心

大学毕业生进入社会，走上工作岗位，是一个角色的转变。要走好这一步，首先必须合理定位，承担起该岗位的职责。合理定位的关键在于良好的做事心态。《论语》中有一段孔子学生曾子的表白："吾日三省吾身——为人谋而不忠乎？与朋友交而不信乎？传不习乎？"其中的"为人谋而不忠乎？"就是说替别人办事是否尽心竭力。这是曾子对自己在社会上谋事的基本道德要求，时代虽然已经过去了两千多年，但这种对职业认真负责的态度却仍然十分需要，在今天不少人日益对工作敷衍了事的情况下，甚至需要大力提倡。

认真做好自己的每一项工作　人的一生不只从事一种职业，岗位也有变化，但对待每一个位置不能有临时的观念。有很多人在职业生涯中养成了轻视工作、马马虎虎的习惯，以及对待手头工作敷衍了事的态度，期望很快得到升迁，但终其一生处于社会底层，不能出人头地。而能够干一行会一行，将每个岗位当成终身事业来追求的人，恰恰不断升迁。这也是人生规律中一项有趣的悖论。美国著名的总统林肯是人家所熟悉的成功者。林肯出身贫寒低微,没有受过正统的高等教育,却通过自己的努力而成为知识渊博的总统。他的成功经验是值得借鉴的。他一生经历坎坷曲折,先后当过农民、雇工、伐木工、船工、小店员、律师等,不管做什么工作,他都尽心尽力,将事情做得很出色。就拿林肯的第一个工作渡船夫来说,他每天一早总要先把劈柴、生火等杂事做好,才到船上做渡船的工作。除了船工,他还做过屠夫,由于他杀猪技术极好,很多人点名要请林肯屠宰。

林肯所从事的工作可算是卑微的,但他却不以工作的性质为耻,并立足本职,虚心向同行和来往的人们请教,掌握各种职业内外的知识。林肯曾经对一位向他求教的青年说:"只要你下决定,你就已经成功了一半。"因此,我们不难发现,认真和有决心是林肯的一贯态度。也因为如此,面对各种不同的角色,他才能游刃有余,获得很大的成功。

林肯的成功虽然有多种因素,但他对任何所从事的工作一丝不苟,富有强烈责任心是重要的原因之一。大部分毕业生并不知道职位的晋升是建立在忠实履行日常工作职责的基础上的。只有尽职尽责地做好目前所做的工作,才能使他们渐渐地获得价值的提升。作为初入职场的高职生来说,既缺乏丰富的经验,又没有实际的工作能力,唯有凭借良好的工作态度,去适应环境、熟悉业务,谋求一个稳定的位置,获得一个发展的基点。

超越平凡,追求卓越 刚参加工作,每个人都有很多的向往和憧憬,而手头的工作又是那样的平凡和乏味,简单的重复,琐碎的程序,似乎与成功相去甚远。于是,在工作中充满着轻率、疏忽、敷衍、偷懒。接触刚参加工作的人多了就会发现,他们会向你提同样的问题:"做这种乏味的工作有什么希望?成功的道路在哪里?"我的回答是简单而又简单,"只要你做得比别人多一点,只要你做得比别人好一点。"在极其平凡的岗位上、极其低微的位置上,往往蕴含着极大的机遇。为什么在众多的竞争者中,老板要给他升职加薪?因为他做得比别人更出色,为企业创造了更多的财富。这是再简单不过的道理,但人们在实践中总是轻视它,不屑于遵照这样的规则去实践,从而失去了成功的机会。

现代的电视媒介具有很强的传播力和创造力,要想成为闻名遐迩的人,一个很好的办法是成为电视主持和新闻主播。成功者的风采让我们羡慕和向往,但在一个竞争激烈的社会中,要想成为一名电视名人,其间的努力和付出也是可以想象的。在这里我们不是鼓吹大家都去成为电视工作者,而是想通过一名电视主播的成功史,让大家来学习和借鉴投入工作的应有态度。

在美国,宗毓华是响当当的主播,她受人注目的原因除了华裔身份外,最重要的是她主持时的超强功力。自认为有着完美主义性格的宗毓华,是个一旦进入工作,就会全身心投入的人。她总是想办法将每件事做到最好,却又觉得自己永远有需要改进的地方。

1971年,美国三大电视网开始雇佣少数华裔人士为职员,她抓住机遇,通过考核成功地进入了CBS。刚进入CBS的宗毓华就发现自己与同事间的差距。追究原因发现,原来,新闻工作并不是采访完就回家睡觉这么简单,而是要持续地追踪与调查,才能有更大的收获。有了这样的观念后,宗毓华变得更敏锐了,她随时留意着新消息,并采访了许多大新闻。不论是美国总统尼克松的"水门事件",或者洛克菲勒被提名为副总统候选人的过程等,她都比别人报道得更深入、更精彩,这让她所属的电台收益迅增。正因为如此,她得过三次新闻报道艾美奖,并且成为全美票选最高的新闻主播,年薪几百万美元。照理说应该满足了,但她仍对自己充满着期待。这份期待无关金钱的多寡,而在于她专业的新闻工作上。"我不断地告诉自己,做一件事只要锁定目标、全力以赴,成功的机会就很大。"这样认真投入的态度确实让人感动，她的这段话不仅是对自我的一种勉励，也是自己人生经历的概括和总结。

要说人怎样才能在社会立足和发展，说难也不难。说“难”是指有些人总是敷衍了事地对待手头的工作，或者受不了工作中的失败和挫折，主动采取逃避和退却的方法。说“不难”是指只要人一走上社会，找到了立足点，“咬定青山不放松”，满怀对本职工作的责任心，做最出色的职业人，就一定能够不断得到升迁和回报，实现人生的价值。

（二）坚忍不拔的恒久心

看到这个题目，有人会认为太陈旧，“现在是什么年代了？知识经济、信息时代，追求的是一个‘变’，还需要在一棵树上吊死吗？”时代的变化，对有些东西需要快速做出反应，以适应环境的变化，但也有一些需要永远保持下去的东西。佛教的创始人释迦牟尼明白地告诉我们“注心一处，无事不办”。李白年轻时候看到的“只要功夫深，铁棒磨成针”的事实，也是大家所熟悉的。时代已经进入21世纪，前人总结的经验并不因为时间的推移而有所变化，要想成就事业，坚忍不拔的意志仍然是必需的。为什么？因为它是自然界、社会人生的规律，值得我们永远去遵循。

现在这个时代，不少人的心态已经越来越浮躁，创作讲究“灵感”，做事寻找“捷径”，社会发展追求“跨越”。因此那些所谓“速成”“捷径”的书籍、培训班泛滥成灾。这并没有错，但走向极端，会给人们造成一个可以“不劳而获”“一蹴而就”的错觉。很多毕业生找工作时就存在临时观念，工作不久马上“跳槽”，一年跳个两三次，几年下来已经有七八个单位的工作经历。这种现象是用人单位十分头疼的：你到了一个单位要上岗，需要各种培训和辅导，刚刚达到要求，又走人了，无论于己于人都是一种浪费。有很多就业指导书还书生气十足地鼓动大家，“要发挥个性”“要寻找自己喜欢的工作”“跳槽可以丰富人生经历，增加在人才市场的筹码”，等等。对于初入职场的毕业生，这简直是误人子弟。什么是你喜欢的工作？现在的就业市场允许你有这样的选择？现实生活中能有多少人是从最初的兴趣爱好而获得成功的？再说，“你喜欢的工作”也是一种模糊的概念，假如不是纯粹从唯心主义立场上来分析，对工作的兴趣是可以培养的。对大多数人来说，只要这个工作适合你，通过努力你获得了成功，得到了必要的报答，如升迁、加薪或某种追求的实现，你会不断感到这个工作的可爱。因此，关键是立足于现有的职业岗位，做出成绩，获得回报，而不是永远躺在妄想的浮萍上，到处寻找喜欢的工作，最后一事无成。

恒久心来自本人对企业和职业的忠诚　忠诚是一种相互之间的信任，体现职业人对所从事工作的自信心。刚参加工作，人们极易接受别人的误导，认为任何雇主都会采取高压手段，极力压榨员工，从而把自己放在与雇主对立的位置来思考问题，把工作当成与己无关的无奈的谋生手段。这样你就不会对老板产生起码的信任感，对所从事的职业也没有应有的自信。基于这样的认识和情绪，人们对待工作的态度很可能是采取欺瞒的方式，在老板的现场监督下，表现得十分卖力；如果老板不在场，偷工减料、消极怠工。这种表现的结果只能是被炒鱿鱼，员工是短期打工，老板是频繁换人。假如我们换一种思维方式，把自己的事业与企业的兴衰联系在一起，对老板的企业和自己所从事的职业建立起信任感，只要是企业的员工，就应该尽心尽责地完成本职工作；每个人都十分努力，企业就兴旺发达，企业的员工也会得到相应的回报。因此，人们既是为老板干活，也是为自己干活。如果我们把所从事的工作当作不可回避的事情来对待，我们就会带着愉快的心情投入工作，创造力也将不断地迸发。这样的人不但不会失业，而且自身的潜力也将不断得到挖掘，将会在平凡的职业生涯中创造出奇迹。

只有具备恒久心的人才能享受成功 一个汽车销售公司的总经理是这样培养销售员的:最初一个月中,他不要求业务员开展业务,只要求做到拜访一百个客户,收到一百张名片。要取得一百张名片,看似容易,其实颇为艰难。其间要遭受多少次的冷眼和奚落,只有身历其境者才能了解个中的滋味。显然,该经理的目的是为了培养销售员的坚强不屈的意志,坚韧不拔的恒久心,这是一个成功销售员的基本素质。销售界知名人士指出:推销就意味着拒绝。在一个物品相对过剩的社会中,要取得消费者的认可,让他们自愿掏出钱包,确实不是一件容易的事。其实,推销工作是如此的道理,其他工作也是如此的道理。人们总是在选择目标上花费很多的时间,而在为了达到目标的努力上却三心二意,碰到一点点挫折和困难,就选择逃避,好像换一个工作,问题就解决了。事实上,起点的位置和奋斗的目标并不重要,关键是将所有精力集中于一点,坚持、坚持、再坚持,就是如此简单。

有学生问著名的学者苏格拉底如何才能达到他那般博大精深的学问。苏格拉底没有做出直接的回答,只是说:"今天我们只学一件最简单也是最容易的事,每个人把胳膊尽量往前甩,然后再尽量往后甩。从今天起,每天做300下,大家能做到吗?"学生都笑了,这么简单的事有什么做不到的? 过了一个月,苏格拉底问学生:"哪些同学坚持了?"有九成同学骄傲地举起了手。一年过后,苏格拉底再一次问大家:"请告诉我,最简单的甩手动作,还有哪几位同学坚持了?"这时整个教室里,只有一人举起了手,这个学生就是后来成为古希腊另一位大哲学家的柏拉图。

人人都渴望成功,人人都想得到成功的秘诀,然而成功并不是轻而易举的。我们常常忘记,即使是最简单最容易的事,如果不能坚持下去,成功的大门绝不会轻易地向你开启。除了持之以恒,成功并没有其他秘诀。

大学毕业有了第一次工作的机会,无论岗位如何平凡,程序如何琐碎而枯燥,都应该认真地对待,坚持不懈地努力,让各种不利和艰难的遭遇来磨炼你的意志。相信假以时日,你一定是一个成功者。

(三)"吃亏是福"的平淡心

"吃亏是福"是我们的古训,"吃亏"为什么会带来福气,这里面其实蕴涵着一个"因果报应"。"吃亏"就意味着你已经付出,有了付出,才有回报,当然,其间关系错综复杂。假如我们剔除其中的迷信色彩,"因果报应"倒也符合马克思的辩证法,有着十分科学的根据。

要想收获,就必须付出 市场经济条件下,人变得越来越精明,这是一种明显的进步。但走向极端,却使人只讲索取,不肯付出;索取的尽可能最多,付出的尽可能最少,这是不符合社会人生发展规律的。从全体社会成员而言,只有总的贡献大于消耗,社会才会进步。哲学家、科学家、心理学家和企业家都指出了同样的道理:"有播种,就有收获","种瓜得瓜,种豆得豆","对于每一项行动,都会产生一种相等但对立的反映"。每一个参加工作的人都有很多向往,金钱、地位、房子等,这是人之常情。但在得到东西之前,先得付出一些东西。收获不会凭空而降,不劳而获的事如徒然的空想,永远不切实际。学生在获得文凭之前,需要寒窗苦读几年;农夫在秋季收获之前,必须先在春季或夏季播种;运动员要在奥运会获得奖牌,必须付出辛勤的汗水和长时间的苦练;推销员想成为经理,也要相当多的额外付出,为公司创造更多的利润。但你只要敢于付出,补偿定律就会给你一定的东西。

想要收获,就必须付出代价。如果你的上司要你负责额外的工作,你应该感到高兴与骄傲，因为这表示他看重你、信任你，且极有可能是他在有意识地考验你承受压力与担负重责的能耐。现在，你已经到达了"工作"的这一级，正准备爬上高一级的"欲望"，要知道能够跨越这条鸿沟的人，需要先不计得失地努力付出。只要你怀着"只问耕耘，不问收获"的平常心，希望的曙光迟早有一天会在你的地平线上升起。

主张吃亏是福的人意在长远 在当今的年轻人中，要想去跟他谈"吃亏"，是较难为人所接受的，他们要的是"急功近利""立竿见影"。参加工作没几个月而没有受到重视，或一两年没有得到提拔，就充满着委屈和牢骚，甚至每接受一件任务，都会算计得十分精确和细致，稍微有一些吃亏就不愿意接受。眼前看起来，这样的行为让自己的利益得到充分的保证，从长远来看，将失去更大更多的发展机会，是属于那种"因小失大"的行为。

胡莘，香港戴德梁行（著名房产服务公司）董事，在北京分公司从房产销售主管做起，五年多时间，从一名普通的职员提升为公司的董事，进步可谓神速。当有人问起其中的原因，胡莘说，她在决定自己的事情时，往往不会太考虑得失与代价，比如从香港来到北京，比如为客户做本不应该她做的书面翻译工作……她说现在的年轻人，过分考虑得失，做事的时候，往往考虑尽快速度、尽少花费力气到达某一个阶段。实际上，做好基础工作，每一步都走踏实了，自然会有人来欣赏。很多学生认为现在这个时代求职很难。她个人认为，最难的还是跨入门槛的问题，这个问题的解决方案在求职者自己。现在坐在管理者的位置上，胡莘说她很愿意给求职者机会，"因为我们部门很缺人才，所以我很想找些语言能力好、待人处事诚恳、善于学习、悟性高的年轻人，愿意从基础职位和待遇做起，打好根基。如果真的有这样的人，我们的门是为他们打开的，等你的能力得到发挥了，价值体现了，自然会有好的待遇。现在很多年轻人都喜欢倒回头来思考，先谈待遇，再谈自己的能力和贡献，过分考虑得失，就会得不偿失。"

胡莘当时从香港来到北京，并没有想到会有今天这样的成果，平时为客户做一些业务职责分外的事也没有考虑回报，指导她这些行为的是一种不计得失的平淡心。但是，生活是公平的，它并不会让人无缘无故地"吃亏"，付出的东西总会结出丰硕的果实。这就是胡莘的经历所告诉我们的。

树立"吃亏是福"的观念，关键是帮助我们拥有一种平和的心态，情绪上不会为外界的得失所左右，使自己的精力专注于手头的工作。知道"吃亏是福"的人，表面平淡无奇、静若死水，看似"无为"，却如老子所谓的"无为而无不为"，成功种子也就孕育在其中了。

大学毕业生走进社会的第一步就是在社会上找到自己的位置，成为一名合格的职业人。社会或企业就像是一部机器，每个职业人就是机器上的零件，每个零件都有自己特有的功能，但离开了整部机器，零件就如同"废品"。要想成为合格的"零件"，你就必须尽心尽职承担起这个部位的责任。具有完成职业任务的持久心和良好的职业态度，你才能寻找到自己恰当的位置。

二、注意细节，融入团队

（一）细微处见精神

从社会关系来看，社会是一个包罗万象的人际场，职场就是这个人际场中的重要组成部分。按照人之常情，人总是喜熟不喜生，每个工作单位就是一个相对封闭而稳定的人际圈。对于企业里新来的人，老员工或同事难免有几分排斥，因为新来的人常常意味着原有利益格局的调整，是祸是福，心存疑虑。打破原有的格局，使自己融入这个工作的团队中，这是巩固现有岗位的第一步。从投入的眼光看，一个人总是在一定的甚至是既定的边界条件下去“求解”事业和生活，因此，肯定不能“洁身自好”到“孤芳自赏”的程度。只有首先成为团队的一员，才能有自我表现发展的空间。而对一名刚刚走上岗位的大学生来说，一没有丰富的社会阅历，二没有广泛的业务关系，要想让别人接受你，唯有“从小节做起”，获得别人的体谅和接纳。

老师总会对即将离开学校去单位工作的学生千叮咛、万嘱咐：“每天提前半小时到岗，扫地、打开水、整理办公室”；“在前三个月里少说话多做事”；“单位里那些没有人干的辛苦活，你要抢着干”。也许你并不懂得其中的深奥道理，但只要老老实实照着去做了，几年以后，你将会发现这些话中蕴涵着深刻的人生哲理——反思自己取得的成绩，在很大的程度上都与这些原则有关。对于一个单位来说，打扫卫生、整理报纸文件、接听电话等小事，并不是重要，关键是你通过这些小节展示了自己勤快、踏实、负责、真诚的精神面貌，为你获得了进入这一特定人际场的入场券。你可以凭借这些融入同事圈中，得到大家的帮助提携。

在分析成功人士的成长道路时，常有两种不同的观点：“做大事者不拘小节”与“不扫一屋何能扫天下”。这些观点源自于历史上的一个故事：东汉时有个少年叫陈蕃，独居一室而庭院龌龊不堪。他父亲的好友薛勤见状批评说：“孺子何不洒扫以待宾客？”他回答说：“大丈夫处世，当扫除天下，安事一屋？”薛勤当即针锋相对反问：“一屋不扫，何以扫天下？”陈蕃主张“做大事者不拘小节”，薛勤认为只有注意小节的人，才能成就大事业。其实，两种观点并没有实质性的区别。干大事业者之所以不注意“小节”，大多数是由于确实没有时间来关注这些小事，把所有的精力花费在追求的目标上。或者，这些干大事的人已经处于成熟阶段，良好的业绩和强悍的能力足以弥补小节的不足。更何况，有很多杰出人物的表现体现了一定的天资，属于特例，不建议作为普通职业人的榜样被以模仿。

那么，作为一个初入职场的职业人，应该注意哪些细节呢？

提前上班，延迟下班 在现代社会里，准时上下班已是过去式，提前打卡并且延迟离开，才证明你对公司鞠躬尽瘁、对工作兢兢业业。有调查结果显示：凡事业有成的企业家都有一项共同的特点，就是早到晚退。你或许会质疑：经常加班或晚退，会不会让老板以为你的工作效率低下，甚至怠惰？其实正好相反，他只会对你埋头工作的身影印象深刻。

着装得体大方 初来乍到，穿着打扮将在很大程度上充当起你的“形象大使”。学生气让人感觉你还不想长大，夸张前卫的服饰让人感觉你轻浮桀骜甚至是哗众取宠。让同事把你当成孩子或者“新新人类”都会对日后产生不利的影响，而第一印象往往是相当顽固的，与其以后花九牛二虎之力去纠正，不如未雨绸缪。其实，只要选择一些相对保守正规些的服装就会给人留下好感。不一定非得西装套裙，但毫无疑问，原来沾满青春汗渍的牛仔裤耐克鞋是一定要脱掉的，过于追逐时尚和新潮的另类服装看来只能留给周末了。即使你要加入的是当今最时髦的 IT 业，即使你可以列举出一串“网络新贵”们不拘一格的装束，但可惜的是，穿西装不系领带、穿运动鞋在他们身上是“酷”，对你来说就是“土”和不合时宜。

少说话，多干事 在身边的同事中，总有一些人爱说长道短，评论是非。作为新人，你不可能了解事情的来龙去脉，更没有正确分析判断的能力，因此最好保持沉默，既不参与议论，更不散布传言，也不要急于与某个人或某个圈子打成一片，以免一不留神就卷入是非漩涡。在所有的时候，都管好自己的嘴。把夸夸其谈的时间，把抱怨的时间，把与同事探讨家长里短的时间统统用来冷静地思考、高效率地做事。记住，这还没到你能随意与同事倾心交流的时候。

卖力做你力所能及的小事 因为上司或同事往往并不了解你的才能，开始不会委以重任，而是让你做些比较琐碎的杂事、小事。除了力争在最短的时间内尽善尽美地把它们完成，你别无选择，这是取得上司或同事信任的最有效的途径。不要自视清高，以为大材小用，或者几天没达到自己的目标，就开始怀疑是不是选错了单位。谁都不能一口就吃成个胖子，想要灿烂辉煌，你先得耐得住寂寞。

(二)不同性质的单位，不同的生存法则

不同性质的单位，由于企业文化、经营目标和管理模式的区别，对新员工的要求是不一样的，有的时候，同样的行为会有截然不同的后果。作为刚走上工作岗位的毕业生，就必须了解各种单位的性质和通例，所谓“入乡随俗”，找寻适合自己生存的空间，便容易做出成绩。

国企：要从最基层做起 国企对新人更看重的是踏实稳健的工作作风以及良好的人际交往能力。根据国企的职业发展模式，新进人员一般要从最基层做起，逐步适应岗位。进入全新的环境后，毕业生一定要摆正自己的位置，切不可与人横向攀比，在工作单位切忌眼高手低，要做到踏实肯干。注重培养自己的人际交往能力也十分重要。

毕业于重点大学的陈露顺利地与属于大型国有企业的某集团签订了就业协议。学会计专业的她顺理成章地认为毕业后就能直接到集团的总部从事财会工作。但实际情况并不像她想象的那样。毕业后，她被通知到销售部门实习。用陈露的话来说，就是到公司的最底层去体验生活。一开始，陈露心里有点不满，觉得和自己的理想差距太大，但公司人力资源部的领导告诉她：“国企对新人更看重的是踏实稳健的工作作风以及良好的人际交往能力。在基层好好干，对公司的业务有更深层次的理解，才有利于以后工作的提升。”克服自己心里不满后的陈露工作得十分认真，与领导、同事的关系处理得也十分融洽，很快得到领导的表扬，并获得了新成员第一批提升岗位的机会。

外企：尽快熟悉企业文化 每个外企都有自己独特的管理制度和企业文化，因此最重要的一件事就是熟悉和适应企业文化，而且外企在重视每个人工作业绩的同时，也十分看重合作能力、团队精神和竞争意识。进入外企工作的新人最重要的一件事就是对企业文化有深入的了解，并在最短的时间内去适应它。

市场营销专业的李伟毕业后在某超市找到了一份市场调研的工作。对于外企工作节奏快、管理要求严格的情况，李伟此前有一定的了解，所以在刚参加工作时，争取改变自己原来读书时存在的拖拉、懒惰等毛病，尽量在最短的时间内完成工作，同时还注重员工的团队精神与相互间的沟通。经过三个多月的努力，如今李伟对工作已得心应手。他感触最深的就是，要进外企工作，首先要尽快熟悉外企独特的企业文化和严格的管理制度。

机关事业单位：注重点滴小事 机关事业单位相对于企业来说最大的特点是注重点滴小事——可别小看这些，它会帮助你迅速融入同事圈中，得到大家的帮助和认同。另外，由于机关单位年龄大的人比较多，所以在做事时，注意不要太浮躁，要沉稳，多向老同事请教，不参与是非议论，避免加入“办公室帮派”。

某省物价局的王丹亚刚毕业的时候，觉得机关单位应该工作任务不重，待遇比较稳定，做好自己的工作就行。上班后才发现机关单位工作氛围比较淡漠，同事之间的沟通也不是很多，加上自己性格有些内向，不善于交际，初来乍到的王丹亚感到有些陌生。怎样尽快与同事熟悉呢?经过观察,发现办公室里每天都有一些和大家都有关系的琐碎小事,王丹亚就试着主动去做这些事情,如打扫卫生、整理报纸文件、接听电话等等。果然,很快王丹亚就融入了同事的圈子。再加上他工作十分认真,经常谦虚地向老同事请教,如今的王丹亚已经成了办公室里最受欢迎的年轻人。

三、抓住机会,熟悉业务

(一)机会总是留给有准备的人

人的成功总是取决于自身和外界的条件,而在外界的条件中,有一部分能够促进主体某种价值的实现,我们就把这些条件称为该主体的机会。机会不是一种纯客观的东西,而是主体内在和外在条件的统一。相同的外在条件,对于甲主体来说是机会,而对于乙主体就不一定是机会,关键看主体与外在条件的相应性。因此,就主体而言,是否有更多的发展机遇,关键取决于人的主观努力程度和自身的条件、素质。一个人越是不断勤奋努力,获得的知识能力储备就越多,拥有的发展机会就越大。所谓"机会总是给有准备的人",说的就是这个道理。

每一个大学毕业生进入工作岗位,都必须树立这样的信念,即用自己的努力和实力去赢得机会。有一位中专毕业生,五年时间里从一个小职员成为一家贸易公司的副总,大家都觉得她的运气特别好。她是学会计专业的,在营销行业里并不占优势,相貌也很平常。但她进入公司以来,在每一个部门都做得有声有色,每一次调动都成为一次提升的机会。总之,大家觉得是好运气眷顾了她,给了她最好的机会。可了解她的人都知道机会是怎么得来的。

进这家大公司的时候,专业优势不明显的她先给分到行政部,做着一个并不起眼的小职员。该部门既有能言善道、八面玲珑的女孩子,也有深谙权术、势利平庸的老男人,甚至不乏大专生、本科生。但她不惹是非,只是默默干活。领导让她做什么,她就做什么,总是在第一时间做到最好。别人在抱怨工作无趣、老板小气、地铁太挤,她在悄悄熟悉公司的部门、产品和主要人物。

后来市场部经理偶尔看到她在接电话处理一件小事情时表现出的得体和分寸感,就要了她去顶他们部门的一个空缺。市场部令她的世界骤然广阔起来。半年的扎实工作,为她赢得了良好的业绩。出色的调研报告、不同寻常的办事效率,使她终于获得了市场部副经理的职位。升迁不久,老板来问她愿不愿意接受挑战,去情况并不妙的销售部。机会或者陷阱,在那个时节,谁知道呢?她勇敢地接受了挑战,先选择库存最多的北方公司开始她的第一站。冬天的北方,她一个人借了一辆自行车,找代理公司产品的代理商,了解产品卖不出去的原因。几个月后,情况就开始改善了。不知情的人,当然以为她这两年走红运,哪里知道她一天下来腰酸背痛的艰辛。

一年之后,她被调到大客户部。那些自我感觉良好的客户,哪里是光跑跑腿就可以热络得起来的?为了尽量增加接触机会,三个月里,她学会了打高尔夫球和卡拉 OK 里最受欢迎的二重唱。能得到第一张大单子是因为她去拜访某局长时,偶然听到他同业内另一位局长在打电话,谈论第二天去某风景点开会的消息。她回公司后做的第一件事情,就是查了他们入住的酒店。第二天傍晚,一身旅行装束的她与局长们相遇在酒店大堂里,说自己是恰好来自助旅游的。几天下来,他们邀请她一起参加活动,唱歌、打牌、聚餐。再后来,认识她的人同她更熟悉了,不认识她的人开始认识她了,她的客户名单上增加了强有力的一群人。第一张大单子的客户就在半年后出现在这群人中。

在这里我们不厌其烦地介绍她成长的经历，目的只有一个，让大家自己去感悟机会的内涵。人的一生充满着机会，关键是你能不能抓住机会。机会来的时候，并不会同你打招呼，告诉你“我是机会”。不疏忽平时的每一个点滴，做好每一件不起眼的小事，就是在为自己创造机会。机会肯定不是等来的，你有心，它无声，真正准备好了，它就真的来了。

(二)精通业务是立足职场的基础

任何一项工作均有特定的职责，要完成这些职责，需要精通业务。这里所谓的业务，主要是指业务知识、业务能力以及相应的业务经验。不管从事什么职业，都努力使自己精通业务，这是职场中人最显魅力的品质，也是体现自身价值的重要因素。即使是玩，也要有一种高贵的专业精神，比如养了一只宠物，也应尽可能详细地熟悉它的生活习性，懂得如何照料，等等。

精通业务意味着你有了巩固现有位置的资本 刚进入工作岗位，首先就要巩固自己现有的位置，其次再考虑进一步发展的空间。从一个企业岗位设置的目的出发，有需要才有岗位，任何一个岗位都有其存在的必要性和相应的价值。如果这个岗位不能为公司带来效益，这个位置就失去了存在的必要性，就会被撤销。对于老板来说，位置就意味着价值，而不是位置本身。

因此，从某种意义而言，每个人都有权利和机会占有某个岗位，而且占有这个岗位的概率也具有均等性，只要能使这个岗位创造出应有的价值。你进入某个岗位，这只意味着你拥有了一个占领这个岗位的基础，是否能长久地保持，就要看你能否在本岗位上创造价值。

从整个社会的人才市场而言，能够实现这个岗位价值的并不仅仅是你一个人，而是有无数个，这些人是随时能替代你的“候补队员”。因此，巩固位置的过程实际上是与有条件进入这个岗位所有人的竞争过程。竞争需要能力，其核心的竞争力就是良好的业务素质。一般来说，每个岗位都有自己特有的业务技能要求，拥有这些技能，也就有了排他性，位置就能长“驻”久安，否则，随时有被辞退的危险。

精通业务给你带来提升的机会 你应在自己的位置恪尽职守，出色地完成本职工作。当你的业务能力超出现有岗位的需要，你就取得了到高一级职位上去施展自身才华的资格。一旦时机成熟，便会如愿以偿。

出身于穷苦掘煤人家的火车发明者史蒂芬逊，自幼失学，但却对机械有着特殊的爱好。工作之余，他把所有的精力花在摆弄各种机械零件上，17 岁就升任煤场的机师一职。当了机师后的史蒂芬逊并没有自鸣得意，而是比从前更真切而详尽地领会了机械的构造和修理技术。为了充实自己在机械理论方面的学问，他还每天不辞辛苦地在一天劳累之后，前往夜校学习，从最基本的阅读、写字、算术等科目学起。

某日，矿场的一部机器突然停止运转，在场的所有技师都找不出故障所在，维修只好停止。原本站在一旁的史蒂芬逊主动请求让他试试。由于领导素来知道他热衷于机械的钻研，抱着死马当活马医的心理，就答应了他的请求。只见史蒂芬逊凭着对机械结构的清晰理解，飞快地将每一部件拆开，逐一检查，找到故障后，很快地加以修正。于是机器又欢快地运转起来。在场的每一个人都被他娴熟的技能所征服，不久史蒂芬逊就被提升为煤场的技师，也受到公司的器重。

在这里我们并没有表彰史蒂芬逊发明火车给人类带来的巨大贡献，而是重点关注他进入工作岗位后对业务的精益求精留给我们的启示。

现代化的社会时事变迁是如此的迅速,而每个职业所要求掌握的知识和技能又相对固定和单一。在人生路上积极向前的我们,无论是让自己更上一层楼,或者借此为自己的生活与生命,创造除旧布新的回转机会,都得时时刻刻充实自己,让自己拥有真金不怕火炼的真才实学。

职场业务经验的积累是走向成功的保证 在律师行业摸爬滚打10年刚过而立之年的唐波,已经是北京炜衡律师事务所高级合伙人、北京市律协房地产与建筑工程专业委员会委员,成为中国律师从业人员的先锋。唐波毕业于中国政法大学,工作后从最基础的法律咨询业务做起,信奉“先要做一头忍辱负重的骆驼,骆驼不仅代表坚韧的态度、忍耐的本领,还代表着一种储蓄能量的能力”。

他首先在一家律师事务所做实习律师,不避烦琐,不辞艰辛,不计得失,虚心向老律师请教如何收集证据、如何出庭、如何与客户谈业务解答问题、如何与法院打交道等工作技巧,为日后独立办案积累了宝贵经验。一年后,他开始独立接案。为了开拓业务,他每天不停地去拜访客户,什么样的案件都接,什么行业的案件都去接触,只要有点线索,就开始奔跑。

1993年,唐波介入房地产法律服务。凭借自己一贯的勤奋,他熟练掌握大量繁杂的房地产法律法规,很快成为一名房地产专业律师。机会垂青有准备的头脑。由于他在业务上的出色表现,名气越来越大,先后完成了很多全国知名案件的辩护。辛勤耕耘,终结硕果。在京城律师行业激烈的竞争之中,唐波不仅带领团队求得了生存,并且做出了名气与品牌。

职业生涯是一个需要积累的过程,而这种积累主要是业务经验和技能的积累。作为一名成功的职业人,从事任何工作,都需要有业务的积累,如医生的诊断治疗能力、教师的教学能力、秘书的写作与公关能力……只有通过积极进取的努力,精通了岗位业务,才能在职场立于不败之地。

(三)生活处处皆学问

从前面的内容我们知道精通业务对于职场成功的重要性。然而,刚参加工作的忙碌,或者终于可以歇一口气的惰性,都会让你忽视业务素质的进一步提高。确实,学校那种可以一门心思学习的时光已经一去不复返,而这个时代又是一个专业人才的时代,你要想让自己在工作五年、十年或十五年以后,能够升职,就必须从第一天工作开始注意业务素质的积累。很少有人在刚刚步入社会的时候,就已经具有担任高级职位的业务能力。他们必须利用一切机会,一面工作一面学习。其实,只要你是一个有心人,敢于放弃不必要的消遣,勇于接受挑战,虚心好学,“生活处处皆学问”,学习的机会和途径是很多的。

树立问题意识 一个具体事务的承担者,极易埋头于琐碎的业务中而不能自拔,时间一久,就成为平庸的“事务工作者”。克服此项缺陷的良方就是带着问题去工作。对于所从事的每一项工作,不但知其然,而且知其所以然;不仅能够顺利地完成它,而且研究如何更好地做好它;工作中碰到问题,能够通过各种渠道寻找到问题的答案。这样每项工作的过程就是一个研究学习的过程,长此以往,还可以总结出规律性的经验。由提出问题而促进学习和思考,进而寻找到答案,这就是一个提高业务素质的有效手段。

继续你的业余学习 大学毕业说明学生已经具有较高的文化素质和专业知识,但在知识经济时代,科技的发展日新月异,终身学习成为必然的选择。更何况,有很多人所学的专业与工作岗位并不对口,甚至相关度也很小。职业所需要的大部分知识和技能必须从头开始学习。社会学家W.罗伊特·华纳说过,美国的理想是建立在每个人都能"成功"这个信念上,而一个人想要出人头地的主要方法是接受教育。已经参加工作的人不太可能脱产去重新学习,一个重要的途径是利用业余时间参加与自己业务对口的课程教育和培训。

亨利·布莱顿三十出头就已经是美国Servo公司的总经理,美国少数导弹专家之一。虽然已身居高位,布莱顿仍然学习不辍,一天辛勤工作之后,晚上他还上夜校继续学习。他利用晚上空闲时间学习打字、雷达技术、西班牙语、管理学、演讲术、素描等,凡是对他的业务有帮助的知识他都学。事实上他也真能学以致用,并且取得了很好的效果。一个真正成功的人,即使每天工作再多再累,他也绝不抱怨,并且还能腾出时间继续学习。万向集团的创始人鲁冠球,初中毕业却知识渊博,所获得的知识和能力都来自工作后的学习,因此他放弃了很多休息和应酬的机会。金义集团的总裁陈金义,在自己的轿车上装满了书籍,旅途时间就是他学习钻研的时间。由此看来,工作和学习并不是矛盾的,"熊掌"和"鱼"完全可以兼而得之。

勇于涉足新的领域 有很多职业岗位所需要的业务能力,需要工作过程的经验积累。只有身临其境者,才能得到锻炼和提高。每个企业都有新开拓的领域,对于原有的员工来说,这是一次知识、能力和意志的考验。一般身在稳定岗位的人,都不愿意接受这样充满风险的挑战。刚走上岗位的毕业生,应该紧紧抓住这种难得的机遇。也许新的领域充满艰辛和挑战,失败和成功并存,但这恰恰是一个难得的学习机会。只要在这个领域立住了脚跟,就赢得了发展的空间,也许你就能凭借这个基点开辟出一个新的天地。

放下架子,不耻下问 孔子说:"三人行,必有我师。"可见学习的对象随处都有,关键是缺少发现。新员工初来乍到,要学习的东西很多,但并不是每个人都愿意教你。可以这样说,一个群体中的人都具有微妙的利益关系,教会了你也就意味着自己多了一个竞争的对手。因此,在工作中要学有所成,必须首先树立良好的学习态度。如果觉得自己大学毕业,自视很高,满目都是技不如人的平庸之辈,就会连学习的对象都找不到,更谈何不耻下问?

充分利用各种信息平台 信息技术的发展,给人类学习带来了难得的便利。尤其是互联网,信息容量之大,交往之便利及时,都是前所未有,为我们学习研究新技术、新知识创造了有利的条件。另外,很多的高校和各类培训机构还在网上有大量的在线培训课程,通过网络进行职业培训是当今青年员工的重要选择。如今的大学生对计算机运用自如,只要围绕一定的"专业中心",善加利用,便会如虎添翼,但千万不可沉溺于网络,干一些与工作和学习无关的事。除了网络,公共图书馆、学习沙龙、学术组织等也是提高业务素质的渠道,只要做个有心人,带着研究的意识,就一定能有所收获。

四、发挥优势,开拓事业

(一)寻找职场发展的突破口

当你在职业岗位上立住脚跟,你也就获得了进入社会的基础。当然仅仅如此是不够的。随着时间的推移,你将会有更大的目标和需求。无论是职务上的提升,抑或是事业上的拓展,都将是一种人生价值的提升。因此,在原有岗位上寻找突破口是开拓事业的开始。

企业的需要就是你的突破口 当你在原有位置上找寻新的发展空间时,不能只局限于自己的兴趣或社会上的热门行业。在企业的发展过程中,新业务的开拓、新问题的克服,都需要员工的努力,而这也是员工提升发展空间的最佳突破口。在每个单位我们都会发现这样一些人,他们忠于职守、兢兢业业一辈子,但始终是一个一般的员工。这并不是说明员工的敬业和忠诚这些好的品质是没有用的,而是他们没有选择好提升价值的突破点,把这些好的品质在正方向上发挥应有的作用,产生企业需要的价值和效益。

随着企业的发展,更广阔的市场需要开拓,公司会派人到偏远地区或其他城市去开设分公司,或者公司原来单一产品的专业化策略正在向多元化经营策略转变,新的产品研发和推广需要更多的技术骨干力量。如此等等的情况,既是一个学习的好机会,更是一个迎接挑战、拓展空间的良好机遇。虽然,对于一个追求安逸的人来说,失去的是稳定的工作环境,得到的是困难、艰辛和风险,但这也恰恰是一个职业人超越自我、提升自我的突破口。你只要在这个领域内开拓出一片新的天地,这将是属于你的天地,就比如是打仗,有了自己的阵地,有了独立的根据地,其意义不言而喻。一个只盯着自己的喜好而寻找事业机遇的人,将会在职场上越走越窄,最终一事无成。

展示特长的场所就是你的突破口 世界上没有完美的事,也没有完美的人。所谓"尺有所短,寸有所长",由于主客观因素的局限性,大部分人只能了解熟悉和精通某一个或几个领域的知识或技能。一个人不管他在知识和技能上发展得多么突出、成长得多么卓越,也只能在他所适应的领域发挥特长,一旦离开这一领域,就无特长可言。

一个人的特长不但具有区域性,而且还具有转移性、衰变性和相对性。人的特长可以从这个领域向另一新的领域发展,发展的结果往往是新领域特长超过原领域特长。这种特长转移的现象在人类的创造发明活动中可以找出许多的例子。一个人具有的特长会随着自己年龄的变化、精力的变化增长或者衰退。这种特长的增长或衰退就是特长的衰变性。人的特长和短处也不是一成不变:从某种角度说,短处也是特长;而从另外一个角度说,长处也是缺点。当我们在职场上寻求事业的突破点时,不妨仔细盘算自己的优势和特长,那些最能发挥自己优势、特长的空间就是自己事业的基点和突破口。

(二)大处着眼,小处着手

有了突破口,便有了奋斗的方向,而成就的大小就要看是否树立了高远的目标。目标的实现需要将长远规划分解成一个个阶段性的目标,并逐一加以落实和完成,整体目标的实现必然水到渠成。所谓"大处着眼,小处着手"说的就是这个理。

拓展事业的目标尽可能远大 目标愈高远,人的成就就会越大。在日常生活中,我们都有这样的体会:你爬一座山,开始确定的目的地如果是山腰,你爬到四分之一就感到很累。但如果你原来确定的目标是山顶,爬到半山腰也不会累。这就是设定一个远大目标的好处。

美国潜能成功学大师安东尼·罗宾说:"如果你是一个业务员,赚1万美元容易,还是10万美元容易?告诉你,是10万美元!为什么呢?如果你的目标是赚1万美元,那么你的打算不过是能糊口便成了。如果这就是你的目标与你工作的原因,请问你工作时会兴奋有劲吗?你会热情洋溢吗?"确实,当人们只有一个浅近的理想,它往往很容易满足,遇到困难也马上退缩。一般来说,人的行为受制于人内心的需要,需要越大,动力也越大。在他前往目标的路上遇到挫折和障碍时,人的潜力就会发挥到极限,往往产生难以想象的力量。

远大的目标使人显得伟大。所谓远大的目标,无非是要考虑更多的人、更多的事,在更大的范围里解决更多的问题,将自己提升到一个更高的层次。因为你渴望去干一番大事业,让自己达到成功的极限,这就需要你拥有更多的知识、技能,有些甚至要有所舍弃。在这些过程中,你会强迫自己不断地去学习、去适应,就会逐渐具备超于常人的知识、能力、胸襟,而结果便是:你将逐渐取得自己的成功,得到旁人的尊敬和认同。

把目标转化为现实　制定计划是为了达到计划,计划制定好之后,就要付诸行动去实现它。如果不化计划为行动,那么所制定的计划就成了毫无意义的东西。

首先,制定一个有效的行动计划。从最重要的目标开始,问问自己:"我应该采取怎样的步骤来达到这个目标?"想到什么,就随手写下来。等到列举完毕,再重新检查,依优先顺序重新排列。从最简单、最容易而且能尽快完成的开始着手,一直到你完成它——把每一个步骤都罗列出来,这就是一份很好的行动计划。

其次,为实现计划而努力。当你把实现目标的计划写下来之后,随之而来的是立即让自己动起来,专注地向着计划的方向努力,可别一拖再拖。一个真正的决定必然是有行动的,并且是立即的行动。你先别管要行动到什么程度,最重要的是要动起来,打一个电话或拟出一份行动方案都是可以的,只要在接下去的10天内每天都有持续的行动。当你能这么做时,这10天内小小的行动必然会形成习惯,最终把你带向成功。

万事开头难!要干成一件事情,人们总是觉得迈出第一步困难重重,总是下不了决心,于是便迟疑不决、犹豫不定,今天推明天,明天推后天,这样推来推去便延误了时间,也就推迟了成功之日的到来。一个人要做一件事,常常缺乏开始做的勇气。但是,如果你鼓足勇气开始做了,就会发现做一件事最大的障碍,往往来自自己的内心,更主要是缺乏行动的勇气。有了勇气下决心开了头,似乎再往下做就会是顺理成章的事情了。

再次,为了确保行动计划的成功,你得保持高度兴致。欲望是联结行动与计划的桥梁,是推动行动计划的动力。要保持高度兴致就必须时时肯定自己,重温过去的光荣成就。如果努力能获得报酬,你会做得更起劲。这报酬不一定是物质的,也许是地位,他人的尊敬、感激,完成任务时的满足感,自尊心,等等。想想达到目标时的丰硕成果,想想美梦成真时的美好感受,时时回味这些栩栩如生的美好画面,可以促使你早日达到愿望。

(三)迎接挑战,勇于创新

在达到自己目标的过程中,创新是实现高效的重要手段。美国可口可乐公司业务主管道格拉斯·艾夫斯特对创新有一个精彩的解释:人人都会睁大眼睛盯着最新发明,或者认为创造性必定表现在艺术和科学方法等方面。但是,在人员配置、战略、商标品牌和经营过程中也必须鼓励创造性。确实如此,以前人们总是把创新局限于自然科学或应用工程领域,实际上在我们的工作和生活中,到处都有创新的问题。创新不仅仅是人类解决许多重大问题,诸如创建经典理论、重大发现发明等的有力工具,它还与改善我们的生活、改进我们的工作息息相关。只有创新,才有社会的进步。

创新是知识经济时代职业人的必备品质　知识经济的浪潮已经席卷全球,无论是发达国家还是发展中国家,知识经济的影响已成为无可回避的现实。这是一个瞬息万变的时代,这是一个充满魔幻的世界,速度已经成为人们的主宰。无论你从事什么职业,身处何种岗位,新颖和变化已经是真正的主流。古人说:"穷则变,变则通,通则久。"在今天,不穷不阻的时刻也得思变,否则永远只能做第二,永远不能成为弄潮儿,从而与成就无缘。因此,无论是高级政府官员还是一般的公务员,无论是企业总裁还是普通的业务员,创新的意识与行动必须时刻扎根在心底,求新、求变、求创造,这样才能在职场立于不败之地,获得人生价值的提升和人生理想的实现。

培育正确的创新心态　创新能力的开发和培养,首先要树立正确的创新心态。一是克服懒惰保守的心态。人有一个很大的弱点,就是倾向于维持既有的东西。表现在职业生活中,就是僵化地遵循原有的教条,习惯于过去的工作程序。要二是克服对失败的恐惧心理。创新求变总是意味着一定的风险,甚至伴随着失败和损失。如果不愿承担这些风险,就会逐渐脱离时代的轨道,为时代所抛弃。其实,失败往往是促成进步、创新的良方,通过失败找寻到其中的原因,也就意味着离成功更近了一步。

掌握正确的创新方法 创新能力的高下体现在创新方法的正确与否,在实施创新过程中,注意在以下环节着力。

把创新当作平时的习惯。要创新必须常存自我否定的念头,使现在的工作比昨天做得更好,明天又要比今天向前迈一步。运用你的创造力,好好想想如何改善自己的工作,不管这件事是多么微不足道。即使是如清扫办公室这么简单的工作,也可经由创新性的思考和实验来获得改善。

不要放过稍纵即逝的灵感。创新往往是突破"常识"和传统科学知识的新发现,固守原有的成规俗套不可能产生出真正的创造力。伽利略提出太阳为宇宙中心的理论时,与一般的想法大相径庭,当时人人皆认为地球才是宇宙中心。这些突破常规的想法往往产生于习惯思维的"断层",看似毫不相干的事情会发生联系,但这种思想火花会马上消逝,思维重新回到正常的轨道上来。这就是所谓的灵感,也是创新的起点。

对创新抱有热情和专注。职业岗位上的创新就是挑战新的领域,克服和解决从未接触过的困难。这就意味着在我们面前将出现前所未有的阻碍,我们可能陷入想象不到的泥潭,要从中脱险而出必须付出很大的精力,倾注满腔的热情。热情是一个人向难以超越的阻碍挑战所需的能量。炽热的信心、超强的意志、坚定的决心和坚韧的毅力都是破除障碍的能量之源。要征服这种挑战,能量是绝对需要的,再加上一点狂热就可使能量充沛。

美国著名出版商和作家阿尔伯特·哈伯德说:"成功的职业人生始于正确定位,很多人之所以一事无成,是因为不知道自己要做什么,能做什么。简言之,就是不能根据自己的实际能力与特长来正确定位。"愿每位同学都能保持正确的心态,勇敢地面对生活,不断超越自己,这样就一定能实现人生的辉煌。

思考题:

1. 初入职场应该有怎样的心态?
2. "不拘小节"和"从小事做起"是不是矛盾的?结合自己的理解谈谈你的体会。
3. 工作稳定后,可以从哪些方面提升自己?

【案例一】

第一印象很重要

秦末,刘邦赴项羽摆下的鸿门宴。宴会上暗藏杀机,项羽的亚父范增一直主张杀掉刘邦,在酒宴上一再示意项羽发令,但项羽却犹豫不决,默然不应。范增召项庄舞剑为酒宴助兴,想趁机杀掉刘邦,项伯为保护刘邦,也拔剑起舞,掩护了刘邦。在危急关头,刘邦部下樊哙一手持盾、一手持剑闯进去,卫兵前来阻拦,被力大无穷的樊哙撞得东倒西歪。

项羽一看,一个虎背熊腰的壮汉,发指眦裂地闯进来,立于大厅中央,便十分吃惊地问道："这是何人？"张良连忙上前代答道："这是替沛公驾车的樊哙。"项羽生平最喜欢壮士，看到樊哙，赞叹道："好一个魁伟的壮士！"接着就命卫士赏他一杯酒、一只猪膀。樊哙接过，用剑切猪膀，就着酒狼吞虎咽，顷刻间一扫而光。项羽见樊哙如此豪迈，便问道："壮士还能再喝酒吗？"樊哙愤愤地回答道："我死都不怕，还怕喝酒？当年秦王苛政如虎杀人如麻，到了天怒人怨的地步，逼得天下人造反。怀王有约在先，谁先入咸阳，就封谁为关中王，如今沛公先入关，并没有称王，而是封库闭宫，驻军于灞上，专候将军到来。像这样劳苦功高的人，将军却听信谗言，意欲加害，这样做与残暴的秦王有什么两样？"一席话说得项羽无言以对，刘邦乘机逃走，摆脱了一场危机。

樊哙只是一个小小的车夫，为什么能够让楚霸王项羽如此高看？关键就是樊哙持剑闯入的勇猛，给项羽留下了深刻的第一印象。

点评：心理学上有个首因效应，也叫首次效应、优先效应或第一印象效应。它是指人们第一次与某物或某人接触时留下的印象。个体在社会认知过程中，通过"第一印象"最先输入的信息会对个体以后的认知产生影响。第一印象作用强，持续的时间也长，比以后得到的信息对于事物整个印象产生的作用更强。某种程度上，初次见面的一瞬间足以决定胜败。你给人的第一印象如果是聪明、稳重的，下次见面时即使有较激烈的争执，对方也会结合第一印象而判断你是个对工作投入的人。相反，如果你给人的第一印象是穿着随便、毫无气质、工作态度散漫的，第二次见面即使诚心交谈，对方也会认为你目中无人。因此，做事时给人留下良好的第一印象，是每一位走向工作岗位的青年学子的必修课。

【案例二】

买土豆的故事[①]

仁者见仁，智者见智。这个故事应该是被众多培训师引用的例子。

张三和李四同时受雇于一家商店，拿同样的薪水。一段时间后，张三青云直上，李四却原地踏步。李四想不通，老板为何厚此薄彼？老板于是说："李四，你现在到集市上去一下，看看今天早上有卖土豆的吗？"一会儿，李四回来汇报："只有一个农民拉了一车土豆在卖。"

"有多少？"老板又问。

李四没有问过，于是赶紧又跑到集上，然后回来告诉老板："一共40袋土豆。"

"价格呢？"

"您没有叫我打听价格。"李四委屈地申明。

老板又把张三叫来："张三，你现在到集市上去一下，看看今天早上有卖土豆的吗？"张三也很快就从集市上回来了，他一口气向老板汇报说："今天集市上只有一个农民卖土豆，一共40袋，价格是2毛5分钱一斤。我看了一下，这些土豆的品质不错，价格也便宜，于是顺便带回来一个让您看看。"

张三边说边从提包里拿出土豆，"我想这么便宜的土豆一定可以挣钱，根据我们以往的销量，40袋土豆在一个星期左右就可以全部卖掉。而且，咱们全部买下还可以再适当优惠。

① 案例来源：http://nf.hr1000.com/serviceGuide/2010/6295.html.

所以,我把那个农民也带来了,他现在正在外面等您回话呢……"

故事的结尾通常是,李四惭愧地低下了头。

许多培训师最终会让大家谈听完这个故事的感想,当然感想不一而足,而培训师最终的总结词是:我们做事要多为老板着想,为企业利益着想,做事要积极主动,考虑问题要周到些、再周到些,等等。总之,在这个故事里,张三是绝对的正面教材,李四则成了办事木讷、不通人情、"一根筋"的代名词,企业大概是不需要李四这样的人存在的。

但真的是这样吗?

在我们身边,这样的例子并不少见:那些会来事儿、脑袋灵光、嘴巴甜的人总是在企业里顺风顺水,受到重用;而那些如同李四这样的领导说什么做什么、说一步做一步的人,总是被鄙视,而自己也会渐渐丧失信心。在这样的对比下,张三们总是志得意满、前途无限,李四们总是一无是处、走人了事。

但是很不幸,这个世界上虽然有张三们存在,李四们却不可能消失,只怕还是大多数。他们似乎天生脑子里就没有那根筋,天生就不懂得如何去讨好别人,不明白别人脑子里到底在想些什么,怎样才能跟领导步调一致。而作为一个做人事工作的,如果和所有人一样,对李四们打压、讽刺、无所不用其极,那才是一种悲哀。

马克思教育我们,要辩证地看待问题。延伸开来,是要全面地分析一个人,不能以偏概全。我们再来看看这两个人吧:

张三的机灵主动自不必说,领导只说了一声"去看看有没有卖土豆的",他就搞了那么多事情出来,还不等领导问,就叽叽喳喳地全说出来了。不得不说,这对领导心思的揣摩,已经到了登峰造极的地步。反观历史,历代帝王都非常忌讳揣摩圣意,那些过于揣度圣意谄媚者,可能随时会被砍脑袋。而如果真有张三这样的人物在你身边,作为领导你会怎么想?心正还好,若其心不正,我看你晚上睡不睡得着!中国人一贯讲究中庸之道,张三的聪明是他的卖点,而卖弄聪明恐怕也会是他的弱点。

反观李四,他虽然言语木讷,做事不会思前想后,但老板说什么,马上去做,老板指东绝不往西,执行力强,内心单纯。这样的人放在身边,虽然一开始做事情会让你辛苦些手把手地去教,但他这次改错了下次一定不会犯同样的错误。傻是他的弱点,但反过来看又是他的优点。

而作为张三和李四的上级,你的用人风格和理念直接决定了这两个人的能力发挥或去留情况。你想做一个什么样的领导,想为企业培养什么样的员工,又决定了你会如何看待这两个人。而我相信,现代管理体制下,更需要的应该是那些做事踏实、内心淳朴、执行力强的员工。有些单位甚至将"简单学做,简单照做"作为一种企业文化,但前提是他的上级对他的优缺点有足够的认识和耐心程度。

当年《士兵突击》热播,人人都看到了许三多的木讷和无用,成才的机灵与圆滑以及对未来清晰的规划。这两个具有鲜明个性特点的人在特殊的团队文化中最后的发展道路,让我们清晰地看到:当今时代,单纯、执着、木讷不是全然无用的。但如果没有史今这样不抛弃不放弃的领导风格,许三多最终的结果可能还是离开团队,抑郁不安。

所以,让我们再讲两个卖土豆的故事吧。

一大车的土豆被拉进农贸市场,来买菜的人从车边走过。有的买了好几斤,有的左挑右选后一个都没有买。土豆被扒拉来扒拉去,大个的土豆和鲜亮的土豆率先被买走,而小个的土豆被一遍一遍地搁在一边。很多又大又好的土豆因为不在车的边上，被埋在土豆堆中无人问津。

买菜的人们一个个地从土豆车旁走过。土豆堆表面的土豆被一个个买走，埋在里面的又大又好的土豆露了出来，被后来买菜的人一下子抓起来放进了口袋。傍晚，一车土豆已经越来越少，尽管已经没有太多又大又好的土豆，但是晚来的买菜人还是买了小个的土豆。后来，整车土豆都卖光了。

点评：任何时候，不要因为自己的缺点而自卑，也不要因为自己的优点而沾沾自喜，因为从某种意义上说，不管是金子还是土豆，都有它的用武之地。只要有信心，正确地认识自己，不断地改进自己，坚持自己最初的梦想，没有什么能够阻挡你的成功！

【案例三】

积极主动　创造机会[①]

李磊经过严格的面试，终于被省内一家大型连锁超市录用。公司将他安排到社区便利店做普通店员的工作，他并没有因此灰心丧气，而是坚持一种积极向上的工作态度，自己也渐渐成熟起来了。在踏踏实实做好店员本职工作的同时，李磊作为一个有心人，注意收集、积累和整理事关公司营销管理工作的各类信息。半年以后，公司管理层在全体员工中开展征求合理化建议活动。李磊联系当前超市业市场的实际情况，结合本便利店乃至整个公司的运营和管理情况，向公司管理层提出了“关于加强和改进本公司基层门店营销管理的分析和建议”，洋洋洒洒数万余字。李磊的建议引起了公司高层的重视，公司老总在他的“万言书”的字里行间加注了批语：“符合实际、有情况、有分析……形象生动……可操作性强……”最后，公司老总还专门批示：“建议人事部门将该员工调任有关管理岗位工作。”

点评：机会总是垂青有准备的人。当机会来临的时候，李磊抓住了，并因此获得了提升。去追寻背后的原因，李磊的调任首先得益于他的“万言书”，但他之所以能写出此建议，得益于他之前“注意收集、积累和整理事关公司营销管理工作的各类信息”。而李磊之所以这样做的原因在于他积极向上的工作心态。

企业真正需要的是具有职业精神的人，而职业精神的体现就是员工如何看待、实施、选择工作行为。只要是能够为公司创造价值的人，就一定会在公司中得到他应得的待遇，个人价值决定个人价格（薪资等待遇）。但不要以为现在抓住机会就功成名就了，今后的路还很长。既然积极地面对工作是一个优良传统，就继续坚持下去。在新的岗位上，你将站得更高，所能获得的信息也将更多。在做好本职工作的基础上再进一步思考公司运营管理的相关问题，这样下次机遇来临时，你依然有机会胜出。

作为职场新人，不要只想着明天的美好，更关键的是把今天活好。今天所做的一切都必须是对明天的有益积累，如果个人没有本质上的提升，那么明天也无非是今天的重复。也许在今天，你的能力还不足以达到公司的要求，但要知道此时公司更在意的是你有怎样的职业

① 案例来源：城市在线招聘网，http://www.job.cid.cn.

精神,是你将来可能会以怎样的一种态度去面对即将交付给你的工作。如果现在你还无法体现出你的工作能力,那么请首先亮出你的职业精神。

【案例四】

一个与职业道德有关的小故事

一家软件公司招聘程序员,待遇非常优厚,求职者纷至沓来。李伟苏,原来是一家网络公司的程序员,因公司效益不好失业了。他也在求职的队伍之中。

李伟苏对自己的技术能力信心满满,笔试轻松过关。当他来到最后的面试环节时,一位貌似技术主管的人突然发问:“听说你原来就职的公司已经开发出了一项网络维护的软件包,你是否参加过研发?”

李伟苏愣了一下,回答说:“是的。”

主管接着问:“你能把这项技术的核心内容介绍一下吗?”

李伟苏确实参加了整个研发过程,回答这个问题并不难。但此时,他有点犹豫,摸不准主管的意图——他是在考我的技术,还是想打探这项技术的秘密呢?

主管见李伟苏没有立刻回答,又接着问道:“如果你加入我们公司,需要多长时间为我们开发出一样的软件?”

李伟苏终于明白了,原来他是想尽快常握这个技术。说还是不说,此时的李伟苏显得十分纠结。不说的话,自己肯定会丢掉这次机会;但是说的话,他觉得心里似乎有个坎过不去。

李伟苏脑海如万马奔腾般做着激烈的思想斗争。虽然原公司效益不好,自己也失去了工作,但是这项软件技术是公司花了整整两年时间开发出来的,他和原来一起工作的小伙伴夜以继日、拼命努力,可谓是付出了很多才得到的成果。现在它还没有正式推出,公司里还有几百名同事在惨淡经营,指望通过这项技术获得新的发展机会,打个翻身仗。如果自己现在把这项技术透露出去,原公司连最后一点希望都没有了,那些同事们的努力也将付诸东流!他不能这么干!

想到这里,李伟苏似乎拿定了主意。他怎能为了自己的饭碗而砸大家的饭碗呢?他毅然站起来,说:“对不起,我不能回答这个问题。如果贵公司是因为这项技术而给我这个工作机会,我宁愿放弃。”

说完,他起身离开了面试现场。

接下去的日子中,他已经忘记了这段面试经历。在半个月后的某一天,他突然接到该公司人事部门的通知:他被录用了。他被告知:那只是考试的一项内容,他的行为已经交了一份令人满意的答卷。

点评:作为一名职业化的员工、一名职业化的管理者,请你记住:你的职业能力只是你的综合竞争力中的硬实力,比硬实力更重要的是你的软实力,这就是职业道德。

第九章

勇敢迈步——实现你的创业梦想

青年是国家和民族的希望，创新是社会进步的灵魂，创业是推动经济社会发展、改善民生的重要途径。青年学生富有想象力和创造力，是创新创业的有生力量。

——2013 年 11 月 8 日，习近平致 2013 年全球创业周中国站活动组委会的贺信

2014 年 9 月夏季达沃斯论坛上，李克强总理提出，要在全国掀起“大众创业”“草根创业”的新浪潮，形成“万众创新”“人人创新”的新态势。此后，全社会形成了创业创新的浓厚氛围。各高校更是不甘落后，纷纷开设创业课程，创办大学生创业中心，为大学生创业提供智力支持和创业指导。创业，已然是大学校园里的热门话题。

创业的过程是艰难的。马云说过这样一句话：“今天很残酷，明天更残酷，后天很美好，但是绝大多数人都死在明天晚上，看不到后天的太阳。”这句话是对创业难的真实写照。创业的难度要比找工作大得多。如果你在公司里担任一个岗位，只要把岗位职责履行好你就可以胜任了。但如果你选择了创业，你要从 0 到 1，从无到有，要把一个原来没有的公司建立起来，并且让这个公司能够生存下去并且发展壮大，这是非常难的一件事。但是，梦想还是要有的，万一实现了呢？雷军说：“关键要有梦想，有了梦想是你迈向成功的第一步，有了第一步之后，你一定要为自己的梦想去准备各种坚实的基础。”有志于创业的同学，平时必须注重创业知识的储备，注重创业技能的训练，注重创业人脉的积累。成功，永远只属于那些有准备的人！本章主要介绍创业者需要具备的素质、创业的外部环境以及大学生创业可以选择的市场主体。

一、创业是最好的就业

（一）创业是现代人的基本素质之一

联合国教科文组织曾提出，一个现代的人，应该掌握三本“教育护照”。第一本是文化的，第二本是技术的——传统的人只要掌握这两本“教育护照”就能在社会上生存和发展——但在现代社会，只掌握这两本“教育护照”已经不够了，还要掌握第三本“教育护照”，即有关创业知识和技能的。在现代社会，一个人如果缺乏创业知识和技能，学术和职业方面的能力就不能发挥，甚至变得没有意义。因此，1998 年召开的首届世界高等教育大会在会议宣言中强调指出：“为方便毕业生就业，高等教育主要培养创业技能与自主精神；毕业生将愈来愈不再仅仅是求职者，而首先将成为工作岗位的创造者。”此后，联合国教科文组织丁

1999 年 4 月在韩国首尔举行第二届国际职业技术教育大会,在突出强调加强创业教育的同时,提出创业能力应包括:创业态度,创造性和革新能力,把握和创造机会的能力,对承担风险进行计算的能力;懂得基本的企业经营概念,如生产力、成本和自我创业的技能。

培养大学生的创业能力,已越来越为各国所重视。在我国,近年来随着高校学生就业问题的日益严峻,各高校日益重视对大学生的创业教育。通过系统的创业教育、创业训练,培养大学生创业的能力与素质,增强创业意识,为大学生自主创业做好准备。国家也出台对大学毕业生自主创业的优惠政策。2003 年,国家工商总局规定,凡高校毕业生(含大学专科、大学本科、研究生)从事个体经营的,除国家限制的行业外,自工商行政管理机关批准其经营之日起,1 年内免交个体工商户登记注册费、个体工商户管理费、集贸市场管理费、经济合同示范文本工本费。许多省(区、市)在贯彻中央文件的政策规定时,也对毕业生自主创业开办的企业给予扶植和一些税收方面的优惠。高校毕业生如果能够自主创业,不仅为自己解决了就业问题,还为他人创造了就业机会,有这样能力的毕业生不妨试一试。

(二)创业可满足你的成功欲望

某国际机构在 20 世纪 90 年代初进行了一项研究,他们就创办自营企业的动机调查了数百家中小型自营企业,发现有 98%的企业主把对个人成功的满足列为重要的动机。按照马斯洛的需要层次理论,这种满足可以归结为企业家对于自尊和自我实现的需要。几乎任何一个人都具有对实力、成就、名誉和威望的需要,并通过这些来获得他人的尊敬与认同,获得自我实现的满足感,而创办并成功地经营企业往往可以成为个人满足感的来源。一般来说,在任何一个社会,成功的企业家几乎都具有很高的社会声誉,是青年人竞相模仿的对象。

原籍广东潮州市潮安县的香港地产商李嘉诚,幼年时期由于家境贫寒,没有读多少书。为生活所迫,他 13 岁就辍学从商。起初,他在香港当玩具推销员。后经多年的努力,他积攒了一笔钱,开了一个小型塑料厂。应该说,这个小型塑料厂是李嘉诚创业的开始。1950 年,李嘉诚创立了长江实业有限公司,专门生产玩具和家庭用品。20 世纪 50 年代后半期,欧美市场兴起了塑料花热潮,用塑料花制成的花草、水果以及其他植物来装饰家庭和办公室成了当时的一种时尚。这类塑料制品,是当时香港出口欧美的主要产品之一。1957 年,李嘉诚的长江实业有限公司大量生产这类产品,发了大财。这也为李嘉诚以后的事业发展奠定了基础。

20 世纪 50 年代后,香港经济开始腾飞。由于其特殊的地理位置、政治背景和经济条件,香港成为"冒险家的乐园"和"投机(投资)家的天堂"。一时间,世界各地客商云集,三山五岳人马会聚,在这种背景下,弹丸之地的香港房地产需求大增。李嘉诚经过一番深思熟虑,看准经营房地产是一个大有可为的赚钱买卖,于是,长江实业有限公司扭转业务方向,开始了地产经营。李嘉诚凭着自己的目光和魄力,趁土地未涨价之际购置了大片的土地,从银行贷款兴建楼宇。由于天时、地利,尤其是房地产业在当时的异常火爆,没过几年,李嘉诚就成了亿万富翁。

之后,由于李嘉诚的长江实业有限公司实行多元国际化的经营策略,其业务飞速发展。单是 1981 年,公司综合利润就达 13.8 亿港币。

1979 年 9 月 25 日,香港汇丰银行决定将英国资本——和记黄埔公司 22.2%的股份出售给李嘉诚的长江实业有限公司。这样,该公司就成为香港第一家控制英资财团的华资财团。这次"长实"收购"和记黄埔"的股票市值达 6.3 亿港币。1981 年年初,李嘉诚成为"和记公司”董事会主席。华人主持英资洋行的工作，这在香港历史上是罕见的。也正是因为此事，李嘉诚被选为1980年香港“风云人物”。

俗话说，成功的路不止一条。对于一个个体生命而言，一个人在地球上生存的时间是极为有限的，只有短短的几十年时间。如果通过自己的努力，能够为人类带来举世瞩目的财富，能够创业成功，在人类的历史上浓墨重彩地留下一笔，这应该是作为个体生命而存在的人的最高境界。客观一点说，李嘉诚的家庭条件是很不理想的，如果他不是依靠自己的努力，就会始终沉在香港社会的最底层，为维持最基本的生活需要而四处奔波，整天为柴米油盐而挂心。如果真的是那样的话，那么，李嘉诚又何谈人生价值的实现呢？

(三)创业能够让人按照自己喜欢的方式做事

据有关机构对数百位成功创业的人士的调查，在“你为什么要选择自己创业”这一问题下，有88%的企业主把“能够按自己喜欢的方式做事”列为自己创业的重要动机。

在讲究秩序的现代社会里，一个人要完全按自己的意志做事，按自己的意志生活、工作，实现高度的自我控制，是很难的一件事情。即使你是一个部门经理，甚至你是一个总经理，你也得听你的上司的。

但是，如果你自己就是老板，情况就会发生很大的变化。尽管我们不能说老板的生活就是完全自由的，是完全按照自己的意志做事的，但起码，在他的公司、在他的企业，在大多数情况下，老板可以按照自己的意志、观点、眼光、判断力和兴趣来规划自己的公司或企业的发展，可以根据自己对色彩、环境的偏好来营造、布置公司或企业的大环境、小环境，为公司或企业营造出一种他自己喜欢的气氛。当然，他更可以按照自己的意志尝试前所未有的某种经营方式。

天才的企业家、成功的创业者往往很难在等级组织严格的一个环境中发挥自己的才能，发挥自己的作用。人，都不喜欢其他人凌驾于自己的头上，不乐意听命于他人，创业成功者更是如此。他们希望整个组织机构按照自己的意图来运作，而不希望自己在别人规定的一种按部就班的节奏里生活、工作。他们确信自己指挥自己比别人指挥自己更好，他们也愿意承担责任与风险。如果他们发现自己处于一种支配他人、驾驭局面的地位，他们会感觉到更欣慰，同时他们也会更有动力地去努力工作。这样的人能够从一种高度自我控制、自我驾驭的工作和创业中得到快乐。

创业还可享受个人生活的自由。有的人喜欢上午睡觉、晚上工作，有的人喜欢3天周末，有的人每周工作7天，如果这些人在公司里做事，就必须适应公司统一的管理制度和工作时间。而作为自营企业主，你的自由度就大大提高了，你可以安排管理制度和工作时间。这一切都取决于你的判断和偏好。除此之外，你还可以选择做很多你在大公司无法做的事情。然而相对地说，成功者所享受的自由度要大一些，不管他是因为权力在握，还是因为家财万贯，只要他在某个领域内成功了，他就会享受到比没有成功的人多得多的人身自由。

比尔·盖茨光脚穿皮鞋，裤腿挽得老高，头发总是乱糟糟，别人会说他卓尔不群、不修边幅，说那是一种风格，那样做“有性格”。可如果你是一个普通员工，一个普通人，要是也跟比尔·盖茨一样光脚穿皮鞋，别人会说你邋邋遢遢、潦倒不堪，甚至说你影响公司的形象。所以，不管你喜欢上午睡觉、晚上工作，还是喜欢一周有3天周末，只要你在公司里为老板做事，你就必须适应公司统一的管理制度和工作时间，而将你的习惯、爱好弃之于脑后。

但如果你日后成功了，一切可能就会发生变化，人们的看法也会随之改变。你人生的自由度就会大大增加。

(四)创业可获得较高的收入

创办企业是实现资本增值最有效的方式之一。对于大多数人来说,无论是储蓄,还是购买股票,其增值的速度往往都比不上创办自营企业。如果有很好的项目,在几年内,企业主的资本有可能实现几十倍甚至几百倍的增长。比如,美国著名的证券投资大师沃伦·巴菲特在20岁出头就与他人合伙创办了投资公司。尽管他入市时只有100美元的自有资金,但经过苦心经营,他后来积累了100多亿美元的巨额财富。时代的天才比尔·盖茨哈佛大学没有毕业就与好友创办了微软公司,通过短短十多年时间,使微软公司成了美国最好的企业,盖茨本人也于1995年第一次荣登世界富豪排行榜首位。

在一流的大公司做事的确是一件很体面的事情,如果能够做到令人尊敬的高层,那自然是再好不过的。但从收入的角度讲,即便是办一个小企业,如经营良好的小饭店、汽车修理铺、服装店等等,年收入都可能达到十几万、几十万甚至上百万,往往比一家大型企业的部门经理年收入要高。所以,如果你想获得很高的收入,最理想同时也是最有效的方法就是创办自己的企业。

二、创业者的个人素质

(一)创业者的个性特征

创业是一项工程,并不是仅仅只凭血气之勇就可以成功的。要创业,首先必须有能为社会服务的本领或特长,同时还要有让自己的能力为社会服务的渠道以及相应的经营和管理能力,良好的宣传、公关、沟通以及处理人际关系的能力。

据有关机构对成功的创业者的调查与分析,发现这一群体具有一些普遍的特征。

健康与精力 健康与精力是成功创业的第一前提。健康不仅是指身体处于没有疾病的状态,体格强壮,能够支撑长时间的工作,而且还指在心理上能够承受外界的压力,能对环境的变化做出调整,能够以一种恰当的心态来面对工作和生活中的问题。心理的健康对企业家的成功尤其重要,往往是一个人能够应付巨大压力的前提。除此之外,企业家应当是精力充沛的人。很多创业者在刚刚成立自己的公司时,要对各个部门的工作进行规划和指导,要处理不断出现的各种问题,同时可能还要会见很多客户。在雇员下班回家休息的时候,他们还要对一天的工作进行总结,计划明天或下周的工作。更重要的是,他们要不断地思考来改进经营、提高业绩。没有过人的精力,这些工作是无法顺利完成的。

自信 你要自己创办企业,一个前提就是你认为自己比别人要强,或者是看到了更好的机会,或者是有把握以比竞争对手更低的成本提供更好的产品和服务。这代表了一个人的自信。在创业者成功的道路上,几乎没有其他东西比自信更为重要。自信是创业的前提,也是成功经营一家企业的基础。

在企业经营的过程中,最大的挑战就是市场的不确定性。有很多成功的企业在初创阶段经历过巨大的挫折,如果创业者没有坚信自己的观点和判断的勇气,他往往不能承受市场波动或者暂时不利的局面所带来的巨大压力。而自信的创业者大多数在身处逆境的时候能够充满信心,坚定不移地推行自己的经营计划和方案,最终使企业获得成功。

自我控制与约束 创业者不喜欢按照来自外界的命令行事。他们希望按自己的想法经营企业,他们还希望根据自己的眼光、判断力来改革现有企业的战略、管理模式和营销策略。

当这些人真正拥有自己的企业，再也没有上级来对他们指手画脚时，他们这种天才的管理才能和灵敏的市场嗅觉就会发挥作用。

自我约束也是创业者的一种必备条件。有些创业者在刚刚开办企业的时候就看重漂亮的汽车、豪华的总经理办公室甚至还有年轻迷人的秘书。相反，他们对公司的发展战略、营销定位和成本控制倒不大在意，这样的创业者往往离失败已经不远了。一个创业者如果无法控制其本身，他就无法控制企业，也就与成功无缘。

喜欢风险，接受不确定性 从某种意义上说，创业者或者企业家就是挑战风险的人。创业者常常以自己假设的风险为条件进行思考，但他们并不希望把创业经营成为一场谁也无法预料的赌博。他们考虑到风险，但希望以对自己最有利的方式来驾驭局面。当他们认为形势对自己有利时，他们愿意下更大的“注”。

高收益往往是与高风险联系在一起的。但当我们一般的人考虑要进行一次具有巨大风险的投资时，我们的恐惧往往压倒了信心和把握。正是在这一点上，创业者使自己有别于其他人，他们喜欢风险、善于接受不确定性，并愿意为此承担责任。那些无力承担风险的人，在远离损失的同时，也远离了巨大的收益，因而无法开启通往成功之路的大门。

紧迫感 在很多时候，创业者在自己的企业里表现出悠闲与轻松，但实际上，这些人往往经常处在一种紧张状态中。他们懂得时间的宝贵、市场的无情和竞争对手带来的巨大威胁，因此他们的头脑在不停地运转，他们时刻都要考虑如何做得更好、更出色。

理性认识能力 创业者往往需要在非常复杂的情况下对形势做出非常准确的判断，这对一个人的理性认识能力提出了很高的要求。创业者一般能比别人更快、更准确地判断问题的所在，并以自己的认识来处理问题。在混乱不堪的情况下，他们会力求冲破各种事物和迷雾的干扰，得出解决问题的有效方法。

美国戴尔电脑公司创始人迈克尔·戴尔在得州上学的时候就认识到一个问题：当时的个人电脑销售模式是落伍的，迟早有一天会被淘汰。正是在这一认识的基础上，他后来创办了戴尔电脑公司。他的公司与当时居于支配地位的个人电脑生产企业——苹果公司和IBM公司不同的是，戴尔采用直销模式，即直接从生产到零售而不经过中间批发商。戴尔的成功，在很大程度上得益于戴尔的理性认识能力。

综合感知力 综合感知力不同于某种具体的认识能力或处理具体事物的能力，具有这种出色能力的创业者往往在没有得到具体数据和专家分析报告的情况下，就能对某种特定的情势做出大体的判断。在企业初创阶段，你不可能花钱请咨询公司或专家为你提供企业政策的建议，在大多数情况下，你都要依赖于你自己和你的助手收集的非常有限的信息做出判断。在这些情况下，决定成功还是失败的往往是创业者的综合感知力。

沟通技巧与人际关系 沟通技巧指的是与其他人进行交流与沟通的技能。沟通技巧的高低常常决定了一个人管理、交往与协调能力的高低。具有出色的沟通技巧，创业者在经营自营企业的过程中便能够与客户进行有效的沟通，在客户中间树立良好的个人形象与企业形象。

对于那些特别依赖客户关系的企业，这种技巧就尤其重要了。除此之外，这种技巧还有助于创业者具备出色的协调能力，能够妥善地处理与雇员之间的关系，并对他们的工作进行有效的协调。在工作过程中，每个人的身份、地位、交往需求、心理状况和掌管的工作性质都是各不相同的，创业者能否与他们友好相处、互相配合、协调一致，在企业内创造良好和谐的气氛,直接关系到企业的前景。一个创业者如果能够做到了解自己的雇员,能尊重他们,并且能够以有效的方式协调、激励他们的行为,那么他成功的概率就要比其他人大得多。

性格成熟 当一个人开始创办自己的企业时,他往往处在巨大的压力之下。他可能会面对市场销路的问题,也可能会面对资金的不足,还可能要面对暂时的投资失败所带来的沮丧。在这样的环境下,创业者需要具有很强的自制能力,能够在紧迫的环境中泰然地工作、生活。脆弱、优柔寡断、善变往往不是创业者的性格特征。

善于创新 经济学家熊彼特认为,企业家就是创新者,不断地创新把企业家与一般管理者区别了开来。创业要成功,或者是你进入了一个新的市场,或者是你比别人提供了更好的产品与服务,或者是你以更低的成本提供了同样好的产品与服务。这三者都需要创业者具有卓越的创新能力。

自营企业的经营者并非都是天才,但他们往往在自己所经营的方面具有超出一般人的知识与技能,他们更善于创新。戴尔算不上电脑技术天才,但他善于创新,他用自己非凡的头脑革新了个人电脑销售的方式,由此成功地创办了世界上顶尖的个人电脑公司。

工作狂 没有一个懒散的人可以成就大业。要想成功创业,你只有比别人工作更长的时间,思考更多的问题。成功创业者的普遍特征是工作狂,他们全身心地投入到自营企业的经营管理过程中去,往往比他们的雇员工作时间要长。由于没有固定的销售渠道,没有稳定的客户群,没有规范的管理制度,自营企业主往往要用心来对付这些东西。除此之外,他们往往还要在一些微不足道的工作上耗费精力与时间,比如由于企业规模很小,他们甚至要亲自发传真,亲自做电话记录,亲自去给员工订饭。企业主往往既是战略家,又是打杂工。

需要强调的是,并不是每个成功的创业者都具有全部这些特征,也不意味着他们在所有这些方面都很出色。有的人在一些方面比另外一些方面要出色得多;有的人也许不是工作狂,但他懂得通过计划与组织最恰当地整合和利用资源;有的人也许不是一个天生的冒险家,但专门领域的知识和长期工作的经验使他对市场有一种独到的眼光。

(二)创业必备的能力

洞察能力 创业的机会很多,但是奇迹往往隐没于平凡之中。判断一个创意的市场价值、一项发明的应用前景、一个市场的开发潜力无一不需要敏锐的眼光。机会稍纵即逝,可是你一旦抓住,它就有可能给你带来无尽的财富。

让我们来看一看索尼公司的例子。你可知道这个大型跨国公司是如何发展起来的吗?

1946 年,只有 500 美元资本、20 名职工的索尼公司前身“东京通信工业株式会社”在东京一家被炸弹炸坏的百货商店里成立了。公司董事长井深大是位电子工程师和发明家。二战结束后,他就敏锐地意识到将电子工程应用于消费品生产将大有可为,从而确定了公司的发展方向。

1952 年,井深大听说美国贝尔实验室制成了一种叫晶体管的有趣玩意,这东西立即引起了他的好奇,他便立即飞到美国进行实地调查。当他从美国回来时,事业大发展的新构想就已经明确了:他决心冒险抢先制成晶体管收音机打入国际市场。1953 年,他以 25000 美元购买了晶体管的生产专利,并集中全力突击研制晶体管收音机。这在当时的行家看来无疑是一场毫无胜算的赌博。因为,当时生产晶体管的合格率仅 5%。

但是,井深大力排众议,坚信晶体管在电子行业上的广泛应用前景,并将其付诸实施。在晶体管专利的基础上,索尼不惜代价,经过精心的试验研究,首先将晶体管的生产合格率提高到95%。随后不久,索尼的第一个晶体管收音机也制作成功了。

接着,索尼又制成了世界上第一个能放在衣袋里的袖珍型晶体管收音机,比日本国内的其他竞争对手早两年多。这种小型收音机的牌子定名“索尼”(Sony),取的是拉丁文词根 sonus(“声音”)加上英文单词 sonny(“小弟弟”)的意味,这个牌子简短易认,发音顺口。“索尼”于是也就成了公司的名称,其价廉物美的产品使它的声名大振。1956 年,晶体管收音机打入美国市场,销量立即直线上升。1960 年,在美国设立的日本第一家全资附属公司美国索尼公司开业,不到 3 个月,其销售网就遍及半个美国。

可以说,如果没有井深大以敏锐的眼光和高超的预见力抓住了这次发展良机,就没有今天的索尼公司。

实际上,整个创业过程都离不开创业家的洞察力。当今的世界信息来源十分广泛,信息量十分庞大。如何选择有效的信息来源,如何从众多的信息中选出有价值的信息,都需要敏锐的洞察力。创立自己的事业,恰好需要许多方面的信息支持,任何一个方面的疏漏都有可能导致整个创业计划的失败。因此,创业者必须具有发现机会和挑选信息的洞察能力。

用人能力 成功的创业者依靠别人去实现自己的目标。他必须选择最适合的事业发展助手,比如技术专家、市场营销专家、财务主管,等等。此外,创业阶段的企业还需要企业外部机构的支持,如银行机构、风险投资基金以及一些政府机构等。因此,创业家需要有网罗人才的能力。汉高祖刘邦曾言:“夫运筹策帷帐之中,决胜于千里之外,吾不如子房;镇国家,抚百姓,给馈饷,不绝粮道,吾不如萧何;连百万之军,战必胜,攻必取,吾不如韩信;此三者,皆人杰也,吾能用之,此吾所以取天下也。”在个人创业的商场上,道理也是一样的。美国 19 世纪的创业英雄、钢铁大王安德鲁·卡内基在他的墓志铭上留下了这样一句意味深长的话:“长眠于此地的人懂得在他的事业生涯中起用比他自己更优秀的人。”慧眼识才、知人善任、因才施用、胸怀博大,往往成为一个优秀创业者的标志。

筹资能力 要成功地创立自己的事业,创业家就必须想方设法解决资金问题。处于创业初期的企业很容易遇到像麦当劳创业初期的贷款难问题。新企业风险大,只有少量的资产可以用作贷款抵押,因而很少有金融机构愿意与其打交道。筹集创业所需的资金是对创业家的严峻考验。

麦当劳在最初推行连锁经营的时候,计划增加 50 家店面,这需要大约 100 万美元的资金。麦当劳曾为此绞尽脑汁。当时麦当劳还没有与大型金融机构建立联系,因此只能从中小银行入手。麦当劳派遣工作人员穿着笔挺的西装,乘飞机来到小镇上,彬彬有礼地走进小银行的门,开口就找总裁面谈。那个年代,一般的房屋贷款利息只有 5%,而麦当劳开口就给 7%。而且麦当劳许诺把当地麦当劳快餐店的所有收入都存入这家银行。就这样,麦当劳顺利地解决了创业之初的资金问题。

除银行之外,还有其他一些筹资途径。其中风险投资基金是另一个重要来源。与挑剔的风险投资家打交道也不是一件容易的事。他们不但要考察技术可行性、市场潜力和预期回报,而且他们还会考虑创业者的能力、素质和信誉等方面的因素。此外,风险资金的成本很高,因为它是权益资本。

组织能力 瞅准了合适的创业机会,找到了志同道合的创业伙伴,所需的资金也有了着落之后,下一步就需要创业家把自己所能控制的所有资源组织起来。用正式的术语来说,组织就是为了达到目标,集合与协调人力、资金、物力、信息和其他必要的资源。从自营企业经营与管理的角度讲,组织要确定个人和部门的责任和权力,还要确定通过一种怎样的过程来利用资源以实现目标。大凡一流的创业大师们,比如福特公司的福特、麦当劳的克洛克、微软公司的盖茨等,其组织能力往往为一般人所望尘莫及。

除上述四种能力之外,创业家还需要其他方面的能力,如承受压力的能力、决策能力等。这些能力在某些情况下也是十分重要的。

(三)创业素质测验

创业是充满成就感、诱惑力的词语,但并非每一个人都适合走这条路。在开始做老板之前,先问自己几个问题,看看自己是否适合创业。美国创业会设计出了一份试卷,可以令你在做出决策前对自己有一个初步的了解。

1. 在亟需做出决策的时候,你是否在想"再让我考虑一下吧"?

经常(　　)有时(　　)很少(　　)从不(　　)

2. 你是否为自己的优柔寡断找借口说:"是应慎重考虑,怎能轻易下结论呢?"

经常(　　)有时(　　)很少(　　)从不(　　)

3. 你是否为避免冒犯某个或某几个有相当实力的客户而有意回避一些关键性的问题并表现得曲意奉承呢?

经常(　　)有时(　　)很少(　　)从不(　　)

4. 你是否无论遇到什么紧急任务,都先处理琐碎的日常事务?

经常(　　)有时(　　)很少(　　)从不(　　)

5. 你非得在巨大的压力下才肯承担重任吗?

经常(　　)有时(　　)很少(　　)从不(　　)

6. 你是否无力抵御或预防妨碍你完成重要任务的干扰与危机?

经常(　　)有时(　　)很少(　　)从不(　　)

7. 你在决定重要的行动计划时常忽视其后果吗?

经常(　　)有时(　　)很少(　　)从不(　　)

8. 当你需要做出可能不得人心的决策时,是否找借口逃避而不敢面对?

经常(　　)有时(　　)很少(　　)从不(　　)

9. 你是否总是在快下班时才发现有要紧事没办,只好晚上回家加班?

经常(　　)有时(　　)很少(　　)从不(　　)

10. 你是否因不愿承担艰苦任务而寻找各种借口?

经常(　　)有时(　　)很少(　　)从不(　　)

11. 你是否常来不及躲避或预防困难情形的发生?

经常(　　)有时(　　)很少(　　)从不(　　)

12. 你总是拐弯抹角地宣布可能得罪他人的决定?

经常(　　)有时(　　)很少(　　)从不(　　)

13. 你喜欢让别人替你做自己不愿做的事吗?

经常(　　)有时(　　)很少(　　)从不(　　)

计分:"经常"得4分,"有时"得3分,"很少"得2分,"从不"得1分。

50分以上:你的个人素质与创业者相差甚远。40~49分:你不算勤勉,应彻底改变拖沓、效率低的缺点,否则创业只是一句空话。30~39分:你在大多数情况下充满自信,但有时犹豫不决，不过没关系，有时候犹豫是成熟稳重和深思熟虑的表现。13～29分：你是一个高效率的决策者和管理者，能够成为一个成功的创业者。

如果你在做了上述测验后还不是很有把握的话，你还可以进行下面的自我分析：①

1. 你是不是认为，如果没有必要，别有太多的钱；如果有必要，别没有太少的钱？

2. 你妈妈让你去打酱油，而你半路上发现了自己被吹面人的手艺吸引，把买酱油的钱买了面人，结果回家挨了打，但你觉得值得。

3. 当你工作时，你是不是说“老天保佑，又到星期一了”？

4. 你是否有白日梦？

5. 你去一个小岛上开拓皮鞋市场，当你发现岛上人没有穿鞋习惯时，兴奋地向总部回电“太好了，这个岛上的人还没穿过鞋”而不是“真失望，这里的人不穿鞋”。

6. 当你考虑一个问题没有答案时，能不能换个角度，甚至从逆向角度考虑？

7. 你能不能像朝鲜战争的志愿军，抓到一个把自己背回来的俘虏？

8. 小时候，你能不能看一天的蚂蚁搬家？

9. 你喜不喜欢解决问题？

10. 你是否会感到孤独，自己的想法常常不能让别人理解？

11. 上学时，你是否尝试过骑自行车长途旅行？

12. 对于一桩生意，你绝不会认为它来得太晚。

13. 你对成功的理解是“试验第32次还没成功是失败，那么成功就是尝试第33次”。

14. 你是否认为有20%的什么，比100%什么都没有要强得多？

15. 你是不是受不了别人的管理，不想给别人做事？

16. 你是否相信，“因为不可能，所以可能”——常人的不可能，常规的不可能，意味着更多的机会、更大的可能？

17. 你是否在做好一件事之前，不考虑做另一件事？

18. 你总是相信“车到山前必有路”，而义无反顾地往前走？

19. 你是不是总是在看世界上有什么需要做的，然后就开始做？

20. 你想做老板，不仅仅是为了钱，因为你喜欢做这件事。

在你当老板前可以对照一下，如果具备其中10条以上的特征，而且有1～2条非常突出，这样你可能就比较符合当老板的条件，就像是一块好钢，能够经得起千锤百炼。老板这个行当要承受太多的压力与磨难，若不是块好材料就很难坚持下来，半途而废还不如不做。

没有一个人天生具备成功所需要的全部优秀素质。但是，如果你缺乏某些素质，可你有精神和动力，其他素质你就能培养起来。下列12种素质一般被认为是企业家需要培养的最为重要的素质。你认为哪些你稍加努力就能具备？

1. 灵活应用——处理新情况、寻找解决问题的创造性方案的能力。

2. 勇于竞争——愿意与别人展开竞争、检验自己的实力。

3. 信心十足——无论打算做什么都相信自己能成功。

4. 严于律己——能够专心致志，遵守时间安排和期限规定。

5. 动力无穷——非常想努力实现自己的目标。

---

① 卢旭东. 创业学概论. 杭州：浙江大学出版社，2002：73－76

6. 诚实正直——绝对讲真话，待人公正。

7. 擅长组织——能合理安排生活并把任务和材料安排得井井有条。

8. 坚持不懈——决不放弃；时刻牢记自己的目标，无论遇到什么障碍和挫折都能继续努力为实现自己的目标而奋斗。

9. 善于说服别人，让别人理解你的想法并对你的主张感兴趣。

10. 勇于冒险——敢于承担可能出现的损失。

11. 宽宏大量——能够听取别人的意见并同情体谅他人。

12. 远见卓识——在为实现自己确定的目标努力奋斗的同时能看到最终结果是什么。

三、创业的前期准备

（一）确立创业项目应考虑的宏观环境因素

一般说来，当一个人决定自己创业的时候，都是他认为自己已经发现某个新的、有利可图的领域，这个领域有可能是某个新的市场或者业务，或者是认为他可以为客户提供更好的产品与服务，或者是认为他可以以更低的价格提供同样的产品与服务。

问题是，我们到哪里去寻找创业的机会，又到哪里去发现有利可图的领域？进一步说，到底应该怎样确立我们的创业目标？这个问题看起来似乎很简单，其实这是创业者最先碰到的也是最难的一个问题。

变化给每个人都提供了机会，创新又源于变化。环境的变化会给各行各业都带来一些发展的良机，人们透过社会的变化，就会在其中发现新的发展前景。

这种变化既包括宏观环境的因素，也包括行业环境因素。我们这里所说的宏观环境是由那些产生于单个企业经济之外的因素构成的，其中有经济的、政治的、社会的、技术的等因素。这种环境给一个企业的发展提供了机会、危机和限制，但是单个的企业对这种环境的正面的或负面的制约无能为力，很少有企业能对这样的环境产生有意义的反作用。例如，当中国的经济增长速度有意放缓、银根紧缩时期，中国的房地产业所受到的负面冲击；中国加入WTO，对一些行业如纺织业、港口、贸易等行业带来的积极的影响；等等。这些都是单个行业、单个企业所无力左右的。

当然，环境变化对某个行业或某个领域的影响，不是单纯的正面的或负面的。我们需要看到，环境变化带来机会的同时也蕴藏着危机，因此要善于利用机会，躲避危机。

具体地说，寻找创业领域，确立创业目标，我们应该关注下列这几个因素的变化。

经济因素 经济因素关系到任何一个企业经营的经济环境的本质与经营的方向，经济因素的变化往往也意味着创业环境的巨大变迁。这里蕴藏着无穷的商机和潜力，如对外开放政策等。这种宏观的经济变化同时对每一个社会成员的经济条件也会带来一些变化，而这些变化与创业更是息息相关。因为创业者必须考虑到社会的信用情况，社会成员的收入水平、消费水平以及消费倾向，等等。中国实行改革开放后，一些家庭消费品，如电视机、电冰箱、洗衣机、摩托车、住宅电话、小轿车等，才逐步进入了普通人的消费范围。这其中所蕴藏着的商机是显而易见的。

社会因素 影响一个企业的社会因素包括企业经营环境中人们的信仰、价值观、生活态度和生活方式等，而这些东西又来自于文化的、人口的、民族的、宗教的、教育的或者伦理的等条件。随着中国社会改革开放的程度进一步加大，社会对服装、书籍、休闲活动以及其他一些活动的需求也会发生变化。

如同影响一个企业经营的其他因素一样，社会因素是其中一个变化最为剧烈的因素之一，尤其在中国更是如此。以人口因素为例，最近几年来中国城市最深刻的变化包括人口老龄化，普遍的独生子女现象，城市女性的社会及家庭职责越来越重，等等。从这些变化中，一个敏感的创业者就有可能发现以下这些创业机会：为老年人提供的健康保障用品和类似托老所的服务项目；为独生子女提供的服务项目；为年轻女性和白领阶层提供的一些用品；为家务劳动社会化提供的一些设施及服务；等等。

政治因素 一个创业者在创业之前，一定要考虑政治的因素对创业的影响，考虑到政府对你要做的这个行业的支持和干预程度。有些项目尽管其前景非常看好，但政府却未必允许，或者要经过政府的特批才能去做，这肯定会影响到你的创业计划。比如中国的一些受体制保护的项目，例如邮政、电信等行业。还有一些有关个人企业或外资企业的规章制度，也需要创业者充分考虑。而政府对某些行业政策的变化，也会造就一些新的行业热点出现，这其中蕴藏的创业机会也较多。

技术因素 这一因素这几年身处中国的人体会得最为明显。由于中国的现代化程度发展较快，因而在某些领域如电脑、通信等行业技术的因素变化所带来的机会剧增。例如，随着电脑进入中国的普通家庭，使用打印机、复印设备的人数大大增加。同时，随着互联网络的兴起，与之相关的一些行业也就随之兴起。所以，创业者对于因技术因素的变化所带来的商机要有充分的思想和技术准备。

生态因素 生态这一术语是指人类和其他生物以及空气、土壤、水资源等支持生命的生存和繁衍之间的关系。这些年，随着中国经济的突飞猛进，在许多地方出现了污染，对生态平衡的破坏非常严重。这些污染包括水污染、土地污染、空气污染，等等。生态破坏的加剧，同时也就意味着对环境保护的产品、设备和服务的需求数量和质量将大幅度提升。在这一变化中也蕴藏着无限的机会。

当然，一个创业者，有时只需关注社会成员的某个群体就会发现、找到创业机会。事实上，创业机会很难从全部成员的身上找到，你只要始终关注你一直关注的某个阶层或群体即可。因为社会全体成员的共同需求很容易被认识，大多数人都可以明显地看到这样的变化和机会，相对来说其机会并不是很大。

随着社会的进一步发展，人们所获得的资讯也越来越多，创业者可以通过报纸、电视、互联网以及与别人尤其是所谓的业内人士的交流中获得创业的信息。这些都为我们的创业提供了便利。

总之，要寻找创业的机会，一定要站在社会的前沿阵地上。这有利于你找到最好的创业机会。

(二)考察开办企业的资源

创办企业之前，必须考察你所拥有的资源，并设法整合这些资源，以便为新建的企业创造一个良好的开端。企业的资源主要包括项目、企业目标与创业计划、资金、人员配备、设备、场地等。

确立项目 对于创业者来说，好的项目是成功的关键。没有好的项目，即便有十分有利的资金与人力资源条件，创业仍然很有可能失败；如果有好的项目，即便在管理等方面还略有欠缺，创业仍然可能成功。创业者应经过市场分析与调查，确定自己的创业项目。

做好计划 确定明确的企业目标，往往有利于使公司上下方向明确，有利于激励员工的意志，并且能对未来做出预见和预测，做到未雨绸缪。

制定明确的企业目标和经营计划还可以带来很多明显的好处，比如能对未来所需资金进行准确估计，有助于增强管理人员和其他员工对企业战略目标的信心。

一般来说，完善的企业的经营计划大体上应包含以下几个方面的内容：主要概述、企业与产品介绍、销售渠道和促销策略、市场需求、企业管理、财务管理与营业收入的预测等。

在企业经营计划中，时间的因素是不可忽视的。一份成功的企业计划具有很强的时效性，它有效地规定了整个企业以及每个部门在什么样的时间内完成怎样的任务。如果创业经营计划只是在讨论要做什么，而没有考虑到时间因素，这样的经营计划往往是失败的。

准备资金 在创业前，创业者应该就创业所需资金进行一个详细的计算：现有多少资金？需要多少资金？资金花费的时间分布？需要筹集多少资金？这些问题都需要创业者做出准确的回答。那么，创办一个企业需要多少资金呢？这个问题主要取决于自营企业的种类、规模大小、经营地点、竞争对手情况等因素。但是，有一点是可以肯定的：在收回投资之前，首先必须投入大笔资金，即使是获利非常大的企业，也要等几个月以后才会有利润，有许多企业可能需要更长的时间。

创办企业时所需的资金主要用于以下几个方面：设备，包括生产设备、办公设备、工具以及类似项目的购置费用；房屋设施，包括房屋、装饰、木工和电工修理固定设施所需的费用；沉淀成本，包括房租、营业执照及其他类似的预付费用；经营周转费用，至少有能支付三四个月的经营资金，包括工资、广告费、维修费、偿还债款、购买材料和能源的费用等；存货，包括半成品、产成品、原材料等占用的资金。

选择地点 一旦你决定要创业，必须对所选的地点进一步进行考察。企业所在地点的社区环境是选择地点的重要方面。所以，在进入一个社区创业前，你必须了解这个社区，要熟悉它的历史、人口、收入状况、人们的职业、其他的相关企业、商业繁荣程度，等等。在这个问题上，当地政府的资料、媒体资料会为你提供很多信息，直接的市场调查也可以为你提供有价值的信息。在社区因素中，最重要的包括以下几点。

(1)潜在的市场。企业主应该考虑下面各种问题：该社区有什么特殊需要？顾客到你的企业购物是否方便？交通流量是否足够大？你准备开办的业务项目附近是否有人经营？潜在的顾客群及其收入和购买力是否能承受得起你所提供的商品和服务的价格？

(2)潜在的竞争。这个地区有很多企业提供同样的商品和服务吗？一个新企业是否能在同行业中取得一席之地，使之生存下去？

(3)社区背景信息。很多小企业都为那些已经在这个社区生活了一段时间的人所有，他们互相之间都熟悉，与顾客的关系也融洽，并能一起讨论社区发生的事件。那些能迎合顾客需要并且了解该社区政治、经济和社会背景的企业主就具备优势，因此必须了解下列问题：社区里人们的职业主要是什么？这里的人主要是年轻人、中年人还是老年人？居民的生活方式怎样？居民怎样度过他们的闲暇时间？等等。对这些问题的回答能给未来的企业主提供很多据以决策的重要信息。

(4)建筑物和其他费用。在寻找地点时，对附近商店所付的租金和地产进行比较是明智的，需要考虑的因素之一是建筑的自然条件。地产需要整修吗？如果是这样，需要更换多少？要花费多少钱？如果有必要进行很多修理和更换，是地产所有者进行整修还是承租负责人进行整修？为了减少租金，也许承租人应该对其进行整修。

在你签订租约之前应该解决好的问题：社区对出售的商品有什么限制？建筑物是否符合消防和建筑标准？谁负责提供保险、储藏间和安全保证？如果发生火灾或者建造物不适用，由谁承担损失？租约延期时租金照旧吗？修理、更新费用由谁来支付？公用事业的开支由谁来支付？

不同行业的企业其选择地点的原则往往是不同的，在这里介绍四类企业的选址原则。

(1)制造型企业选址。对大多数制造型企业来说，接近顾客并不是关键因素，因为顾客一般不直接上门购买。在选址考虑的诸种因素中，与企业生产成本相关的因素反而变得重要。企业是否接近原材料供应地点、水电供应情况、运输情况等往往就成了关键因素。在考虑企业位置时，生产效率是第一位的。

(2)服务型企业选址。目标顾客群的特点是所有服务型企业选址考虑最多的因素。开一家高档的饭店，一个低收入社区一般来说不是理想的选址。创业者要了解企业打算服务的顾客类型，在此基础上再选择一个最适合这类顾客的地点和场所。比如，一般认为，修鞋店、美容店、家用电器维修店的理想位置应靠近商业区。美容店必须要有吸引人的装饰，而修鞋店要具有自己的特点，不一定需要吸引人的装饰。家用电器维修店有时并不需要设在租金高的商业区，可以设在居民住宅区以方便顾客。

(3)零售型企业选址。零售型企业选择经营地点是一个更为复杂的问题，要考虑的因素很多，主要是：首先，要考虑各种企业的相容性。附近的企业对自己企业的经营是有利还是有害？会产生什么影响？这些问题在选择企业地点时也是应当考虑的因素。比如，我们经常看到，在大百货公司周围有很多小型企业，它们一般都认为百货公司是一个“好邻居”，因此，大百货公司附近常能吸引许多餐馆、美容院、发廊、冷饮店等相容的企业，大百货公司的大客流量往往为这些小企业带来了很多业务。邻近企业的相容性，可使企业相互享有对方的顾客，如果相隔过远，就不会有这种利益。即使是彼此竞争的商品，如果它们出售的形式、种类和价格不同，也能通过综合的吸引力创造更多的顾客，因此也具有一定的相容性。其次，要考虑企业的地点与地产成本。企业规模的大小会间接地影响到经营地区的选择，拥有的资金如果不够多，那就无法创造足够的收入以支付高额的市区租金，因此只好选择靠近郊区的区域。不论营业的建筑设施是租用的还是自己拥有的，企业都要支付房租和地产成本。在后一种情况下，就要提取房屋折旧、原始投资的利息、保险费、税收以及房屋的维修费等，所以，这些占有成本也可以看成是房租。地产成本通常随着从商业中心移到边缘而逐渐降低，从市中心移往市郊也是相同的。一般来说，地产成本和广告成本具有相反的关系。如位于商业中心的企业不需要花费多少广告费，就可以招徕顾客，而离市中心较远的企业则要花费大量的广告费以吸引顾客。一些专业性企业，他们依靠位于黄金地带分享大企业的顾客，从而获取较高的利润，而广告成本却非常低。所以，这个地带的房屋所有者，因企业能赚取较高的利润，他们要收取较高的房租。

(4)销售型企业选址。国外对消费者调查研究表明，在一条街道上较好的位置具有以下特点：位于步行者多的一边比位于步行者少的一边好；与交易量很大的企业位于同一边比与这类企业对面要好；位于最近人口增长较快的一边(比如新的住宅楼项目会带来很多新人口)比位于人口增加缓慢的一边要好；位于最不受气候影响的一边比位于气候多变的一边要好；位于能遮蔽下午阳光的一边比位于下午有阳光直射的一边要好；位于汽车较少来往的一边比位于汽车较多的一边要好。此外,宁可位于街道较有利的一边的底端,也不要位于另外一边。步行者一般不会因为对面商店的装潢很吸引人而绕到马路对面去购物。同时,经验数据显示,商店位于中心街道的右边,或位于下班人群经过的路上,是非常有利的。

准备人员与设备 在企业正式开张之前,必须要对企业所需的人员和设备有所准备。确定人员与设备的最快的办法是,就企业的经营项目确定一份详细的明细清单,比如:设立几个部门?每个部门要多少人?每个岗位的职责是什么?什么样的人适合这样的岗位?企业开工要用到哪些设备?每个设备的价格和采购途径怎样?等等。对这些问题心中有底也是成功的关键。如果创业者在开工之前懂得怎样去雇到最合适的人,怎样弄到最好的设备,那么他成功的可能性比一个心中一无所知的人要大得多。

四、大学生创业选择的市场主体

在当前的法律环境下,大学生创业可以采用的市场主体主要有:个体工商户、个人独资企业、合伙企业、有限责任公司等。《个体工商户条例》《个人独资企业法》《合伙企业法》《公司法》等法律的实施为大学生自主创业提供了良好的法律支持。

(一)个体工商户

个体工商户是指公民在法律允许的范围内,依法经核准登记,从事工商业经营的家庭或户。

个体工商户的设立 根据《个体工商户条例》的规定,申请条件为"有经营能力的公民""从事工商业经营的"。个体工商户可以个人经营,也可以家庭经营。自然人从事个体工商业经营必须依法核准登记。个体工商户的登记机关是县以上工商行政管理机关。个体工商户经核准登记,取得营业执照后,才可以开始经营。个体工商户转业、合并、变更登记事项或歇业,也应办理登记手续。

个体工商户的经营范围方面。法律规定,只要申请登记的经营范围不属于法律、行政法规禁止进入的行业的,登记机关应当依法予以登记。

个体工商户的财产责任方面。个体工商户的债务,个人经营的,以个人财产承担;家庭经营的,以家庭财产承担。即:以个人名义申请登记的个体工商户,个人经营收益也归个人,对债务负个人责任;以家庭共同财产投资,或者收益的主要部分供家庭成员消费的,其债务由家庭共有财产清偿;家庭全体成员共同出资、共同经营的,其债务由家庭共有财产清偿。

个体工商户的优缺点 程序简单,费用省:不需要注册资金,也没有领证、补证之类的收费,一般只需要交一定的定额税就可以了。但严格意义上说,个体工商户属于"个人",所以其商业信用自然不如企业法人。这是它的一个缺点。

(二)个人独资企业

个人独资企业是指依法设立,由一个自然人投资,财产为投资人个人所有,投资人以其个人财产对企业债务承担无限责任的经营实体。

个人独资企业的设立 根据法律规定,设立个人独资企业应当具备下列条件:投资人为一个自然人;有合法的企业名称;有投资人申报的出资;有固定的生产经营场所和必要的生产经营条件;有必要的从业人员。

申请设立个人独资企业,应当由投资人或者其委托的代理人向个人独资企业所在地的登记机关提交设立申请书、投资人身份证明、生产经营场所使用证明等文件。个人独资企业设立申请书应当载明下列事项:企业的名称和住所;投资人姓名和住所;投资人出资额和出资方式;经营范围。

个人独资企业的优点 个人独资企业有以下优点:①企业设立、转让和解散等行为,手续非常简便,仅需向登记机关登记即可。②企业主独自经营,制约因素较少,经营方式灵活,可以迅速对市场变化做出反应。③利润归企业主所有,不需要与其他人分摊。④在技术和经营方面易于保密,从而保护其在市场中的竞争地位。⑤企业主可以获得个人满足。企业的成功,可以为企业主带来成就感和荣誉感等心理上的满足,因为成功主要是其个人努力的结果。

个人独资企业的缺点 个人独资企业有以下缺点:①无限责任。当个人独资企业财产不足以清偿债务时,企业主要依法以其个人的其他财产予以清偿。因此,企业主的风险较大,甚至可能因此而倾家荡产。②规模有限。个人独资企业难以扩大规模,一是来自个人资金和信用的限制;二是来自个人管理能力的限制。③企业寿命有限。企业与企业主同存亡,可能因企业主的原因而使企业不复存在。

(三)合伙企业

合伙企业是指依法设立的、由各合伙人订立合伙协议,共同出资、合伙经营、共享收益、共担风险,并对合伙企业债务承担无限连带责任的营利性组织。

合伙企业的设立 根据法律规定,设立合伙企业,应当具备下列条件:有两个以上合伙人,合伙人为自然人的,应当具有完全民事行为能力;有书面合伙协议;有合伙人认缴或者实际缴付的出资;有合伙企业的名称和生产经营场所;法律、行政法规规定的其他条件。

合伙人可以用货币、实物、知识产权、土地使用权或者其他财产权利出资,也可以用劳务出资。对货币以外的出资需要评估作价的,可以由全体合伙人协商确定,也可以由全体合伙人委托法定评估机构进行评估。合伙人以劳务出资的,其评估办法由全体合伙人协商确定,并在合伙协议中载明。

合伙协议应载明以下事项:合伙企业的名称和主要经营场所的地点;合伙目的和合伙企业的经营范围;合伙人的姓名或者名称、住所;合伙人的出资方式、数额和缴付期限;利润分配和亏损分担办法;合伙企业事务执行;争议解决办法;入伙和退伙;合伙企业的解散与清算;违约责任。

申请合伙企业设立登记,应当向企业登记机关提交登记申请书、合伙协议书、合伙人身份证明等文件。

合伙企业的优点 与个人独资企业相比,合伙企业具有以下优点:①由于出资人较多,扩大了资金来源和信用能力。②由于合伙人具有不同的知识、专长和经验,可以集思广益,各尽其才,以提高企业的竞争能力。③由于资金实力和企业管理能力的增强,为企业扩张和发展提供了可能性。

合伙企业的缺点 与公司企业相比,合伙企业具有以下缺点:①产权转让困难。在合伙企业存续期间,合伙人向合伙人以外的人转让其在合伙企业中的全部或部分财产份额时,须经其他合伙人一致同意。②无限连带责任。当合伙企业以其财产清偿合伙企业债务时,其不足的部分,由各合伙人用其在合伙企业出资以外的个人财产承担无限连带清偿责任。③企业规模仍受局限。因为合伙人数量有限,其筹资能力不能满足扩大企业规模的要求。④企业寿命有限。合伙企业往往因关键合伙人的死亡或退出而解散。⑤决策困难。各合伙人对执行合伙企业事务享有同等的权利,因而在存在分歧时,难以做出决策,影响企业的反应与应变能力。

(四)公司

在中国的《公司法》中,公司是指有限责任公司和股份有限公司。两者都是企业法人。有限责任公司,股东以其出资额为限对公司承担责任,公司以其全部资产对公司的债务承担责任。股份有限公司,其全部资本分为等额股份,股东以其所持股份为限对公司承担责任,公司以其全部资产对公司的债务承担责任。这是两者的重要区别。在股份有限公司中,公司股东作为出资者按投入公司的资本额享有所有者的资产受益、重大决策和选择管理者等权利;公司享有由股东投资形成的全部法人财产权,依法享有民事权利,承担民事责任。

有限责任公司的设立 由 50 个以下股东出资设立。设立有限责任公司,应当具备下列条件:股东符合法定人数(50 人以下);有符合公司章程规定的全体股东认缴的出资额;股东共同制定公司章程;有公司名称,建立符合有限责任公司要求的组织机构;有公司住所。

股份有限公司的设立 可以采取发起设立或者募集设立的方式。发起设立,是指由发起人认购公司应发行的全部股份而设立公司。募集设立,是指由发起人认购公司应发行股份的一部分,其余股份向社会公开募集或者向特定对象募集而设立公司。设立股份有限公司,应当具备下列条件:发起人符合法定人(2 人以上 200 人以下);有符合公司章程规定的全体发生人认购的股本总款或者募集的实收股本总额;股份发行、筹办事项符合法律规定;发起人制订公司章程,采用募集方式设立的经创立大会通过;有公司名称,建立符合股份有限公司要求的组织机构;有公司住所。

股东可以用货币出资,也可以用实物、工业产权、非专利技术、土地使用权作价出资。对作为出资的实物、工业产权、非专利技术或者土地使用权,必须进行评估作价,核实财产,不得高估或低估作价。土地使用权的评估作价,依照法律、行政法规的规定办理。

修订后的《公司法》允许 1 个法人或者 1 个自然人设立一人有限责任公司(简称一人公司)。为了保护债权人的权利,《公司法》设立了 5 项风险防范制度:第一,一人公司必须在公司营业执照中载明自然人独资或者法人独资,予以公示;第二,一个自然人只能设立一个一人公司,该一人公司不能再设立新的一人公司;第三,一人公司应当在每一会计年度终了时编制财务会计报告,并经依法设立的会计师事务所审计;第四,在发生债务纠纷时,一人公司的股东有责任证明公司的财产与股东自己的财产是相互独立的,如果股东不能证明公司的财产独立于股东个人的财产,股东即丧失只以其对公司的出资承担有限责任的权利,而必须对公司的债务承担无限连带清偿责任。这些规定,比其他国家关于一人公司的规定更为严格,既为公众投资创业增加了一条渠道,多了一种方式,又有利于规范一人公司股东的行为,防止一人公司可能产生的风险。

公司的优点 与个人独资企业和合伙企业相比,公司具有以下优点:①股东风险小。由于股东只承担有限责任,与个人的其他财产无关,因而风险不大。而且,对于股份有限公司的股东而言,可以通过自由转让股份而转移风险。②筹资能力强。有限责任制度产生的低风险以及股份可自由转移,可以吸取大量资本。③具有独立寿命。不会因个别股东或高层管理人员的死亡或离去等原因而消失,除非公司因经营不善破产歇业,否则公司可以一直存续下去。④公司的所有权与管理权相分离。可以使企业由职业经理人员进行管理,因而管理水平高,更适应复杂多变的市场环境。

公司的缺点 与个人独资企业和合伙企业相比，公司有以下缺点：①公司创立的程序比较复杂，创立费用高。②公司受到政府方面的限制较多，法规的要求比较严格。③不能严格保密。为了保护投资者即股东的利益，使其具有知情权，股份有限公司要定期报告公司的财务状况，公开自己的财务数据。

思考题：

1. 为什么要提倡大学生自主创业？
2. 创业者必须具备哪些素质？
3. 开办企业要考虑哪些企业资源？

【案例一】

一个大学生的执着创业路[①]

“大学生老板”杨甫刚用了两年不到的时间，以600元起步到月入3万元。他的成功在很大程度上应该归功于自己的勤奋，当然，善于发现捷径也是一个不可忽视的因素。

从600元加一辆破旧自行车起步到每月纯收入3万元，从一个人独自打拼到雇请7名员工，学生老板杨甫刚仅用了不到两年时间。他在义乌工商学院内制造了一个小小的传奇，他也被学校当成典型人物，被隆重推介，成为学院里小师弟们竞相模仿的对象。

走在义乌工商学院内，记者随便找到一个学生提起杨甫刚，都会得到这样的回答：“哦，知道，就是国贸系那个创业明星！”百度一下“杨甫刚”，显示有10500个相关网页。这对于一个在2009年7月份才毕业的学生来说，确实不容易。

虽然杨甫刚自己不喜欢，但是同学见面之后会戏称其为“杨总”。现在这个名副其实的学生“小老板”雄心万丈，他想在5年内掘到人生中的“第一桶金”——2000万元，然后转向实业。

2.“名人”杨甫刚

一个老师家属从他的网店里买了一些化妆品，因为距离自己租住的地方不远，因此亲自过来取。见到他后，第一句话是：“你就是传说中的杨甫刚啊？”

这个被传说的“名人”显得有些瘦小，但是爱笑，有一种天然的亲和力。他自己赚了钱，脚上穿的是700多元钱一双的耐克运动休闲鞋，也让在家务农的父亲平生第一次坐飞机到北京逛了一圈。

记者见到他时，他正在自己的工作室里忙碌着。这个所谓的工作室，其实是他在距离学校只有10分钟车程的江东街道青刘岩村租的房，搬过来不到一个月。这套两室一厅的住房，加上130平方米的地下室，一年租金23000元。“以前租的房子有些小了，货堆不下，只好租间大一点的。”他说。

跟记者打了个招呼之后，他便又忍不住坐在了电脑跟前。“实在是没有办法，你不要见怪啊。这几天没时间打理店里的事情，我得赶快抓紧时间处理一下。”他满脸歉意地向记者解释道。他一边说着，一边在自己那台小巧的蓝色惠普笔记本电脑上敲击着。他要把自己刚刚进来的货物放在网店上，还要查一下缺货情况，并赶快补充好。同时还要备一些货，因

---

① 案例来源：理财周刊，2009-04-24.

为第二天要随校长去嘉兴参加一个交流活动，同时应贵州卫视邀请前往贵阳录制节目。在他离开的一段日子里，他必须得把这些都准备好。

他刚刚从北京回来，因为要去央视录制节目，去了一趟北京。而在这之前，他已经接受包括《南方周末》、上海卫视等国内多家媒体的采访。这位曾经在课余时间只会躺在床上看电视或者发呆的学生，已经成为学校里的创业明星。

在网上，杨甫刚也很有名。因为媒体的报道，每天都有人慕名通过QQ或者阿里旺旺(淘宝网聊天工具)主动提出好友申请，当然无外乎是向他讨教经营方面的经验。"一般情况下有三五十个，多的时候有上百个申请。"他说。

2.两次失败的尝试

虽然现在很多人谈论的是杨甫刚每月收入超过3万元，但他也是在经历数次失败之后才找到一条适合自己的路。

2006年9月，复读了两次的杨甫刚无奈地选择了义乌工商学院，因为他的考分不高，他也没有别的选择。也许人生就是这样充满着巧合:如果他没有来到这里读书，他的人生又是一番什么模样呢？杨甫刚觉得他猜测不出。

进入大学之后，学习强度猛地降了下来，每天可自由支配的时间也多了起来。杨甫刚不喜欢运动，也不喜欢网络游戏，如何打发简直成了负担的课余时间，一时间让他颇感费神。"我当时就觉得应该给自己找点事情做，不然每天除了上课，就是躺在床上发呆，真的觉得挺无聊的。"他说。

他的第一个想法是收易拉罐。有一天，下课之后照旧躺在床上发呆，忽然瞥到堆在墙角的几个易拉罐，他灵机一动，何不将寝室里的易拉罐收集起来，然后倒卖给校外收废品的人呢？于是他兴冲冲地跑出校外打听易拉罐收购价格，1角5分钱一个，于是他打算以5分钱的价格到各个寝室去收，然后卖出去，赚取差价。没想到，他的第一次创业居然被学校门卫给扼杀了，门卫说什么都不给放行，而且满脸鄙夷神情并冷嘲热讽。他发现这条路走不通，只好放弃了。

首战告负，并没有打消他的积极性。第二次他选择推销袜子。但当他拿着袜子上门推销时，却发现得到的是白眼和非议，袜子没推销出去几双，冷言冷语听了不少，"闭门羹"也经常碰到。他又一次选择了放弃。

3.转战电子商务

两次尝试均以失败而告终，这让杨甫刚暂时找不到了方向。大一第二学期开学后，有些迷茫的杨甫刚得到了一位老师的指点，建议他在淘宝上开店。虽然他对开网店不是很了解，但一心想找点事情做的他还是决定尝试一下。就这样，他用自己当月的600元生活费，外加一辆旧自行车，开始了他在淘宝上的创业生涯。这一次尝试，一下让他干出名堂来。

杨甫刚是从生活类小商品开始起步的。2007年4月底一个没课的下午，杨甫刚在义乌小商品市场上选了50多款生活类小商品，拍好照片放在网店里，就这样他的网店开张了。之所以选择生活类小商品，他对此解释说:"主要是考虑到义乌有一个全世界最大的小商品批发市场，货源充足，同时生活类小商品也很有市场。"

虽然他的第一笔生意的利润只有5毛钱，虽然他刚开始的时候还只能骑着自行车去市场提货，但他靠着自己的勤奋和努力，硬是把网店的生意慢慢做火了，把网店的规模慢慢做大了。网店刚起步的时候，即使顾客买的东西很少，即使利润再不起眼，他也会正常发货，因为他觉得开店就是做人，做人有信誉才会得到别人的信任。正是基于这种朴素的经营理念，网店的好评率达到了惊人的100%。

很多人很惊奇杨甫刚为什么能在短时间内把自己的影响力做大，他自己却觉得一点都不难。他说："最关键还是能不能耐得住寂寞，我把自己当成了大海中间的一块石头，不管海面上有多大的风浪，我会一直沉在海底。"为了能够找到适销对路的货，他会夜以继日地泡在网上，不停地看，不停地找。杨甫刚不会乱找，他找的都是带"Hot"标记的热销产品。"一家店标了，另外一家店也标了，如果在第三家店也标了，那么说明这东西的确是畅销产品了。"他说。曾让他一个月售出7000多个的瑜伽垫，就是让他这样找出来的。

5个月后，看着寝室里塞满了货物，杨甫刚感觉到这片小天地已经无法满足自己的发展需求了，于是他悄悄地搬了出去，花了6000多元(年租金)在校外租了一间50平方米小房，作为自己的工作室和仓库。

随着业务量的扩大，为了应付越来越多的订单，他从老家浙江台州找来三个同学帮忙。但有时候友情在利益面前会变得很脆弱，当杨甫刚还在一心想扩大规模的时候，他的创业生涯遭遇一次真正的危机。有人提到了分钱，因为这笔钱已经累积到了12万元之巨，这对几个涉世未深的年轻人来说，数字大得有些让人眩目。杨甫刚想用这笔资金继续周转并扩大规模，但他的想法没有得到其他同学的认同。2008年年底，他只能妥协分钱，大家的合作关系也随之土崩瓦解。

失去了兄弟的支持，又要独自一个人打拼，他似乎又回到了起点。

4.重新站起来

跟前两次尝试失败不同，这次同学之间的决裂一时间让他感到有些接受不了：兄弟间的情谊难道就这么脆弱吗?

杨甫刚保留了网店。朋友建议他，网店的名字要好记，最好有叠音字，于是他给自己的网店取了一个很活泼的名字——嘟嘟靓妆小铺，并在经营策略上做出了调整，专攻化妆品市场。这样的转变，一不小心让他闯进了一条"高速路"。

根据自己的观察发现，杨甫刚觉得还是化妆品市场潜力更大。他说："不管自己的眼光如何敏锐，对于市场行情的把握洞悉得再透彻，还是不能忽视运气成分的存在。而化妆品市场却永远有那么大，只要肯开发，总会有大把的机会在那里等着我。"

他的判断是对的。从事化妆品销售之后，他的业务量稳步上升，最终稳定在每天100多笔订单、每月20多万元的销售额；网店的信用等级由1个皇冠，再到2个、3个，两皇冠"加冕"，仅用了不到半年时间。于是他又开始招聘雇员，从2个到4个再到现在的8个；其间还搬过两次家，一次是搬到一间80平方米的两房内，最近一次是搬到130平方米带有地下室的三房内。

问到杨甫刚的生意经，他表示其实很简单，首先就是学会找产品。他表示自己每天会花很多时间去浏览别的网店，专门留意那些带"Hot"标记的商品，因为这些商品销售速度很快，销售这样的产品其实等于加快了资金周转率，资金的利用效率也随之提高。

如何找到并建立自己的进货渠道，以便在激烈的竞争中占得先机?这也许是很多人一直想要找到答案但却又无法得到答案的一个难题。但杨甫刚却用了一个看似再平常不过的办法使其迎刃而解，就是交朋友。"其实我刚开始的时候也没有很好的进货渠道，但一旦与供货商建立联系之后，我会经常跟他们联系，并交上朋友。"他交朋友的手段很简单，无非就是节假日互致短信问候,平常打个电话咨询一下行情。这种做法很有用,时间长了,相互了解之后大家也就交心了。杨甫刚自己营造的圈子对他的生意帮助很大,有时候缺钱,但是供货商也会放心发货过来。"因为他们知道,我一定会按时还钱。"他说。

当然,"顾客是上帝",这在杨甫刚看来并不是一句简单的口号,他真的把自己的顾客当成了"上帝"。他说:"其实顾客就是我的衣食父母,我要是怠慢他们,市场就会怠慢我们。"因此他经常交代手下,一定要耐心地跟顾客沟通,不管他们买不买东西,也不管他们买多少,一律一视同仁。

点评:机会总是垂青于不畏艰难、勇于拼搏的人。杨甫刚之所以创业成功,一是有强烈的创业精神,勇于拼搏,他不论是顺境还是逆境,每时每刻都有自强不息的奋斗精神;二是对市场有敏锐的洞察力;三是具有创新意识;四是善于与人交朋友,关键时刻得到朋友的帮忙是很重要的。

【案例二】

南存辉的创业融资之路[①]

南存辉13岁初中刚毕业,父亲就因伤卧床不起。作为长子,南存辉辍学子承父业。从此,校园里少了一个学子,人们的视野里却多了一个走街串巷的小鞋匠。从13岁到16岁,他每天挑着工具箱早出晚归,修了3年皮鞋。生活的艰辛塑造了他坚强不屈的性格,更坚定了他的生活信心。天资聪颖的他,没有放弃对社会的观察和思索。

20世纪80年代初,温州掀起一阵低压电器创业潮。1984年,南存辉找了几个朋友,四处借钱,在一个破屋子里建起了一个小作坊。4个人没日没夜地干了一个月,做的是最简单的低压电器开关,可谁知赚来的第一笔钱只有35元。3个合作伙伴都沮丧极了,而南存辉却兴奋异常,因为他觉得自己找到了一条通往财富的路子。就从这35元的第一桶金中,他仿佛看到了创业的曙光。1984年7月,他与朋友一起投资5万元,在喧闹的温州柳市镇上因陋就简办起了乐清求精开关厂,开始了他在电气事业里的艰难跋涉。

与温州老板们普遍的家族经营相比,南存辉最与众不同的地方在于:自温州正泰电器有限公司(简称"正泰")成立之日起,他就矢志不渝地推行股份制,以稀释股份融资和吸引人才,改善家族企业的治理结构。当他的股权从100%退到目前的20%左右时,正泰却在他的"减法"中发展得越来越大。

1990年开始创办温州正泰电器有限公司时,资金成为首要的制约因素。由于银行贷款难度大、利息重,南存辉选择了在亲戚好友中寻找合作人、吸收新股本的方法融资。他的弟弟南存飞以及亲朋朱信敏、吴炳池及林黎明相继加盟,成为股东。南存辉个人占股60%以上。这种融资,不仅使创业企业渡过了难关,也让投资者分享到了企业成功的巨大价值,是共赢的选择。

到1993年,正泰的年销售收入达到5000多万元。初露锋芒的南存辉意识到,正泰要想继续做大,必须进行一次脱胎换骨的变革。于是,南存辉充分利用正泰这张牌,走联合的资

① 案例来源:胡伟国.大学生职业生涯发展指导.杭州:浙江大学出版社,2010:178~179.

本扩张之路。他先后将当地38家企业纳入正泰麾下，于1994年2月组建了低压电器行业第一家企业集团。正泰股东一下子增加到数十个，而南存辉个人股权则被稀释至40%左右。

然而他在摸索中逐渐发现，家族企业的一个致命弱点就是无法更多更好地吸纳和利用优秀外来人才，而人才又是企业发展的第一资源。到1998年，几经思考的南存辉突破阻力，毅然决定弱化南氏家族的股权绝对数，对家族控制的集团公司核心层（低压电器主业）进行股份制改造，把家族核心利益让出来，并在集团内推行股权配送制度，将最优良的资本配送给企业最为优秀的人才。就这样，正泰的股东增加到现在的100多个，南存辉的股份下降至20%左右。家族色彩逐步在淡化，企业却在不断壮大，正泰目前已成为拥有资产30亿元、年销售额超过100亿元、年上缴税金逾5亿元的大型企业集团。对此，南存辉坦言："分享不是慷慨，对创业者来说，分享是一种明智。"

点评：南存辉的成功创业，主要在于两个性格特征。其一是坚忍不拔的个性。在面对创业过程中出现的种种压力，他永不言弃。其二是他懂得分享。用流行的语言来说就是"发展依靠人民，发展为了人民，发展成果由人民共享"。不管是老板还是员工，每个人都有对财富和名誉的欲望。一个不懂得与他人分享的创业者，不可能将事业做大。正泰集团的成长历史，是修鞋匠南存辉不断进行股权分流的历史，是南存辉与合伙人分享企业发展成果的历史。南存辉从最初持股100%到后来只持有正泰股权的20%左右，都伴随着企业的高速成长。但是南存辉并没有吃亏，因为蛋糕做大了，自己的相对收益虽然少了，但是绝对收益却大大地提高了。

【案例三】

23岁大学生办公司　开业9天宣告倒闭[①]

刚刚大学毕业的23岁的舒正义，和许多大学生一样开始找工作。他跑过招聘会、托过家人找工作。后来虽然有一份不错的工作，但是他却认为自己只是做基础性的工作，不能很好地施展拳脚，于是选择了辞职。

一次偶然的机会，舒正义见到有人销售一种不用电池的环保手电，他如获至宝，赶紧和厂家联系要求代理该产品。在他的再三恳求下，对方答应授权他做陕西总代理。

有了自己的想法，舒正义召集了7位有意愿的同学和朋友合伙干。他多方筹集了7.8万元，开始创办自己的公司。公司主营域名注册、网站建设开发等项目，并做环保防水手电陕西总代理的业务。

为了取得政府网站的一个招标项目，舒正义急于注册公司。在他去工商局咨询的路上，刚好碰到有人在发宣传单，声称只要出1万元即可代办注册公司，注册资本想要多少都行。于是，舒正义付了对方1万元，开始正式筹备自己的公司。可几天后对方的电话就打不通了。

成立公司就得有公司的样子。舒正义没有听朋友的劝阻，租了办公室，并添置了2000多元的工艺品，以及办公桌椅、打印机、传真机、笔记本电脑等办公用品。有媒体记者鼓动舒

① 案例来源：http://laser.baidajob.com/article－39695.html.

正义做广告,他又一次未听朋友的劝阻,投入了2000元的广告费。

公司的准备工作还没有完全结束,借款人提前催款,并搬走了他大部分办公用品。舒正义无奈求助银行贷款,但因没有资产抵押及担保而被拒绝。结果,公司开业(事实上并未成功注册)9天后因资不抵债宣告破产。

点评:大学生刚刚从学校毕业,一般都过于理想化。舒正义的问题在于没有做或没有认真做过前期的市场调研。哪些客户会使用他的产品或许他自己都不清楚,这样推销就少了目的性,变成等人来买。他缺少做企业需要的毅力。这样的公司,资金流动并不是很大,遇到一点资金困难就宣告破产,有点太夸张了。他轻信中介公司,以至于损失1万元。创业开始阶段,往往是任何事情都要亲力亲为,都要节俭办事。所以,舒正义的创业失败是必然的。

【案例四】

盯上毕业季商机,高职生创业3年营收额超百万[①]

"2016年毕业季,7万订单;2017年毕业季,40万订单;今年毕业季,根据前期客户量与合作意向推测,将做到100万订单。"4月17日,在湖北交通职业技术学院创业特区,该校毕业生、武汉青众创文化传播有限公司负责人张光大欣喜地介绍道。

公司业绩从7万到100万,张光大经历的不是一帆风顺,而是一路坎坷:公司成立初期,创业伙伴纷纷单飞,只剩下他一人苦撑;公司发展举步维艰,他借债投资新项目,最后却血本无归;没钱招聘职员,他只身带着兼职学生四处开拓市场……创业3年,张光大在摸爬滚打中经历了一个创业者的甜酸苦辣。

1. 偶遇机会,获利千元,大二小伙盯上毕业季商机

2015年5月,张光大正在湖北交通职业技术学院读大二。一天,吃完午饭的他接到了一个高中同学的电话。电话中,同学告诉他自己目前正在做毕业季服装租赁的生意,希望他能帮忙做代理,在就读学校联系即将毕业的班级租借毕业照服装。同学给他开出的代理价格是每租出一套,张光大可以提成3元。"同学开口了,我不好拒绝,就把出租毕业照服装的消息通过QQ群传递了出去,当时并不是为了赚钱,只是为了帮同学一个忙。"张光大回忆道。

让张光大没有想到的是,消息传出后,许多毕业班的同学主动找到他,要租赁服装拍摄毕业照,一个毕业季下来,张光大净赚了1400元。"原来毕业季有这么多商机,有机会,我也要试一试创业这条路。"在同学牵线搭桥下,张光大开始关注毕业季里的商机。他发现,学生们的思维日益活跃,对毕业照要求也越来越高,而各种制服类的特色毕业照更是受到广大毕业生的追捧。而且,武汉并没有一家集服装租赁、毕业照拍摄为一体的摄影公司,毕业生想拍另样毕业照,需要先去租赁服装,再联系摄影师,非常麻烦。"如果我能把毕业拍照和服装租赁结合在一起进行创业,毕业生就不用两头联系,一定会受到他们的青睐,而我也能轻松获利了。"

2. 伙伴单飞,投资失败,创业路上一波三折

2016年年初,已经大三的张光大得知湖北交通职业技术学院创业特区(大学生创业孵

---

① 案例来源:http://www.hbctc.edu.cn/info/1102/5275.htm.

化器)第一批入驻团队开始招募的消息后,立即和关系要好的大学同学以及3个学弟组建了创业团队,并按照相关要求提交了创业申请材料。

当年3月,张光大的创业团队顺利入驻创业特区,并成功注册武汉青众创文化传播有限公司。第一笔业务,他们就瞄准了4月至6月的毕业照拍摄。创业初期,团队5个人使出浑身解数到处拉业务,联系服装租赁公司、摄影师和后期制作公司,但辛辛苦苦三个月,最后却只做出了7万元流水,利润不足2万元。由于收入与付出严重不对等,其他4个创业合作伙伴受不了心理落差,随后以各种理由退出创业团队。错过了原以为赚钱的毕业季,创业团队又只剩下自己一个人。不服输的张光大咬牙找朋友、同学借了6万元,买了2000套演出服,希望帮公司渡过难关。但令他没想到的是,演出服租赁虽利厚,但市场却很难打开,他购买的演出服基本无人问津。2016年下半年,张光大只能借债维持运转,短短半年时间,他不仅花光了大学期间兼职攒下的3万元,还新添8万元的债务。

张光大来自大别山农村,在他上大学前,父亲因骑车撞人,家里背上了10多万元事故赔偿款的债务。张光大明白,自己再困难,家里也无法提供援助。仔细分析后,张光大认为眼前窘境主要是市场开拓不力所致。此后,他开始一心扑在市场上。雇不起专职工作人员,他就招在校大学生兼职,并通过各种渠道与各高校毕业班辅导员、班干部建立联系,为打开2017年毕业季市场做准备。

3.调整策略,确保品质,创业三年迎来转机

白天想方设法拉业务,晚上仔细分析创业失败原因。张光大认为公司迟迟得不到发展,主要有三个原因:一是公司概念淡薄,没有建立规章制度,创业团队想解散就解散;二是在没有充分了解市场、开拓市场的情况下,盲目投资;三是创业初期,为省钱,他请最便宜的摄影师,联系最便宜的制作公司,影响了公司作品的质量。

分析清楚后,张光大开始大刀阔斧地改革。首先建立规章制度,明晰团队人员权责;二是注重作品质量,择优合作;三是在各高校寻找公司代理,加大市场开拓力度。在2017年毕业季来临前,张光大已经与武汉、黄冈、咸宁、黄石不少高校建立了联系,并组建了一个10多人的摄影兼职团队。

功夫不负有心人,2017年毕业季来临,张光大异常地忙碌起来。业务量虽然大幅增加,但张光大丝毫不敢马虎,坚持聘请高水平摄影师,与优质制作公司合作,始终以客户满意度为中心。一次,为湖北一高校某班53人拍摄毕业照,班长发现冲洗后的照片上有个女生脸上的青春痘非常显眼,向张光大提出了修图要求,张光大二话没说,立即销毁所有已经冲洗好的照片,按要求处理图片后再全部重新冲洗。

张光大对摄影师也提出了高要求,不定期进行在线培训,不允许他们带情绪工作,更不许他们与客户发生冲突。张光大还建立了一个业务群,将所有客户拉入群中,随时接受客户的监督。在他的精心管理下,公司的信誉度越来越高,客户也越来越多,其中80%的客户是通过已有客户介绍的。2017年,张光大的公司终于突破困境,迎来转机,业务额达40万元。

2018年毕业季即将来临,已经与张光大公司达成合作意向的客户,较2017年增加了一倍多。不仅如此,他还在武汉另外一所高校投资了一个新店。“不出意外,2018年能做到100万元的营收额。”张光大说。

点评:大凡成功创业的人,都有一些共性:欲望、忍耐、眼界、谋略、明势、敏感、人脉、胆

量、分享、反省。有欲望才会去创业,能忍耐才会坚持。开阔的眼界能使人少走弯路,谋略则是体现于经营活动中的智慧。明势,就是要明政事、商事,明世事、人事。敏感,是指商业悟性,对商业机会的快速反应。人脉即人际关系,是创业者最重要的素质。由于创业是一项冒险活动,需要强大的心理承受能力,所以,创业者需要有足够的胆量。分享,能使创业者拥有一个具有凝聚力的团队。而较强的自我反省能力,能使人时刻保持清醒,不断追求进步。从上述案例看,张光大显然具有或基本具有成功创业者的特质。

参考书目

1.[美]阿尔伯特·哈伯德. 找准自己的位置. 北京:金城出版社,2004.
2.包昆荣,张涛,李学渊. 小老板能力培养. 广州:广东经济出版社,2001.
3.陈锟等. 打造明天的金领生涯. 北京:中国青年出版社,2003.
4.高华. 挑战求职:当代青年求职指南. 北京:经济科学出版社, 2003.
5.高溥超,高桐宣. 职场实战高招. 武汉:湖北人民出版社,2005.
6.郭霖. 职业潜能. 重庆:重庆大学出版社,2018.
7.国家教育委员会全国高等学校毕业生就业指导中心. 大学生就业指导. 北京:高等教育出版社,1995.
8.胡伟国. 大学生职业生涯发展指导. 杭州:浙江大学出版社,2010.
9.桦君. 成功求职22条黄金法则. 北京:中国纺织出版社,2003.
10.黄邦华. 就业与创业指导. 北京:电子工业出版社,2003.
11.黄河浪,郑玉玺. 成功未来不是梦. 上海:世界图书出版公司,2003.
12.蒋胜祥. 大学生就业指导. 杭州:浙江科学技术出版社,2003.
13.洁瀚. 实话实说:与大学生谈求职技巧. 赤峰:内蒙古科学技术出版社,2003.
14.[美]卡耐基. 卡耐基全集. 沈阳:沈阳出版社,1995.
15.劳动和社会保障部,中共中央文献研究室. 新时期劳动和社会保障重要文献选编. 北京:中国劳动社会保障出版社,中央文献出版社,2002.
16.劳动和社会保障部组织编写. 中华人民共和国劳动合同法讲座. 北京:中国劳动社会保障出版社,2007.
17.李光等. 创业导论. 武汉:武汉大学出版社,2003.
18.李伟等. 新世纪大学生就业指导. 西安:西安交通大学出版社,2002.
19.李之翔. 成功跟着素质跑:赢得精彩人生的42堂必修课. 北京:华文出版社,2003.
20.刘小龙,谈君. 毕业生求职手册. 北京:中国宇航出版社,2003.
21.刘雅芝. 劳动普法指南. 北京:中国劳动出版社,1996.
22.卢旭东. 创业学概论. 杭州:浙江大学出版社,2002.
23.[美]马尔斯·兰登. 目标——成功的动力:快速达成目标的12种方法. 北京:地震出版社,2003.
24.Robert S. Gardella. 哈佛商学院教你找到好工作. 长春:吉林科学技术出版社,2003.
25.[美]玛利亚·史瑞沃. 成功早知道:迈进人生的10种准备. 海口:海南出版社,2001.
26.毛上文. 职业成功向导与谋职技巧. 北京:气象出版社,2002.

27. 闽杰,鲁儒. 无敌智商情商心理测试手册. 北京:中国纺织出版社,2002.
28. 时勘,何向荣. 职业指导. 杭州:浙江科学技术出版社,2002.
29. 斯晓夫等. 创业管理理论与实践. 杭州:浙江大学出版社,2016.
30. 宋克勤. 创业成功学. 北京:经济管理出版社,2002.
31. 孙江林. 大学生择业智典. 北京:中国国际广播出版社,2001.
32. [美]托马斯・沃尔夫等. 心灵鸡汤:成功之门的钥匙. 呼和浩特:远方出版社,2004.
33. 吴瑞君,吴薇. 敲开职场的第一块砖:写给大学生朋友. 上海:上海画报出版社,2003.
34. 徐小平. 骑驴找马:职业发展路线图. 北京:光明日报出版社,2003.
35. 雪松. 成功者的 81 种磨炼. 北京:地震出版社,2002.
36. 姚裕群. 职业生涯规划与发展. 北京:首都经济贸易大学出版社,2003.
37. [美]伊莎贝尔・迈尔斯,彼得・迈尔斯. 天生不同:人格类型识别和潜能开发. 闫冠男译. 北京:人民邮电出版社,2016.
38. 袁方. 成功创业第 1 书. 海口:海南出版社,2002.
39. 张国力,吴皓奇. 惊奇的求职故事. 北京:民主与建设出版社,2003.
40. 张建东,钱联平. 大学生就业案例教程. 北京:中国人民大学出版社,2002.
41. 张秋山,王宪明. 大学生职业生涯规划实用教程. 北京:人民出版社,2006.
42. 王宝生,赵居礼. 大学生就业与创业指导教程. 北京:机械工业出版社,2001.
43. 赵小青. 你为职业生涯做什么准备. 上海:上海书店出版社,2002.
44. 浙江省劳动和社会保障厅政策法规处,浙江省劳动和社会保障厅普法教育领导小组办公室. 最新劳动和社会保障政策法规实用手册(第十一、十二、十三辑).
45.《职业指导和创业教育的研究与实验》总课题组. 职业准备. 北京:华文出版社,2003.
46. 中华人民共和国教育部高等教育司,全国高职高专校长联席会. 纵横职场:高等职业教育学生就业与创业指导. 北京:高等教育出版社,2004.
47. 中华人民共和国劳动合同法. 2013-07-01.
48. 中华人民共和国劳动合同法实施条例(草案). 2008-09-18.
49. 周晓宏. 就业・创业・成功:大学生必读. 北京:中国劳动社会保障出版社,2003.
50. 朱金香等. 职业伦理学. 北京:中央编译出版社,1997.

第五版后记

在我国加快推进新型工业化、信息化、城镇化和农业现代化的过程中，许多领域的职业技术在快速地变化。第三产业的繁荣提高了服务业中的岗位细分程度，新经济催生了许多新职业，如“数字化管理师”“人工智能工程技术人员”“快递员”“文化经纪人”“网络主播”等，大批新职业涌入市场。创业创新的形势也发生了很大变化，党和国家对创新创业高度关注，随着党的十九大做出“中国特色社会主义进入了新时代”的判断，新时代的脉搏在强烈地跳动。正是由于时代的召唤，以及一些院校和同行的长期支持，加上浙江大学出版社朱玲老师的催促，本书的编者又一次聚集在西子湖畔，探讨再次修订的思路。

本次修订的重点是体现新思想、新要求、新变化，对一些过时的内容进行了修改，换上了更有示范性的案例，原有的框架体例保持不变。

参加修订的有：第一章，梁丽华（浙江经济职业技术学院教授）；第二章，顾蓓熙（浙江水利水电学院教授）；第三章，胡丹鸯（浙江建设职业技术学院教授）；第四章，程宏全（杭州市人力资源和社会保障局调研员、高级政工师）、章阮芸（浙江交通职业技术学院讲师）；第五章，李弟财（浙江经济职业技术学院副教授）；第六章，王皓珺（杭州三惠商务咨询有限公司总经理）；第七章，陆海深（浙江省人力资源和社会保障厅科学研究院副院长）；郎越时（杭州猎人人力资源开发有限公司总经理）、王根生（浙江省劳动保障电话咨询服务中心科长）；第八章，邵庆祥（浙江经济职业技术学院院长、教授）、李金磊（浙江交通职业技术学院讲师）；第九章，夏建尧（浙江交通职业技术学院副教授）。

由于水平有限，书中缺点错误在所难免，敬请读者指正。

梁丽华

2019年2月27日

第四版后记

本书继2007年有幸被列为“普通高等教育‘十一五’国家级规划教材”后，2009年又被评为“普通高等教育精品教材”。荣誉至此，我以为足矣，因此忽略了对此书的进一步完善，想不到依然有不少的高职院校和同行在关注此书。面对浙江大学出版社多次催促，我感到正是由于我的疏忽，辜负了同行们的期待。再次修订已刻不容缓。

考虑到框架体例已经比较成熟，本次修订的重点只对一些不合时宜的内容做修改，以确保书稿符合当下的要求。

依然要感谢浙江大学出版社。同时，也非常感谢浙江交通职业技术学院李金磊、章阮芸老师，浙江省人力资源和社会保障厅王根生科长，他们应邀参加了本次的修订工作。

水平有限，缺点错误在所难免，敬请读者指正。

梁丽华
2014年7月

第三版后记

本书自2004年8月初版以来，连续印刷6次，发行数量达2万余册，也算为高职教育的发展尽了绵薄之力。笔者作为一名从事职业教育20余年的教育工作者，倍感欣慰。随着素质教育的进一步深化，高等职业教育的迅猛发展、就业形势的变化、劳动合同法的实施等，给我们提出了新的挑战，尤其是2007年该书有幸被列入普通高等教育"十一五"国家级规划教材，荣幸之余也增添了莫大的压力。原书一定还有不妥或谬误，亟需进行修正、添加和删减。

本次修订，保持了原书的框架体例。主要针对社会经济发展、就业形势的变化、新的法律法规、高职教育新的政策等进行修订，尤其是第四章和第七章相关内容都进行了较大幅度的修改和增添，提高了教材的时效性；每章均增添了两个经典案例及点评，提高了教材的实用性和可读性；并对教材使用过程中发现表达欠妥或谬误之处，都逐一进行了修补增删。

十分感谢浙江大学出版社一直以来对这本书的青睐。同时，也非常感谢浙江省劳动保障电话咨询服务中心王根生科长，他应邀参与了第七章的修订工作。

限于编者水平，书中缺点错误在所难免，敬希读者指正！

梁丽华
2008年7月

第一版后记

大千世界因竞争而充满生机和活力。竞争是促进人类社会不断发展和进步的强大动力。可以说，人类的历史就是一幅展现竞争的宏伟画卷，而人才的竞争则是其中最为精彩的一笔。每年有数以百万计的大学毕业生涌向市场，就业狂潮席卷着人才市场的每一个角落，几个人争抢一个职位，几十个人窥视一个岗位已不再稀奇。确实，就业已经成为我国政府和公众普遍关心的问题，“就业难”也成为困扰每一个高校毕业生的难题，整个社会的就业形势严峻。大学生要想在众多的应聘者中脱颖而出，找到理想的职业岗位，有针对性的就业指导就显得十分必要。

就业指导是一项涵盖内容丰富、涉及面广的系统工程，需要科学的理论指导。目前在图书市场有不少“就业指导”类的书籍，可供大家作参考，但特别针对高职毕业生的就业指导用书极少。本书根据《中华人民共和国职业教育法》和教育部《关于以就业为导向深化高等职业教育改革的若干意见》的精神，针对高职生这一群体的特点和求职择业的需要，由多年从事就业指导的教育工作者、人才市场和社会保障部门的专家、著名企业的人力资源管理人员等参与编写。全书突出实用性、可读性和指导性，并力求做到系统和完整。本书除全面介绍就业准备、如何打造实力、求职的方法和技巧外，还结合市场经济的新环境，就大学生如何做好职业生涯设计、如何维护自身权益、如何把握第一份岗位、怎样走创业之路等作了系统的阐述。一章一个重点，每章结尾均附有经典案例及点评。本书既可作为高职院校开设就业指导课程的教材，也可作为从事就业指导的工作人员及其他择业人员的培训教材或参考用书。

本书由梁丽华担任主编，邵庆祥和顾蓓熙担任副主编。参加编写的有：第一章，梁丽华（浙江交通职业技术学院副教授）；第二章，顾蓓熙（浙江水利水电专科学校副教授）；第三章，胡丹鸯（浙江建设职业技术学院副教授）；第四章，程宏全（杭州市人才开发中心副主任、高级政工师）；第五章，李弟财（浙江长征职业技术学院学生处副处长）；第六章，王皓珺（杭州士兰微电子有限公司人力资源部总监）；第七章，陆海深（浙江省劳动和社会保障科学研究院研究室副主任）、郎越时（杭州猎人人力资源开发有限公司总经理）；第八章，邵庆祥（浙江经济职业技术学院副院长）；第九章，夏建尧（浙江交通职业技术学院副教授）。全书由梁丽华统稿。

编写过程中参考了大量有关就业指导的著作及论文，借鉴了其中不少有价值的成果，在此谨向原作者表示由衷的感谢，并向在本书编写过程中给予大力支持的浙江交通职业技术学院表示诚挚的谢意。

在这里还要特别感谢浙江大学马建青教授在百忙中为本书作序。

由于水平有限，书中的不足之处在所难免，恳请各位专家、学者、同行及广大读者批评指正。

编 者

2004 年 8 月